河北省教育科学"十四五"规划重点项目"高质量发展视域
适应性的实践探索与理论研究"（2302001）基金资助

职业院校高水平专业群建设的研究与实践

李贤彬　于万海　鲍东杰　贾军涛◎著

河海大学出版社
HOHAI UNIVERSITY PRESS
·南京·

图书在版编目(CIP)数据

职业院校高水平专业群建设的研究与实践 / 李贤彬等著. -- 南京：河海大学出版社，2024.9. -- ISBN 978-7-5630-9283-3

Ⅰ．G718.5

中国国家版本馆 CIP 数据核字第 2024512CE0 号

书　　名	职业院校高水平专业群建设的研究与实践
书　　号	ISBN 978-7-5630-9283-3
责任编辑	高晓珍　成　微
特约校对	曹　丽　徐梅芝
装帧设计	徐娟娟
出版发行	河海大学出版社
地　　址	南京市西康路1号(邮编:210098)
电　　话	(025)83737852(总编室)　(025)83722833(营销部)
经　　销	江苏省新华发行集团有限公司
排　　版	南京布克文化发展有限公司
印　　刷	广东虎彩云印刷有限公司
开　　本	718毫米×1000毫米　1/16
印　　张	13.75
字　　数	260千字
版　　次	2024年9月第1版
印　　次	2024年9月第1次印刷
定　　价	72.00元

前言

2019年3月,教育部、财政部联合印发《关于实施中国特色高水平高职学校和专业建设计划的意见》(简称"双高计划")。"双高计划"是落实《国家职业教育改革实施方案》的重要举措和职业教育"下好一盘大棋"的重要支柱之一,致力于把职业教育改革发展的"龙头"舞起来,集中力量建设一批引领改革、支撑发展、中国特色、世界水平的高职学校和专业群,打造技术技能人才培养高地和技术技能创新服务平台,支撑国家重点产业和区域支柱产业发展,引领新时代职业教育实现高质量发展。

"双高计划"按照高水平学校和高水平专业群两类布局,其中立项141个高水平专业群,河北科技工程职业技术大学汽车检测与维修技术专业群入选中国特色高水平专业群(A档)建设单位。在建设阶段,如何提升治理能力、推进高质量发展成了摆在我们面前的重要难题。学校从持续加大建设力度、与时俱进升级建设内容、"四高"(高质量、高贡献、高认可、高重视)达成建设成效等方面重拳出击,全面准确把握高水平建设方案的内涵及建设路径,充分发挥学校党委的领导核心作用,加大改革创新,促进高水平建设与日常工作统筹兼顾,优化完善综合绩效考核办法,推进高水平专业群建设任务落到实处,取得实效。

本书遵循方案设计、实践检验、评价分析的研究思路,重视国家"双高"建设的重大战略意义,综合运用"理论研究+实践研究"相结合的方法,聚焦高水平建设难题,综合考量建设工作的内涵和重点,分别从客观研判论述、建设方案制定、建设任务分工、建设项目管理、建设绩效考核等不同方面展开理论与实践探索,希望能够为我国职业院校后续高水平专业群的建设提供思路。

本书由李贤彬、于万海、鲍东杰、贾军涛合著。李贤彬负责框架编制、统筹编写并撰写前言、模块一;于万海负责撰写模块二;鲍东杰负责撰写模块三;贾军涛负责撰写模块四;李贤彬、于万海、贾军涛合作撰写模块五。

本书在撰写过程中,积极借鉴国内外相关理论,参考大量资料和文献,吸收各类专家学者的大量高质量意见和建议,在此谨向所有支持本书编写的同行们表示衷心的感谢!

  本书编写涵盖了本校"双高"建设的整个过程,编写团队为此付出了极大的心血和努力,但职业院校"双高"建设仍在不断地探索与实践中,限于著者自身水平有限,书中难免存在不妥之处,竭诚欢迎业内专家和广大读者批评指正。

著 者

2024 年 5 月

目录

——模块一 建设方案——

一、建设基础 ··· 003
 (一)五大优势特色 ·· 003
 (二)机遇与挑战 ·· 005
二、专业群组建 ··· 006
 (一)专业群与产业链对接,符合产业发展需求 ······················ 006
 (二)服务京津冀雄汽车产业发展战略,培养复合型技术技能人才 ···· 007
 (三)专业群岗位相关资源共享,聚集效应显著 ······················ 007
三、建设目标 ··· 008
 (一)总体目标 ·· 008
 (二)具体目标 ·· 008
四、建设内容与实施举措 ·· 009
 (一)前沿追踪,分类成才,创新人才培养模式 ······················ 009
 (二)资源深耕,智慧融入,打造行业领先课程资源 ················ 014
 (三)实施"处方式"教学,引领教材与教法改革 ··················· 016
 (四)"钻石"结构品质师资团队,实力支撑多元教学需求 ········ 018
 (五)对接产业,校企协同,打造实践育人基地升级版 ············· 020
 (六)院士领衔,大师引领,打造国家级技术技能创新平台 ········ 023
 (七)打造一体化汽车产业服务体系,助推区域汽车产业高端发展 ···· 027
 (八)提升国际交流与合作水平,打造汽车职教国际品牌 ·········· 028
 (九)规划具体措施与长效机制,多方协同保障专业群可持续发展 ···· 030
五、预期成效及标志性成果 ··· 032
 (一)预期成效 ·· 032

（二）标志性成果 ·· 032
六、核心建设指标与分年度进度安排 ·································· 033
七、经费预算 ·· 035

——模块二　建设任务书——

一、概况 ·· 041
二、建设总目标 ··· 041
三、建设任务与进度 ··· 043
四、项目总预算 ··· 054
五、项目支出绩效目标 ·· 058

——模块三　治理成效评价——

一、人才培养模式创新 ·· 065
　　（一）人才培养培训模式改革 ································· 066
　　（二）人才培养成效 ·· 068
　　（三）满意度 ··· 079
二、课程教学资源建设 ·· 084
　　（一）课程建设 ·· 085
　　（二）资源库建设 ··· 086
　　（三）满意度 ··· 087
三、教材与教法改革 ··· 087
　　（一）教材改革 ·· 088
　　（二）教法改革 ·· 089
　　（三）满意度 ··· 092
四、教师教学创新团队 ·· 093
　　（一）师德师风 ·· 094
　　（二）教师队伍 ·· 096
　　（三）教师发展 ·· 098
　　（四）满意度 ··· 106
五、实践教学基地 ·· 109
　　（一）基地参与度 ··· 110
　　（二）实训基地活动类型 ······································· 110
　　（三）满意度 ··· 111

六、技术技能平台 ··· 113
（一）平台建设 ··· 113
（二）平台服务 ··· 114
（三）满意度 ··· 115

七、社会服务 ··· 116
（一）技术转化 ··· 116
（二）职业培训 ··· 116
（三）满意度 ··· 117

八、国际交流与合作 ··· 119
（一）国际化项目 ··· 119
（二）满意度 ··· 120

九、可持续发展保障机制 ··· 121
（一）专业群治理效果 ··· 122
（二）质量保障机制 ··· 122

十、治理总成效 ··· 123
（一）总体结论 ··· 123
（二）分项结论 ··· 124

十一、技术报告 ··· 129
（一）分析模型 ··· 129
（二）调研方法及样本情况 ··· 131
（三）信效度检验 ··· 132

---模块四　建设成效---

一、项目绩效目标达成和建设任务完成情况概述 ··· 157
二、绩效目标达成情况 ··· 158
三、建设任务完成情况 ··· 161
四、项目建设采取的措施 ··· 163
（一）项目推进机制建设与运行 ··· 163
（二）项目资金管理与使用 ··· 164

五、特色经验与做法 ··· 165
（一）创新五融五进路径，贡献高水平专业群建设范本 ··· 165
（二）产教互融科教互通，打造职业本科关键办学能力提升样板 ··· 166
（三）深化国际化开放办学，赋能职教出海行稳致远 ··· 168

模块五 典型案例

一、树标准、强应用、增效益 铺展汽车类职业本科教育发展新画卷
——汽车类职业本科人才培养模式创新案例 ····· 171
 （一）当好研制排头兵，四项标准齐并进 ····· 171
 （二）搭建完备新体系，标准研制保质量 ····· 172
 （三）调研认证与诊改，协同推进显成效 ····· 172
 （四）研制成果获认可，教学标准得推广 ····· 176

二、"德技识"三位一体、"建用改"循环提升："一课一书"共创精品
——课程教学资源建设、教材与教法改革案例 ····· 178
 （一）思政导航、标准引领、路径匹配，创新课程资源开发新范式 ····· 178
 （二）"建设—应用—改进"螺旋提升，多举措打造优质立体金课群 ····· 180
 （三）打造校企双元、师生协同的课程团队，做好课堂内外服务 ····· 182
 （四）硕果累累，课程资源及建设经验惠及全国 ····· 182

三、双擎四驱创新机制，五阶四维夯实能力
——构建汽车专业群一流教师教学创新团队案例 ····· 185
 （一）"双核双擎四驱"，创新教学团队建设模式 ····· 185
 （二）"五阶段四维度"，构建教师能力提升体系 ····· 187
 （三）螺旋进阶，团队建设成果丰硕 ····· 188

四、"台""站""员"共下一盘棋，锻造科技创新硬核实力
——打造一流科学技术技能平台典型案例 ····· 191
 （一）搭"高台"聚智汇力，创团队奋楫笃行 ····· 191
 （二）"站"到政企中，高黏性服务企业 ····· 193
 （三）"员"助企业零距离，健全机制有保障 ····· 196
 （四）"台""站""员"齐助力，科研服务见成效 ····· 197

五、根基夯得稳、服务跟得上 多元化社会服务干出新气象
——汽车专业群社会服务典型案例 ····· 199
 （一）精心完善顶层设计，明确社会服务方向 ····· 199
 （二）构建健全的组织架构，提升团队的服务能力 ····· 200
 （三）聚焦应用性特色，服务社会多元化 ····· 201

后记 ····· 208

模块一

建设方案

汽车产业是国家战略性新兴产业,《中国制造 2025》把节能与新能源汽车列为重点突破发展产业,京津冀协同发展、雄安新区规划明确提出创建新能源与智能汽车和智慧交通应用示范区的建设目标。经组织专家论证,以国家级重点专业汽车检测与维修技术为龙头,以汽车制造与装配技术、新能源汽车技术、汽车电子技术、汽车营销与服务专业为主干构建专业群,精准对接汽车制造与服务产业链,服务京津冀雄汽车产业和军工特种装备关键领域,助推区域新兴汽车产业发展,为我国汽车产业向新能源和智能网联汽车高端升级贡献力量。以河北科技工程职业技术大学为例,阐述如下。

一、建设基础

(一) 五大优势特色

1. 试点最早——始终引领高职教育专业改革

1991 年经原国家教委和原解放军总后勤部联合批准,汽车工艺及维修专业成为首批高职试点专业;先后成为首批高职高专教育教学改革试点(2001 年)、首批国家示范校重点建设专业(2006 年)、首批优质校骨干专业建设项目(2016 年)。率先探索出"早实践、多实践、三年实践不断线""理论实践课时比 1∶1"的高职教育"邢台模式"。在国家示范校、国家优质校建设中,率先推行"旺工淡学"工学结合培养模式和"分类成才、高端定制"人才培养模式。从 2001 年开始,经河北省教育厅批准试点应用本科教育。

2. 底蕴深厚——国家级团队、国家级基地强力支撑

汽车专业群拥有国家级教学团队 1 支,国家级名师 1 人、省级名师 2 人,省"三三三人才"3 人,企业认证教师 36 人,国际交流教师 18 人。出版国家规划教材 9 部,获国家教学成果二等奖 2 项、省教学成果奖 6 项、全国教学能力大赛三等奖 1 项。中央财政专项、教育部基地建设专项累计投入 5 000 万元,建设"生产性实训基地""双师型教师培训基地",建成总面积 26 000 平方米的国家级实训基地。

3. 资源丰富——领先带动教学资源发挥辐射影响作用

汽车专业历来重视教学资源建设,拥有 5 门国家级精品课,居全国高职同类专业之首;建成 4 门国家级精品资源共享课;2010 年率先牵头 19 所示范(骨干)校和 21 家企业,建设国家首批汽车检测与维修技术专业教学资源库,推广至全国 400 余所高职院校,惠及 16 余万中高职在校生。2018 年《汽车转向、行驶与制动系统故障诊断与修理》在线精品课流量居高职慕课全国第一。

4. 贡献度大——专业育人、社会服务示范引领

汽车专业群累计培育 13 633 名高素质毕业生,在省级以上大赛获奖 150 多项,涌现出冯国耀、任磊、刘艳钊、谷建刚等一大批汽车技术专家,郭合印、李建龙、曾祥海、孙朝军、刘彦波等一大批创业模范;面向京津冀技术服务到款额近1 000 万元,培训中高职院校汽车专业师资千余人,培训企业职工、退役军人超万人。对口支援新疆、湖南等 3 所职业技术学院,帮扶建设新专业、推动专业升级,其中 1 所建成国家骨干校。

5. 互惠深远——校企合作、军民融合特色凸显

专业群延续军队办学传统,服务军地企业。与解放军 3603、7420、3611 等军企、京津冀汽车行业企业和协会学会合作,产教融合、军民融合积淀深厚。与长城汽车、郑州宇通、广汇集团等企业合作举办订单班、共建校内外实践基地、开展应用技术研发服务等深度合作,建有戴姆勒-奔驰、捷豹路虎、特斯拉、比亚迪、一汽大众、上汽通用、北京汽车、五菱、博世等校企共建 10 大品牌实训基地,协同育人。牵头组建河北省汽车职教集团、京津冀汽车职教联盟,建成河北省高校汽车工程应用技术研发中心、河北省汽车内饰技术创新中心。

汽车检测与维修技术专业群建设成果如表 1-1 所示。

表 1-1　汽车检测与维修技术专业群建设成果

类型	成果名称	批准文号/备注
专业改革	国家首批高等职业教育试点专业	教计〔1991〕10 号
	军队第一所与地方联合办学的职业教育专业	教计〔1991〕10 号
	国家首批高职高专教育专业教学改革试点	教高司函〔2001〕84 号
	国家首批示范性高等职业院校重点建设专业	教高函〔2006〕32 号
	国家首批优质校骨干专业建设项目(2 个专业)	省、行指委各 1 个
教学资源	主持教育部首批专业教学资源库建设	教高函〔2010〕18 号
	5 门国家级精品课程	教高函〔2004〕1 号、〔2005〕4 号、〔2006〕26 号、〔2007〕20 号、〔2010〕14 号
	4 门国家级精品资源共享课	教高厅函〔2016〕54 号
	7 门省级精品课程	

续表

类型	成果名称	批准文号/备注
师资团队建设	国家级教学团队	教高函〔2008〕19号
	国家级教学名师1人,省教学名师2人	教高〔2011〕7号
	全国职业院校教学能力大赛三等奖1项,省级2项	教职成厅函〔2018〕6号
	省"二二三人才"3名,省中青年骨干教师1名	冀人社字〔2014〕180号
实训基地建设	中央财政支持的国家级职业教育实训基地	财教〔2005〕295号
	职业院校教师素质提高计划国家级基地	教师司函〔2017〕54号
	国家首批优质校双师型实训基地建设项目	机职指委〔2016〕62号
	国家首批优质校生产性实训基地建设项目	机职指委〔2016〕62号
	世界技能大赛车身修复项目河北省集训基地	省人社厅
	河北省省级高技能人才培训基地	省人社厅
教学成果	国家级教学成果奖二等奖2项,省级6项	教师〔2014〕8号 教高〔2009〕12号
	国家级一等奖1项,二等奖6项,三等奖6项	教职成函〔2015〕13号
产教融合平台	牵头组建河北省汽车职业教育集团	冀教职成〔2018〕11号
	牵头组建京津冀汽车职业教育联盟	冀教职成〔2018〕11号
	与戴姆勒等10个汽车知名企业共建项目班	
	河北省高校汽车工程应用技术研发中心	冀教科〔2014〕19号
	河北省汽车内饰技术创新中心	冀科平函〔2018〕40号
	汽车空调——阚有波大师工作室	冀教职成〔2018〕15号

(二) 机遇与挑战

1. 国家汽车产业发展战略为专业群带来创新机遇

《中国制造2025》把节能与新能源汽车列为重点突破发展产业,国家《汽车产业中长期发展规划》中明确新一代信息、新能源、新材料等技术与汽车产业融合,汽车产业生态向"电动化、智能化、网联化、共享化"的"新四化"方向发生深刻变革,汽车产业进入转型升级、由大变强的战略机遇期,同时将发挥带动钢铁、化工、纺织等多个产业发展的"火车头"效应。汽车技术快速发展对人才培养提出新的要求,势必会带来新一轮汽车专业教学革命,为专业群带来前所未有的创新机遇。

2. 区域新能源和智能网联汽车发展规划为专业群带来发展机遇

《河北省战略性新兴产业发展三年行动计划》(2018—2020年)明确在新能

源汽车与智能网联汽车领域,培育一批具有国际竞争力的龙头企业,力争在技术、产品、服务等方面与国际同步发展,将河北省打造成为新能源汽车和智能网联汽车产业强省;《河北雄安新区规划纲要》《京津冀协同发展规划纲要》提出京津冀雄将被打造成新能源与智能汽车和智慧交通应用示范区。区域汽车产业的蓬勃发展对具有工匠精神的创新型、复合型汽车技术技能人才的需要量会加大,为专业群带来发展机遇。

3. 国家高职教育发展方略为专业群带来改革机遇

《国家职业教育改革实施方案》(以下简称"职教20条")明确指出高职教育作为一种类型,要遵循特殊发展规律,办出中国特色。2019年《政府工作报告》中提出高职扩招100万,对人才培养模式、教学资源配置和教学组织管理等提出了新的要求,因此,高职院校汽车专业需要顺应国家职业教育发展趋势,为高职汽车教育发展先行试验贡献实践经验,助力国家职业教育快速实现现代化建设目标,新要求为汽车专业群带来改革机遇。

4. "一带一路"国际产能合作为专业群带来展现机遇

国际汽车制造中心从欧美逐渐向亚洲等新兴市场转移,世界汽车制造业格局逐步向多极化发展。发展中国家汽车产销高速增长,"一带一路"国际产能合作为专业群服务企业提供国际大舞台、大视野。汽车专业群成为高职院校服务企业"走出去"的强力支撑,培养培训懂技术、能交流的国内派遣员工和国外本土雇员,参与国际技术标准和职教标准的制定,为"一带一路"建设贡献人才和技术力量。

5. 汽车专业群发展机遇中须着力应对的挑战

一是汽车产业"新四化"的快速推进带来的关键技术革命对专业群的人才培养、师资队伍、教学条件提出新的挑战;二是急剧增大的培训规模和扩招生源的多元化对专业群的教学组织、教学方法提出重大挑战。

二、专业群组建

(一)专业群与产业链对接,符合产业发展需求

为适应汽车产业"电动化、智能化、网联化、共享化"的"新四化"布局,精准对接京津冀雄汽车产业发展需求,学校以汽车制造与装配技术(含特种车辆改装方向)、新能源汽车技术、汽车检测与维修技术(含汽车试验技术方向)、汽车电子技术(智能网联汽车方向)、汽车营销与服务五个专业构建专业群,对接汽车制造与

服务产业链中的设计研发与零部件优化、节能与新能源汽车装配制造、汽车产品技术检测、智能网联汽车功能调试、现代汽车技术服务五大关键技术环节，充分发挥国家级重点专业汽车检测与维修技术的核心引领作用，带动专业集群发展，为京津冀雄汽车产业迈向高端提供人力资源支撑。汽车专业群与产业（链）的对应关系如图1-1所示。

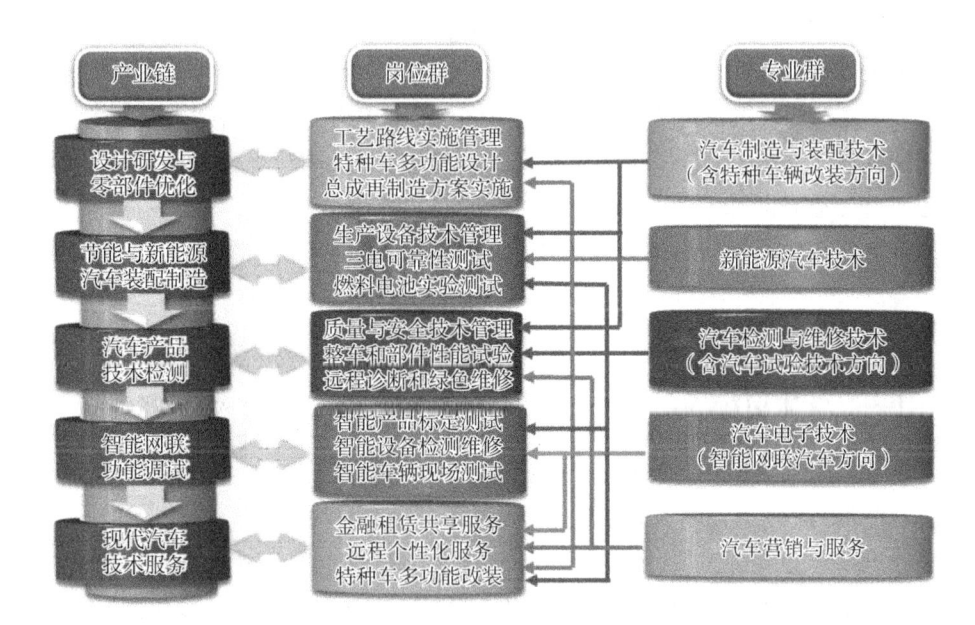

图 1-1　汽车专业群与产业(链)的对应关系

（二）服务京津冀雄汽车产业发展战略，培养复合型技术技能人才

立足河北、面向京津冀，走向世界。专业群适应汽车产业发展趋势，对接长城汽车、北汽集团、戴姆勒-奔驰等汽车制造及其销售维修服务企业，面向辅助研发类、制造装配类、技术检测类、智能网联类、营销服务类、军用特种车改装等岗位群，培养掌握智能网联汽车和新能源汽车领域关键核心技术、具备良好职业素养和创新思维、具有团队协作和精益求精工匠精神的高素质复合型技术技能人才。

（三）专业群岗位相关资源共享，聚集效应显著

（1）岗位交互关联度大。汽车制造与装配技术专业对接设计研发和制造装配类岗位，新能源汽车技术专业对接设计研发、制造装配和营销服务类岗位，汽

车检测与维修技术专业对接技术检测、营销服务、制造装配类岗位,汽车电子技术专业对接智能网联和营销服务类岗位,汽车营销与服务专业对接营销服务和技术检测类岗位,涉及技术标准相同、岗位交互性强、关联度大。

(2)教学资源共享性强。群内专业课程共享度较高,具有《汽车结构、性能与使用》《汽车法律、法规与标准》《汽车实用英语》等6门专业群平台课程。专业群实践教学设施、师资团队、合作企业均有很强的共享性,能够充分发挥有限资源的最大效能。

(3)动态调整灵活度大。群内专业相互依存,优势互补,精准服务汽车全生命周期的各个关键领域,便于根据汽车产业技术迭代、岗位更新快的特点,及时动态调整专业方向和专业布局,保证培养的技术技能人才更容易适应汽车产业转型升级过程中不断产生的人才新需求,能够充分发挥专业群的聚集效应。

三、建设目标

(一)总体目标

以立德树人为根本、提升人才培养质量为核心。到2022年,建成世界水平汽车专业群,示范引领同类专业改革,为汽车产业发展增加创新动力,服务京津冀区域汽车产业集群发展,助力新能源与智能网联汽车国家战略性新兴产业抢占国际竞争制高点。到2035年,专业群综合实力稳居世界前列,形成国际化汽车产业技术人才培养模式和标准,成为国际汽车产业技术人才供给领军者。

(二)具体目标

——创新"三路径、四阶段"分流分类人才培养模式,依托长城汽车产业学院、十大品牌校企合作项目和河北省汽车职教集团,构建汽车产业人才"1+X"育训体系,培养上万名汽车产业高素质技术技能人才。

——建设汽车产业人才标准体系,建成优质共享的专业教学资源库,建成精品在线开放课程国家级4门、省级10门,实施教材教法"处方式"系列革新,入选国家规划教材10部;形成可推广的国家级教学成果2项。

——引培一批新能源与智能网联行业权威、名师名匠,建成院士研究所、名师工坊、名匠工场;建成师资"育训"体系,探索校企师资双向流动双积分制度,打造校企1∶1"钻石"结构与品质的国家级教师团队,建成国家级标杆党支部,双师比例达到100%,培养省级以上教学名师3人,获得省级以上教学能力大赛奖10项。

——大师名匠引领建成区域共享型国家级产教融合实训基地,承办智能网联汽车全国技能大赛,学生获得全国一类赛奖项4项、世界技能大赛奖项2项,承担社会培训4万人天。

——院士引领打造军工特种车辆技术研究、智能网联汽车技术集成应用、汽车零部件再制造技术创新、现代汽车综合试验等技术技能平台,引领汽车产业智能化创新应用研究,实现军民两用、关键技术攻关。

——打造技术服务平台,广泛开展社会培训、试验检测和成果转化,实现社会培训到款800万元,技术交易到款1 000万元,科技服务到款2 000万元。

——做优中德合作办学品牌,办学专业3个,互换生源突破百人;建立海外守敬汽车学院,打造国际化产教融合基地,共享中国汽车职教专业标准,形成汽车职教国际品牌。

四、建设内容与实施举措

(一)前沿追踪,分类成才,创新人才培养模式

围绕立德树人根本任务,追踪现代汽车产业"新四化"前沿趋势,开展"1＋X"育训体系建设、"三路径、四阶段"人才培养模式改革、"模块化、递升型"课程体系构建,校企协同培养技能型、应用型、创新型人才,助推汽车制造转型升级、汽车服务高端发展。

1. 强化课程思政和劳动教育,贯穿人才培养全过程

以立德树人为根本,积极推进课程思政建设。专业群课程中融入社会主义核心价值观,融入汽车品牌企业文化,融入"德能并蓄,敏行担当"的校园文化,融入"雷厉风行,精益求精"的专业群文化,实现思政教育与课程教学深度融合。强化劳动教育,认真执行学校公益劳动周、职业素养实习周。依托校外实践教学基地、周边社区资源,建立"1＋1"劳动教育基地,教育学生诚实劳动,培养学生工匠精神,提升学生创造能力,促进学生德智体美劳全面发展。

2. 创新推进"1＋X"育训结合,引领汽车专业群深化改革

(1)汽车专业"1＋X"的标准制定和认证落地

——参与标准制定,推进X证书落地。作为参与制定汽车运用与维修(含智能新能源汽车)职业技能领域职业技能等级标准的单位之一,联合中车行参与汽车专业领域职业技能等级"1＋X"证书的制定,率先申请首批试点院校并开展"学历证书＋若干职业技能等级证书"试点工作。联合戴姆勒、捷豹路虎、大众、

比亚迪等企业开发标准化模块题库,推动汽车运用与维修(含智能新能源汽车)X证书认定尽快落地。

——创新"1+X"学分认证与积累制度。依托河北省汽车职教集团和京津冀汽车职教联盟,与企业、专家、第三方机构合作制定专业群X证书认证制度,认证学历教育、非学历教育、工作岗位积累的成果。各大汽车厂商的等级认证与专业方向课程无缝衔接,从业人员在岗位上积累的技能、知识和相关工作经验,通过认证将学习结果量化为学分,记录进学分银行。

(2) 利用"1+X"证书标准,引领汽车专业群深化改革

依托"先1后X、先X后1、X后认定1、1后认定X"四种培养模式,变革人才培养方案、课程标准和课程体系,有效促进"1+X"学历教育和技术技能培训。

——X证书引领人才培养方案改革。引入汽车领域X证书技能等级标准中的15个认证模块,优化新能源汽车技术、汽车营销与服务、汽车电子技术、汽车制造与装配技术等专业人才培养规格,探索制定一套融入X证书的汽车专业群人才培养方案;通过联合汽车行业领军企业共建专业、共建课程、共育人才,引领汽车职业教育改革。

——X证书引领专业课程标准制定。基于职业岗位群的任职能力要求,导入《汽车运用与维修(含智能新能源汽车)职业技能领域职业技能等级标准》,融合戴姆勒-奔驰、捷豹路虎、特斯拉、长城汽车、北京汽车等国际化企业技术标准,开发包含课程模块定位、课程模块目标、工作情境设计、客户委托、考核方式、媒体资源等六大核心要素的共享课程、专业方向、专长课程3类标准。

——X证书引领专业课程体系改革。引入汽车领域技能等级标准中的15个认证模块,优化课程设置和教学内容,开发初、中、高三级认证课程,融入模块化、层级化专业课程中,创建"模块化"课程体系。课程体系的课程模块层级多,按需组合效能高,有效解决生源的多元化、社会需求的多样化、学生发展的个性化等问题,促进人人成才。

3. 深化"三路径、四阶段"分流分类人才培养模式改革

(1) 确立分流分类"三定位三路径"自主选择机制

①三个定位涵盖"人才层次需求"。依据汽车行业企业人才需求调研报告,结合文化基础不同的生源状况和个性化成才需求,确定汽车专业三类人才培养定位:高素质技能型人才、技术应用型人才、技术创新型人才。根据不同人才类型定位确定不同的培养方式、培养目标和课程内容,因材施教,保障学生人人成才。

②三条路径提供"适合的教育"。依据汽车专业人才培养定位,设计"工学结

合/现代学徒制""高端定制""守敬科坊"三条发展路径,建立"一体验两分析"路径选择机制,即按汽车专业群大类招生,学生入学后参与汽车相关职业体验项目,做出职业发展规划,然后进行学习特点分析和兴趣分析,选择适合自己的发展路径。

(2) 实施分流分类"两分流、四阶段"培养运行机制

①分流分类逐级提升。设计实施基础培养、专业方向、专长发展、顶岗实习四阶段学业成长链,四个阶段目标、知识、能力分层,学生专业能力培养逐级提升。基础阶段掌握通识基础知识、综合基础能力、专业基本知识和基础技能,为第一次专业分流奠定基础;专业方向阶段掌握专业核心知识和核心能力,为第二次专长分流奠定专业基础;专长发展阶段分别强化不同路径的专长能力,为企业顶岗、入职成长奠定基础。学业导师四个阶段全程指导学生学业成长,指导学生根据不同路径、不同需求,在不同阶段选修必要的群内专业拓展模块、X证书模块和群外信息技术、商务运营、人文素养等模块,拓展学生的复合能力。汽车专业群"两分流、四阶段"培养运行机制如图1-2所示。

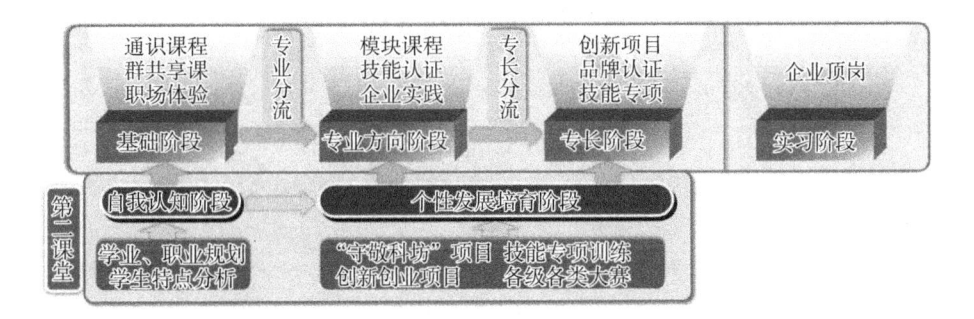

图1-2 汽车专业群"两分流、四阶段"培养运行机制

②第二课堂辅助提升。挖掘第二课堂育人潜能,设计实施自我认知和个性发展培育两阶段的第二课堂育人模式,有效引导学生进行专业、专长两次分流,实现分流培养、分类成才。在自我认知阶段,学业导师指导学生参与职业岗位体验项目,深入了解未来要从事的职业岗位特征,做好职业发展规划,帮助每一名学生找到适合自己的成才目标;学期末进行学习特点分析和兴趣分析,指导每位学生在第一次专业方向分流前制定出学业规划,绘制出学业地图。在个性发展培育阶段,学生在学业导师的指导下,选择参与创新创业项目、高端定制品牌项目、技能专项等社团活动,进行个性化兴趣专长培育,为第二次专长分流做好准备。

4. 打造"模块化、递升型"课程超市，支撑分类人才培养模式改革

打造有较大选择空间的"模块化、递升型"课程超市，将课程体系分为公共基础模块、专业模块和自选模块三类模块群。公共基础模块主要是指学院的平台课程模块。自选模块主要是指汽车专业群内自选模块、汽车专业群外自选模块、国际交流项目模块、升学深造模块、人文素养模块。专业模块分为专业群共享模块、专业方向模块，专长项目模块。汽车专业群"模块化、递升型"课程体系如图1-3所示。

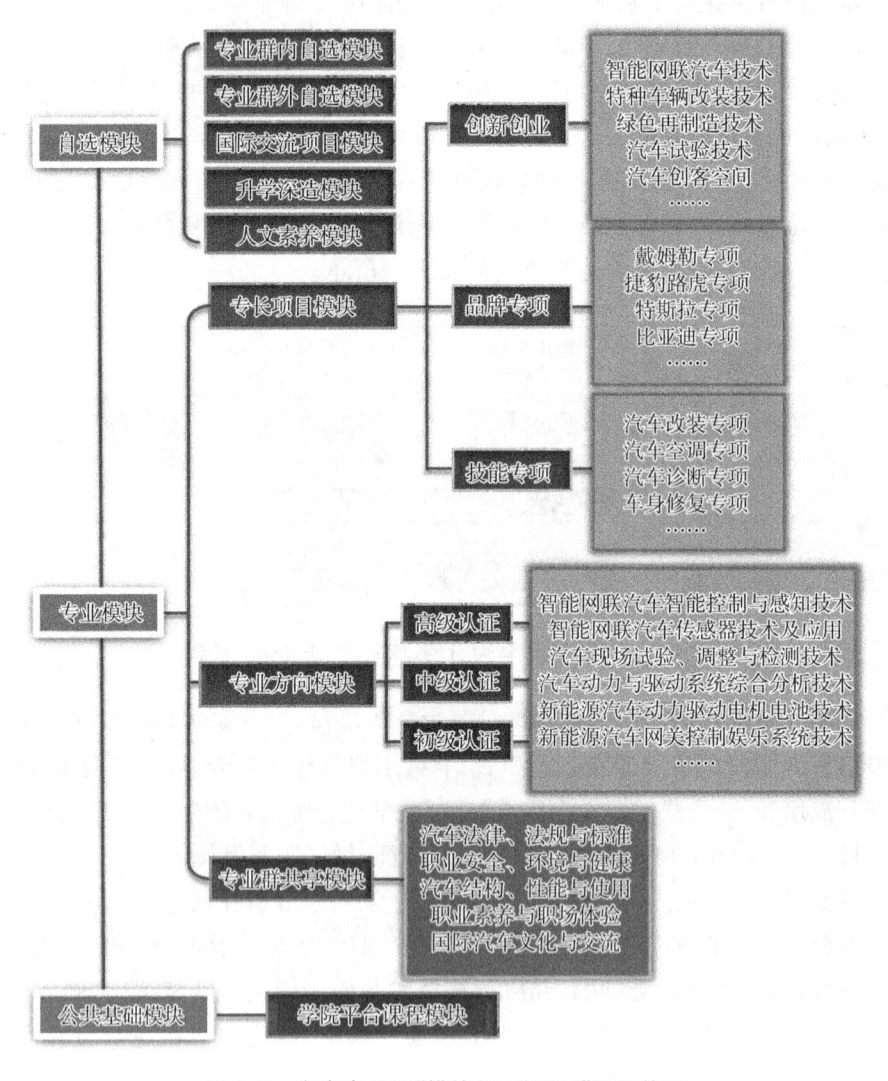

图1-3 汽车专业群"模块化、递升型"课程体系

①专业群共享模块。它包括汽车法律、法规与标准课程,职业安全、环境与健康课程,汽车结构、性能与使用课程,职业素养与职场体验课程,国际汽车文化与交流课程等专业群内应知应会的内容,是群内学生学习的专业基础。

②专业方向模块。专业方向模块是群内各专业核心能力培养的关键部分,依照"分流分类"的原则,将课程按专业方向分组并进行模块化改革。同时将相关课程对接汽车专业领域职业技能等级标准专家委员会制定的《汽车运用与维修(含智能新能源汽车)职业技能领域职业技能等级标准》中的认证模块,将 X 证书认证模块的初级、中级和高级三级能力模块完全嵌入课程体系。

③专长项目模块。通过技能专长项目模块课程,强化技能训练,培养高素质技能型人才;通过品牌专项模块项目化课程与企业认证,利用校企共建品牌实训基地,实现"高端定制"技术应用型人才培养;通过创新创业模块强化技术创新、创意与创业能力训练,实现技术创新型人才的培养。

5. 依托长城汽车产业学院,打造产业学院协同育人模式

(1) 产业学院校企协同办学机制。学校联合自主品牌龙头企业长城汽车股份有限公司,成立混合所有制产业学院——长城汽车产业学院,同时引入广汇集团、蓝池集团等汽车品牌服务商参与共建,建设紧密对接汽车的生产链和服务链的汽车专业群。校企共同针对专业群建设、培养方案制订、课程建设、"双师型"教师队伍建设、校内外实训基地建设等重大问题进行审议、决策、检查、指导、咨询、监督和协调。

(2) 产业学院校企协同育人流程。汽车产业学院建立以提高实践与创新能力为引领的人才培养流程,通过汽车行业深入开展较大范围人才规模需求调研和人才质量需求调研,形成汽车产业链的人才需求调研报告。以服务岗位需求和提高职业能力为导向,以学生可持续性学习和发展能力为主线,联合长城汽车人力资源部共同制定人才培养方案、共同开发课程资源、共同实施培养过程、共同评价培养质量,实现专业链与产业链、课程内容与职业标准、教学过程与生产过程对接,培养不同层次企业急需人才。

(3) 产业学院校企协同打造师资。依托校企双向流动"双积分"制度,校企师资"互培"机制,有计划选送专任教师到长城汽车和共建企业接受培训、挂职工作和实践锻炼;引进长城汽车和共建企业技术骨干和管理专家担任专兼职教师。校企协同打造一支双向流通的教学与服务团队,保障汽车专业人才培养质量。

(4) 产业学院校企协同创新育人。通过与长城汽车企业大师、技术能手、管理专家等共建创新研发基地、大师工作室,共同选拔优秀的学生参与长城汽车的新能源汽车电控技术、智能网联汽车线控技术、再制造技术、生产制造、新媒体运

营、售后服务体系等项目,为长城汽车的研发、生产、销售及售后等部门提供创新型、复合型后备人才。

6. 依托多类型实践载体,构建"校企协同、高端定制"育人模式

(1)"守敬科坊"培养新能源、智能网联汽车技术创新型人才。依托智能网联汽车技术、先进热工及新能源技术、特种车辆改装技术等工作室,开展来自企业一线的新能源、智能网联汽车领域前沿技术项目研发,学生深度参与到项目的设计、研发、试验、测试等工作中,采用"项目驱动、助研助教"方式,培养新能源、智能网联汽车领域的技术创新型人才。

(2)"高端定制"品牌中心培养节能与新能源汽车技术应用型人才。依托特斯拉、比亚迪、长城汽车、北京汽车、捷豹路虎、戴姆勒、大众等10个校企品牌中心,学生深度融入品牌文化、品牌价值、品牌车型、品牌技术、品牌课程和品牌顶岗的校企高端定制培养体系,采用校企"双导师、双认证"的方式,培养具有品牌意识和理念的节能与新能源汽车技术应用型人才。

(3)"工学交替"共享实践基地培养节能与新能源汽车高素质技能型人才。依托校内外实训基地,学员以企业学徒身份工学交替,采用"半工半读、技能认证"方式,培养节能与新能源汽车高素质技能型人才。

(二)资源深耕,智慧融入,打造行业领先课程资源

紧贴企业对岗位技能的需求,开发专业群共享、专业方向和专长项目三类优质课程资源,实施专业理实一体智慧课堂全覆盖工程,建成国内专业智慧课堂标杆,聚焦新能源、智能网联汽车高新技术,重点开发高品质 AR/VR 资源。到2022年,建成全国一流汽车检测与维修专业国家级教学资源库,精品在线开放课国家级4门、省级10门。

1. 围绕"三九式"课程体系,开发专业群三类课程资源

汽车专业群课程资源开发紧贴企业对岗位技能的需求,结合学校"三九式"课程体系,融入汽车专业群"模块化、递升型"课程超市的专业群共享、专业方向、专长项目三大课程模块,按照"体验主导、任务主导、项目主导"的思路开发汽车专业群三类课程资源,建立两年一轮更新机制。

(1)体验主导,创新开发专业群共享课程资源。将汽车法律、法规和标准课程,职业安全、环境与健康课程,汽车结构、性能与使用课程,职业素养与职场体验课程,国际汽车文化与交流课程等打造成突出"体验"的共享课程资源。搭建引导与活动、反思与启发、行动与计划的交互体验式课程架构。开发情境体验、

角色体验、互动体验、实践体验、职场体验的场景模拟体验式课程资源,支撑学生对汽车及其职业特征的深度体验与认知。

(2)任务主导,创新开发专业方向课程资源。依照专业方向对应的职业岗位任务,以实操任务工单为主线整合、序化教学内容,分类配套开发教学设计、教学课件、教学录像、演示录像、任务工单、学习手册、测试习题、企业案例等八要素学习包,分初—中—高三级设置教学模块,分层培养职业核心能力。融入《汽车运用与维修(含智能新能源汽车)职业技能领域职业技能等级标准》的15个认证模块,支撑学生进行职业技能等级认证。

(3)项目主导,创新开发专长项目课程资源。依托汽车智能网联技术、先进热工及新能源技术、特种车辆改装等工作室,以新能源汽车"三电"核心技术、智能网联核心技术、特种车辆改装核心技术为中心,配套开发包含企业标准、开发设计流程、设计指导手册、开发工具软件、仿真平台、实验测试、专家讲坛、产品研发案例等创新项目课程资源。

2. 打造理实一体智慧课堂,实现核心课程全覆盖

面向专业群共享、专业方向和专长项目三类课程,引入人工智能、大数据、AR/VR等新一代信息技术,围绕"课前—课中—课后"全过程,聚焦"资源推送导学—学习轨迹记录—成果评价反馈"学习循环,打造"智能硬件+多功能软件平台+海量数字资源"的一体化智慧教学环境,建成理实一体智慧教室32个,实现核心课程理实一体智慧课堂全覆盖。

3. 打造一流国家级教学资源库,辐射引领全国高职汽车专业教学

引领全国19所示范(骨干)校专业团队,联合21家国际知名车企,开发新技术、高品质教学资源,探索建立资源认证标准、建立基于资源认证标准的学习成果积累、转换和资源交易机制,打造一流的汽车检测与维修技术专业国家级教学资源库。每年更新资源比例不低于20%,用户访问量达到300万/年,广泛支撑汽车产业人才培养。

(1)聚焦新技术,开发新能源和智能网联教学资源。以新能源汽车"三横关键技术、三纵关键车型"和智能网联汽车"车路协同、环境感知、智能决策、底层控制"为主攻方向,校企共同开发多能源动力总成系统、电机驱动系统和控制单元、动力电池和电池组管理系统、燃料电池汽车、混合动力汽车、纯电动汽车、环境感知系统、导航定位系统、先进驾驶辅助系统、智能交通系统等核心技术课程资源,全面升级国家教学资源库资源。

(2)聚焦教学难题,开发高品质AR/VR资源。联合北京航空航天大学国

家重点实验室,面向危险程度高、场景再现难、看不见、摸不着、进不去等教学难题,利用AR、VR、MR虚拟现实技术,开发新能源汽车高压安全作业、动力电池系统、电机驱动系统和控制系统、燃料电池系统、自动驾驶系统、智能交通系统等虚拟实训项目库,突破教学难题,提升教学效能。

(三) 实施"处方式"教学,引领教材与教法改革

推进课堂革命,教材和教法全面开展"处方式"革新。面向专业群共享课程、方向课程、专长项目课程,配套开发"手册式、工单式、活页式"教材40部,入选国家级规划教材10部;聚焦六维度学习成效,打造"任务驱动、环境塑造、立体评价、智慧支撑"的四轮驱动教学模式。

1. 改革三类配套教材,"处方"实现课程最佳功效

（1）实施"三三三"工程。面向专业群人才培养体系配套开发三大类教材,根据三类课程不同特点,设计三种呈现形式的教材,即专长项目课程"活页式"、专业方向课程"工单式"、专业群共享课程"手册式";教材编写体例遵循"三符合",即符合职业需求、符合认知规律、符合学习习惯。聚集行业专家、企业技术能手、职教名师,组建教材建设"三方"团队;导入"三新",即新能源与智能网联汽车新技术、新工艺、新方法;融入"三标",即行业标准、企业标准、职业技能标准。

（2）校企共建新形态立体化教材。充分利用信息技术,实现教材建设立体化:教材纸质版和电子版一体化、教材和教学资源一体化、教材与题库一体化。

——专长项目课程教材"活页式"。以工作室项目为依托,面向新能源、智能网联、特种车辆改装等技术创新项目,根据项目推进特点,开发项目"活页式"教材,整合技术标准、技术路线、开发方法与理论、实验设备工具、工艺路线与规范、实验数据等项目要素。

——专业方向课程教材"工单式"。专业方向课程教材,依照岗位任务完整的工作过程编制的"工单"为主线,包含工具、设备、场地、流程等内容,配置相应的知识体系和评价体系。和《汽车运用与维修(含智能新能源汽车)职业技能领域职业技能等级标准》相关的教材,融入相关认证标准,配套15个认证模块,开发15套认证教材,可直接作为认证考核学习指导用书。

——专业群共享课程教材"手册式"。面向节能与新能源、智能网联汽车相关的汽车法律、法规和标准,职业安全、环境与健康,汽车结构、性能与使用,职业素养与职场体验,国际汽车文化与交流等5个板块专业群共享课程,开发"手册式"教材,配套开发5部平台课程教材。

2. "四轮"模式革新教学,"处方"驱动高效课堂

(1) 创新四轮驱动教学模式。每年立项 5 门重点建设课程,组建校企专兼结合教学团队,开展任务化、信息化、立体化、智慧化和小班化课程教学改革,以学生为中心,六维度(互动参与度、过程专注度、实操精准度、任务完成度、技能熟练度、素养持久度)聚焦学习成效,打造"任务驱动、环境塑造、立体评价、智慧支撑"的四轮驱动教学模式,如图 1-4 所示。

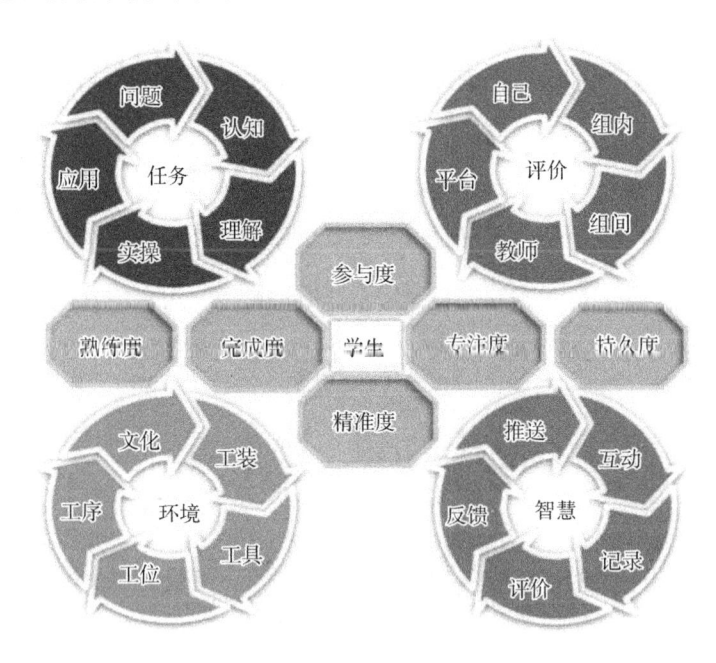

图 1-4 汽车专业群四轮驱动教学模式

(2) 全面推进"处方式"线上线下混合教学。全面推广线上线下混合教学,针对专业群共享、专业方向和专长项目三类专业课程的特点,分别匹配出认知负荷适中的"处方式"教学方法。在教学设计与教学实施过程中,以"处方式"教学方法为主,辅以演绎法、归纳法、案例法、角色扮演、头脑风暴、思维导图等方法,追求学生"学习过程可视化、学习成果可视化",达成教学相长,实现效率高、效果好的课堂教学。

——专业群共享课程主要采用"问题链小步快进教学法"。根据学生基础和学习内容,设计适当难度的若干引导性问题,构成一个问题链,学生思考、讨论、探索和老师讲解交替进行,每种状态以 10~20 分钟为一段,小步快进。

——专业方向课程主要采用"任务链小步快进教学法"。根据学生基础和任

务特征,将综合学习任务分解为若干小任务,构成一个任务链,每个小任务承载部分学习内容,不同小任务或先做后讲、或先讲后做,学生做和老师讲交替进行,每种状态以10~20分钟为一段,小步快进。

——专长项目课程主要采用"T—C—T(Try—Coach—Try)教学法"。根据学生基础和项目特征,采用指导性教学,介于讲授式教学和发现式教学之间。学生先唤醒已知尝试完成任务,学生遇到困难,明确学习挑战;教师提供必要的学习支持或学习指导;学生利用新知再次尝试解决问题,尝试—指导—尝试交替进行。

(四)"钻石"结构品质师资团队,实力支撑多元教学需求

坚持"育人先育己、育生先育师"理念,引培一批新能源与智能网联汽车行业权威、技术能手、名师名匠,建成一套专业群师资特色"育训"体系,实现校内专职和校外兼职1∶1的混编,建成一支"钻石"结构和品质的国家级教师团队,如图1-5所示。

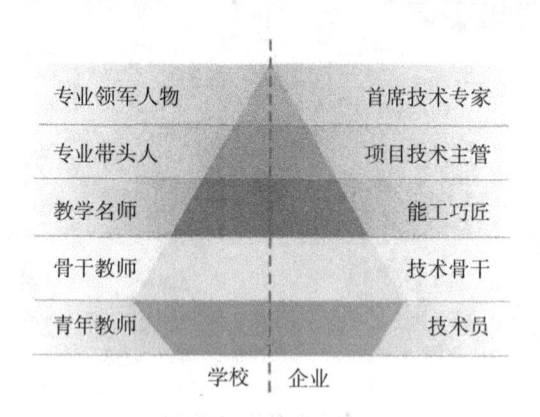

图1-5 汽车专业群"钻石"结构的校企混编师资团队

1. 建好省标杆党支部,强化师德师风培养

(1) 基层党建。建设一个集活动室、教育室、荣誉室、接待室等各项功能为一体的"党员活动基地",研发运行一个党员信息数据管理、学习教育、互动交流的数字化新媒体平台;制定一套完善的学习、评价党建制度,成立以支部书记为首的师德师风监督小组,奖先策后,奖优罚劣,建成省标杆党支部。

(2) 党建活动。每周1次党员教工集中学习,每月1次支部书记党课活动、1次业余文化主题活动、1次志愿服务活动;每年邀请专家到校开展师德师风的系列讲座,牢筑德育为首、为人师表的意识。

2. 打造"钻石"结构的校企混编师资团队

(1) 建立校企双向流动"双积分"制度。制定校企互通互认教师和技术岗位

任职资格标准,实施校企双向流动"双积分"制度。专业群教师和企业兼职教师校企互通过程中取得的成果,涉及工艺革新、效率提升、流程改进、管理改善、成本降低、安全管理、环境保护、技能比武、申请专利、指导学徒等各个方面,均认定相应积分,积分在各自单位作为绩效认定。

(2)实现校企混编的"钻石"结构。第一层为专业群领军人才和企业首席技术专家,第二层为专业带头人和企业项目技术主管,第三层为教学名师与企业能工巧匠,第四层为骨干教师和企业车间主管,第五层为青年教师和企业技术骨干。建立"校企双带头人"、"一企一师不断线"和"一课一兼职"制度保障。

3. 实施师资引培计划,打造"钻石"品质

(1)师资分类引培实现"钻石"品质

——领军人才领袖品质。从比亚迪、长城汽车、北京理工大学引进新能源和智能网联汽车行业领军人才1~2名,培育具备国际化视野、深厚汽车产业知识的专业群领军人才1名,带动汽车专业群建设,把握专业群发展方向,引导本专业始终处于行业内领先水平,并注重专业团队建设,带出一支高水平的专业团队。

——专业带头人引领品质。重点引进培育新能源汽车技术和汽车智能技术两个专业的专业带头人和专业带头人培养对象共计4人,提升两个专业的专业建设、科研与服务水平,打造京津冀区域领军专业,引领同类专业发展。

——技术骨干创新品质。引培5~10名教学名师、能工巧匠,领衔打造汽车诊断大师、车身修复等5个大师工作室,打造汽车产业工匠培养摇篮。引培4~8名科研创新专家,领衔打造汽车智能网联技术、特种车辆改装技术等4个技术创新工作室和未来汽车创意等3个方向的创客空间。引进30~50名企业技术骨干,指导学生实习实训。

汽车专业群高水平、结构化教师教学创新团队引培计划如表1-2所示。

表1-2 汽车专业群高水平、结构化教师教学创新团队引培计划

引培层次和方向		传统汽车	新能源汽车			智能网联汽车		合计
		节能技术	纯电动力	混合动力	燃料电池	自动驾驶	网联技术	
专业群领军层	专业群领军人才			1				1
	企业首席技术专家	1		1			1	3
专业领军层	专业带头人			2				4
	企业项目主管	1		2			1	4

续表

引培层次和方向		传统汽车	新能源汽车			智能网联汽车		合计
		节能技术	纯电动力	混合动力	燃料电池	自动驾驶	网联技术	
名师名匠层	教学名师	1	1	1	1	1	1	6
	企业能工巧匠	1	1	1	1	1	1	6
技术骨干层	骨干教师	2	3	3	3	3	3	17
	企业技术骨干	2	3	3	3	3	3	17
入门成长层	青年教师	1	2	2	2	2	2	11
	企业技术员	1	2	2	2	2	2	11
合计								80

（2）建构专业群师资"育训"体系

建立系统化师资分类培养体系。根据能力层级，针对发展阶段的教师设定培养目标，制订培养计划，开设相对应的成长坊，系统化培养高水平师资队伍，如表1-3所示。

表1-3 汽车专业群师资分类培养一览表

师资类别	培养方式	培养能力		
		面向教研室	面向工作室	面向企业
专业带头人	院校交流 国际交流	指导专业建设，教学改革	指导科研项目，提高科研领导能力	实践调研，找准专业发展方向
名师名匠	个性发展 重点突破 精益求精	创新教学模式教改先锋	汽车技能能手 汽车技术带头人	项目合作，新技术、新工艺应用与发展
骨干教师	做中学 学中做	独立设计实施专业课程	申报科研项目，组建科研团队实施完成	技能训练，项目实践，实践课程建设
青年教师	新老教师 师徒结对	互评互比听课制，提高教学能力	辅助完成科研项目，找准自己科研方向	获得实践经验，提高实践教学能力

实施新能源汽车"三横三纵"师资提升计划，聚焦新能源汽车"三横（电池、电机、电控）、三纵（燃料电池、混合动力、纯电动）"关键技术，提升教师新能源专业水平。实施智能网联汽车师资提升计划，聚焦环境感知、智能决策、底层控制关键技术和辅助驾驶、自动驾驶、车路协同技术，培养"新四化"汽车师资。

（五）对接产业，校企协同，打造实践育人基地升级版

瞄准汽车产业发展新态势，校企共建区域共享的汽车产教融合实训基地，如

图 1-6 所示。校内基地包含 1 个智能网联汽车实训工厂、1 个新能源汽车实训工厂；校外基地结合京津冀区域汽车产业发展需求，建设集辅助研发、产品测试、生产制造、车辆改装和应用创新功能于一体的实践教学基地。建设期内，建成 1 个区域共享型国家级汽车产教融合实训基地。

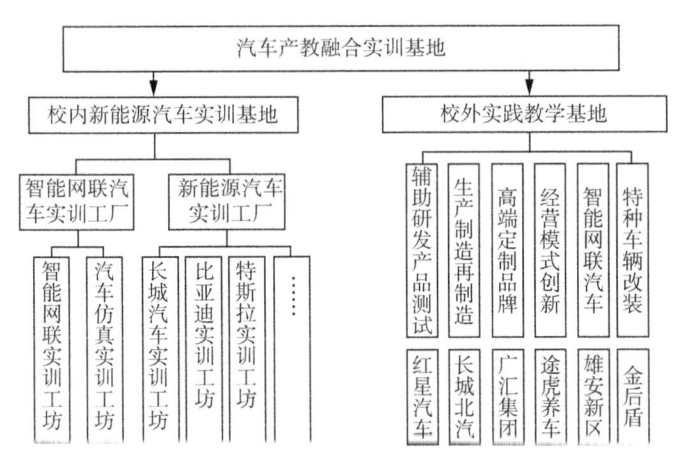

图 1-6　汽车专业群校企协同实践育人基地升级版

1. 建设校内新能源汽车实训基地，打造生产性教学示范基地

（1）实训基地建设模式

——建设项目规划。在学校军民融合产教园区的"智慧工厂"建设规划下，对接雄安新区智能网联示范基地，建设智能网联汽车实训工厂，下设智能网联汽车实训工坊和汽车仿真实训工坊，校企共建新能源汽车品牌实训工厂，下设戴姆勒-奔驰、捷豹路虎、特斯拉、长城汽车、北京汽车（以下简称"北汽"）、比亚迪、一汽大众、上汽通用、上汽通用五菱、博世 10 大新能源汽车品牌实训工坊。针对中高职院校、军民融合企业、汽车类企业、社会培训机构进行实训工厂资源开放共享。

——共建共管共育。联合戴姆勒、特斯拉等世界 500 强企业和长城汽车、北京汽车等中国汽车自主品牌的龙头企业，共同建设新能源汽车实训基地，引入国汽（北京）智能网联汽车研究院等研究院所、河北省汽车工业协会等行业协会、广汇集团等规模以上企业优质项目资源，采用企业化运营管理模式，为学院和区域内中高职汽车专业学生提供生产计划稳定的生产性实训，实施高端定制培养、校企"双元"实践育人，培养面向战略性新兴汽车产业紧缺领域的技术技能人才。

(2) 建设智能网联汽车和新能源汽车实训工厂

——智能网联汽车实训工坊。面向智能网联汽车高端产业,联合世界500强企业及中国汽车自主品牌的龙头企业北汽集团,购置车路协同智能车辆系统软硬件、智能汽车环境感知系统试验台等"高、精、专"的实训设备,通过构建缩微智能车、智能物流小车等项目实施体系和完备的考核方法,培养面向辅助研发、产品测试、汽车底盘线控化改装、ADAS 后装改造、远程诊断等新领域的复合型技术技能人才。

——汽车仿真实训工坊。跟进特斯拉、比亚迪、北汽等涉足智能网联汽车的厂商,国汽(北京)智能网联等汽车研究院,全国机械职业教育教学等指导委员会,建立汽车仿真实训平台,利用订制化开发的智能网联 Carmaker 等仿真软件与驾驶仿真模拟器等真实装备配合使用,实现虚实教学双线交融互通;采用模块化形式,可灵活拆分与组合,能适合不同技术主题和教学模式,满足学院汽车专业和冀南区域高职院校专业仿真实训需求。

——10 大新能源汽车高端定制品牌实训工坊。新能源汽车品牌实训工厂下设 10 大品牌车型实训工坊,面向新能源汽车战略新兴产业,助力河北新能源汽车产业发展,联合一批世界 500 强企业及中国汽车自主品牌的龙头企业、中国汽车技术研究中心标准化研究所,集聚各个品牌车企最新的传统车型和新能源车型的教学用车,利用企业技术优势与学院场地设备师资优势,共同制定人才标准、实训标准、岗位能力标准、课程标准,结合品牌厂商的人才需求,开展生产性实景教学,实现汽车品牌技术技能人才高端定制。汽车专业群品牌车型实训工坊建设基本信息如表 1-4 所示。

表 1-4 汽车专业群品牌车型实训工坊建设基本信息

10 大汽车高端定制品牌	品牌车型 传统车型	品牌车型 新能源车型	备注
长城、北汽、比亚迪、上汽通用五菱	长城哈弗、北汽绅宝、五菱宏光、宝骏 730 等	长城欧拉,北汽 EV、EU 系列、比亚迪秦、唐系列,宝骏 E200 等	世界 500 强+自主品牌龙头企业
戴姆勒-奔驰、捷豹路虎、特斯拉	奔驰 C 级、E 级、揽胜极光、捷豹 XFL 等	奔驰 EQC、捷豹路虎 E-PACE 等	世界 500 强
上汽通用、一汽大众	雪佛兰、凯迪拉克、别克、迈腾等	雪佛兰 Bolt、奥迪 A3 e-tron 等	世界 500 强
博世	开发、生产和销售整套智能电动车解决方案及驱动控制单元等		世界 500 强+全球第一汽车技术商

2. 建设多元校外实训基地,打造校企协同育人与创新服务综合体

对接捷豹路虎、戴姆勒-奔驰、长城汽车、北京汽车、领途汽车、多氟多红星汽车等国际国内龙头企业和区域发展型企业,建设汽车生产制造领域、辅助研发与产品测试领域、高端定制品牌领域、经营模式创新型领域、智能网联汽车领域、特种车辆改装领域的6类实践教学基地,如表1-5所示。建立校企"双导师制",通过生产任务、创新项目、服务项目协同育人,为企业培养技术技能型、技术应用型、技术创新型后备人才,打造校企协同育人与创新服务综合体。

表1-5 校外实训基地建设一览表

京津冀区域产业分类	代表性企业实训基地	备注
辅助研发、产品测试	领途汽车、多氟多红星	河北省中小微新能源车企
汽车生产制造	长城、北汽	世界500强+国内自主品牌龙头企业
高端定制品牌	捷豹路虎、奔驰	世界500强企业
特种车辆改装	金后盾集团	河北省军民融合核心企业
智能网联汽车	雄安新区科技企业	国家级智能网联汽车示范区
经营模式创新	途虎养车	国内自主创业知名企业

(六)院士领衔,大师引领,打造国家级技术技能创新平台

围绕汽车产业的科技前沿、国家及河北省战略,依托"河北省高校汽车工程应用技术研发中心""河北省汽车内饰技术创新中心",院士领衔,建设军工特种车辆技术研究中心、智能网联汽车技术集成应用中心、汽车零部件再制造技术中心、现代汽车综合试验服务中心,开展战略咨询、标准制定、技术指导、关键技术攻关、技术成果转化及创新领军人才培育;大师引领,建设4个技术技能大师工作室,传承汽车改装、诊断、营销及车身修复方向的企业绝技绝活;空间营造,培育未来汽车创意、个性化改装等方向的创客。建设期内,建成国家级技术技能创新平台,助推京津冀雄汽车产业向高端发展,如图1-7所示。

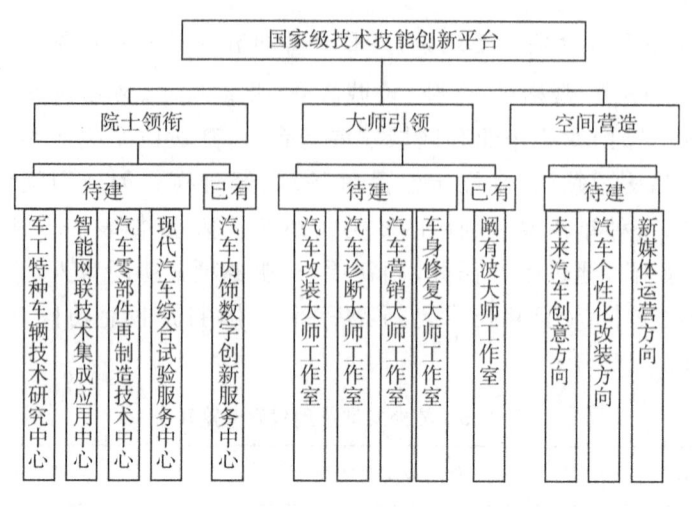

图 1-7 汽车专业群技术技能创新平台

1. 院士领衔，攻关汽车产业关键技术

以核心技术和关键技术创新需求为动力，引进国内院士级专家和海内外知名学者，与龙头企业合作，组建混编团队，购置一批前沿核心技术设备，规划教学、科研、大赛等项目，通过院士轮流指导机制，针对特种车制造与改装、智能网联、汽车再制造、汽车轻量化、氢燃料电池等前沿技术领域，开展支撑区域汽车产业发展的关键技术攻关，培养汽车检测与维修技术专业群创新领军人才，为自主创新能力和技术服务能力提供强有力的支撑，为京津冀区域产业发展增加创新动力。

建设期内，申报省级以上高水平科研项目 24 项、成果转化 40 项，发表 SCI、EI、ISTP 三大检索论文 35 篇，申请发明专利 20 件、软件著作权 5 项，培养复合型、创新型技术技能人才 120 名以上，开发企业技术标准 4 套。

——军工特种车辆技术研究中心。主要方向：设计开发特定功能的军用保障车、应急保障车、维和部队保障车、军民两用保障车等综合保障车，增强自主研发改装创新能力，制定特种车辆性能测试标准 1 套。军工特种车辆技术研究中心规划方案如表 1-6 所示。

表 1-6 军工特种车辆技术研究中心规划方案

合作企业	金后盾集团——军民融合国家核心企业之一
混编团队	引进中安军信科技有限公司高级工程师、国防科技大学教授
	组建 10 人的混编团队，企业知名专家占比 10%、"双一流"高校领军人物占比 10%、名师名匠占比 10%、骨干教师占比 20%、青年教师占比 50%，在校学生 30 名

续表

项目规划	教学项目:开发《汽车改装技术》等项目教材
	大赛项目:巴哈大赛、汽车改装大赛、全地形越野车(ATV)等
	科研项目:履带式变体车轮、野战救护车、弹药补给车、应急维修保障车等
核心设备	3D打印机,SolidWorks、CATIA等三维建模软件,三维扫描仪,数控加工中心等

——智能网联汽车技术集成应用中心。主要方向:智能网联汽车传感器安装、标定与检修,底盘线控化改装,车路协同缩微智能车软硬件开发与仿真系统等,形成自主智能电动汽车硬件拓扑及软件架构体系,打造智能网联车路协同示范区,制定智能网联汽车底盘线控化改装标准1套。中心规划方案如表1-7所示。

表1-7 智能网联汽车技术集成应用中心规划方案

合作企业	北京汽车集团有限公司——世界500强+中国自主汽车品牌龙头企业之一
混编团队	专家:引进北汽新能源工程研究院首席技术官、燕山大学教授
	企业知名专家占比10%、"双一流"高校领军人物占比10%、名师名匠占比10%、骨干教师占比20%、青年教师占比50%,在校学生30名
项目规划	共研项目:北汽集团智能网联汽车五年行动计划——"海豚+"战略
	教学项目:开发《传感器安装、标定与检修》《汽车底盘线控化改装》等项目教材
	大赛项目:智能汽车大赛、无人驾驶世界挑战赛等
	科研项目:智能电动观光车、智能物流小车、智能光伏清扫车等
核心设备	激光雷达、GPS惯性导航、硬件在环(HIL)测试系统等软硬件

——汽车零部件再制造技术中心。主要方向:通过汽车总成产品清洗,目标对象拆卸、清洗、检测,再制造零部件分类,再制造技术选择、再制造、检验等工艺,形成自主的产品表面工程技术和回收信息系统,制定再制造相应的流程、方案实施与表面修复技术标准1套,促进汽车总成资源综合利用和循环经济发展。中心规划方案如表1-8所示。

表1-8 汽车零部件再制造技术中心规划方案

合作企业	长城汽车股份有限公司——世界500强+中国自主汽车品牌龙头企业之一
混编团队	引进中国汽车技术研究中心汽车标准化研究所首席技术专家、燕山大学教授
	组建10人的混编团队,企业知名专家占比10%、"双一流"高校领军人物占比10%、名师名匠占比10%、骨干教师占比20%、青年教师占比50%,在校学生30名

续表

项目规划	共研项目：表面涂覆技术、表面改性技术、表面复合处理技术等
	教学项目：开发《汽车再制造》等项目教材
	科研项目：核心零部件寿命预估、表面工程技术应用、回收信息系统等
核心设备	全方位离子注入、等离子体气相沉积、微弧氧化、低温改性等核心设备

——现代汽车综合试验服务中心。主要方向：紧跟试验领域的最新发展动态，紧密结合国家最新的试验标准和试验方法，消化吸收关键核心技术，形成智能网联汽车道路测试、新能源汽车性能及续航里程测试、性能可靠性及环保性的测试体系和试验标准，实现产品测试与辅助研发。中心规划方案如表1-9所示。

表1-9 现代汽车综合试验服务中心规划方案

合作企业	中国汽车技术研究中心——国内外汽车行业具有广泛影响力的综合性科技企业集团
混编团队	引进中汽研汽车检验中心高级工程师、河北工业大学教授
	组建10人的混编团队，企业知名专家占比10%、名师名匠占比10%、骨干教师占比20%、青年教师占比60%，在校学生30名
项目规划	参与项目：EV-TEST电动汽车整车性能测试评价体系、智能网联汽车测试评价技术等
	教学项目：开发《汽车试验新技术》等项目教材
	科研项目：智能网联汽车行驶性能检测、电动汽车WLTP循环工况续航里程测试、氢燃料电池测试等
设备购置	转鼓试验台、底盘测功机、道路振动模拟试验台、数据采集系统等

2. 大师引领，传承汽车产业绝技绝活

围绕汽车科技含量较高的岗位，通过引进广汇集团、蓝池集团等规模以上企业的能工巧匠，在阚有波大师工作室基础上，新建汽车诊断、车身修复、汽车营销与汽车改装4个大师工作室，实现国家级及世界级技能大赛指导、生产技术攻关与创新、带徒传技等功能，推动技能大师实践经验的传承和推广，培养传承企业绝技绝艺的教师及高技能人才。建设期内，培养600名毕业生，培育校内技能大师5名，指导世界技能大赛种子选手10名以上，全国技能大赛选手80人左右，获国家级技能大赛奖4项。

3. 空间营造，培育创新高能的技术技能人才

依托"河北省汽车内饰技术创新中心"，开拓汽车市场新领域，促进学生创新创业意识的培养,建设创新成本低、创新风险小、创新效率高的汽车创客空间,通过以学生为主、教师为辅的工作模式,融入汽车文化与汽车元素,在长城未来汽车创意、汽车个性化改装及汽车新媒体运营方向,给学生提供唤醒创新创业意识的企业真实生产环境。建设期内,培养创新创业型学生200名以上。

(1)未来汽车创意方向。与长城汽车携手运营未来汽车创意空间,通过设计人员新颖、独特、超前的构思和创意对长城未来汽车进行概念设计,融入最新汽车科技成果,摆脱生产制造水平方面的束缚,尽情地甚至夸张地展示学生们的独特魅力,从而为长城公司等企业输出学生创意。

(2)汽车个性化改装方向。与邢台车网合作,以高端客户为中心,逐步向年轻汽车消费群体辐射,针对附加值高、批量小、品种多、生命周期短等特色项目,如车身彩绘、方向盘改装、灯光改装等,在汽车改装方向对车辆进行私人定制,满足人们的消费需求。

(3)新媒体运营方向。与知名汽车资讯平台合作,进行新媒体运营,指导蓝池集团、广汇集团等规模以上企业的汽车经销商更好地利用新媒体提升附加功能,满足新型营销的切实需求,增强服务区域能力。

(七)打造一体化汽车产业服务体系,助推区域汽车产业高端发展

依托汽车职教集团、省级技术成果转化中心、省级军民融合产学研用示范基地、雄安新区创新服务中心等服务平台,开放共享基地资源,在师资类培训、社会培训、技术支持、成果转化、公益性服务等方面发挥优势,培养京津冀区域传统汽车产业升级紧缺领域技术技能人才,助力中小微企业破解产业前沿应用技术难题,助推河北省汽车支柱产业与战略性新兴产业的高质量发展。

1. 打造华北区域汽车培训基地,引领区域汽车产业高技能人才培训

围绕京津冀区域汽车支柱产业、新能源和智能网联汽车战略性新兴产业,打造华北区域汽车培训基地,面向车企经销商、国内外职业教育师资,开展汽车运营新模式、共享汽车新业态、新能源三电等新技术的培训,培养汽车产业高端技能人才和高水平师资队伍;紧密结合京津冀区域汽车产业发展需要,面向退役军人及士官、校内外学生、社会新增劳动力,开展专业群"1+X"认证培训,培养河北省疏解首都汽车产能紧缺领域的大批技术技能人才;依托学校省级军民融合产学研用示范基地,开展军用车辆检测与维修、特种车辆改装等培训,培养军民融合特色产业领域的技术技能人才,支撑区域汽车产业人才需求。建设期内,完成培训量4万人天,国内师资培训1 000人,国际师资培训200人,非学历培训到款额800万元。

2. 打造现代汽车综合试验基地，推动区域汽车产业提质升级

开放共享实践教学基地和技术技能平台的教学资源和科研设备，对接雄安新区、威县、清河等科技服务站，吸引企业入校与走进企业上门服务相结合，开展整车及零部件试验测试、标准建设等服务，满足企业升级的技术需求，推动区域汽车产业提质升级。建设期内，制定企业产品标准4套，考评企业150家，科技服务到款突破2 000万元。

3. 加速汽车关键技术成果转化，创新推动区域汽车产业转型升级

依托省级技术转移中心，深度整合河北省汽车职教集团优质资源，搭建产业和科研之间的"桥梁"，加速将智能技术、远程诊断等汽车产业关键技术研究成果进行转化，提升服务区域经济的能力和效率。将从高校、科研单位收集、整理、筛选的具有创新性的技术成果发布到相关行业、企业，将从各地区、相关行业、企业收集、整理、筛选的技术需求信息发布到相关高校、科研单位，打通技术供给方与需求方的联系壁垒。通过信息的实时更新，精准推送，定期召开、参与对接洽谈会，提供技术服务、技术咨询、技术开发、合同登记等服务，促进科技成果转化，加快区域汽车产业转型升级。建设期内，完成高新技术成果转化27项，军民两用技术成果转化13项，技术交易到款1 000万元。

4. 实施美好生活教育、对口帮扶工程，服务民生幸福

紧密联系当地政府、交通部门、人社部门、基金会等组织，对接社区学院，实施美好生活教育、贫困大学生就业精准扶贫、对口帮扶等工程。针对汽车新技术的科普，收割机、插秧机等现代化农具的维护使用，废旧电池的危害等主题进行公益性讲座，吸引贫困大学生免费参加职业技能培训并推荐就业，在高质量完成巴音郭楞职业技术学院的汽车营销与服务的专业建设任务后，进一步加大新疆、西藏欠发达地区的对口支援帮扶力度，重点加强新能源汽车专业、汽车检测与维修技术专业在人才培养模式、师资培养、实训室建设等方面的专业建设，加强探讨和研究，共享成果，帮助其提高办学水平。建设期内，举办公益性讲座5期。

（八）提升国际交流与合作水平，打造汽车职教国际品牌

1. 依托"中德先进制造学院"，打造汽车职教国际化品牌

（1）中德合作打造国际品牌专业。依托中德先进制造学院，继续深化与德国施马卡尔登应用技术大学合作，在现有汽车电子技术专业的国际合作、引进德国汽车教育前沿技术和资源的基础上，拓展到新能源汽车技术、智能网联汽车技术专业的合作办学，到2022年汽车专业合作办学在校生规模达到200人以上。

（2）中德合作制定国际水平标准。通过中德校企合作，建设国际认可、多语种、模块化、标准化的汽车专业标准和课程标准，构建"中国特色、世界水平"汽车职教专业课程标准体系。

（3）中德合作打造一流教学资源。引入"德国职业教育4.0"体系，建设汽车专业课程、双师师资、实训基地、教学管理等"智慧嵌入"式教育资源，打造国际认可、多语种、标准化、智慧化的汽车专业在线教学平台和VR虚拟课堂。

（4）提升师资队伍的国际化水平。邀请德国汽车教育专家来校讲学，派出汽车专业群高水平教师赴德讲学，增强国际院校间师资交流；拓展师资研修渠道，年均派出5名以上年轻教师赴国外大学在新能源汽车和智能网联方向进修访学，引进国际人才与校内教师组建国际化师资团队。

（5）推进留学教育和国际生交流。依托中德先进制造学院和守敬国际教育学院，与德国和俄罗斯、泰国、南非等"一带一路"共建国家开展留学生培养和国际高校学生交流项目，年均派出交流学生达5人，接受国际交流学生5人以上，招收汽车专业留学生5人以上，逐步建成汽车专业国际培养体系。

2. 建立海外守敬汽车学院，形成中国汽车职教专业标准

（1）建立泰国守敬汽车学院。与泰国高等院校合作建立泰国守敬汽车学院，开展跨境汽车人才联合培养项目，共建新能源汽车技术人才培养标准。共建模式方面，泰国守敬汽车学院将"邢职汽车职教"人才培养模式、管理模式、运行机制等方面有机融入，提供新能源汽车专业标准、课程资源、教学方法、多语种教材、实训设备等方面整体化、订单化解决方案。实施中泰中高职贯通人才培养项目，学生互换、学分互认，颁发双方专科文凭。共建标准方面，中泰中高职贯通人才培养项目将新能源汽车专业课程和汉语课程融入泰国专业建设和课程建设中，共同制定专业标准1个、课程标准5个，合作开发多语教材5部；将中国新能源汽车专业职业资格体系及新能源汽车职业资格认证有机地融入泰国。

（2）汽车职教辐射"一带一路"。以泰国守敬学院为模板向"一带一路"沿线国家推进"守敬汽车学院"建设。①打造守敬汽车学院体系。以泰国、南非"守敬学院"为基础，拓展东盟、非洲职业汽车专业教育合作办学，逐步辐射东欧、南亚、西亚、南美等发展中国家，建立两个汽车守敬学院，打造"一带一路""守敬汽车学院"体系。②"一带一路"汽车职教标准形成。以泰国守敬学院汽车专业为模板，向"一带一路"沿线国家共享"邢职汽车职教"标准，派出优秀专业教师到"一带一路"沿线国家进行职教师资交流培训，提升汽车专业群的国际影响力。③联合举办国际职业技能赛事。依托海外守敬学院，与泰国、缅甸等东盟国家教育主管部门和院校联合举办"京津冀-东盟"汽车职业技能交流大赛，促进与"一带一路"沿

线国家职业院校间的汽车职业教育交流与合作。

3. 依托海外守敬汽车学院,服务中国汽车产业"走出去"企业

(1) 建立与京津冀"走出去"企业合作机制。汽车专业群通过境内和海外两种渠道、线上和线下两个方式、学历教育与职业技能两个维度、人力资源与技术服务两种支撑,服务京津冀汽车产业"走出去"企业国际合作项目,助推企业成长,服务国际产能合作。海外人才培养1万人天,技术服务项目达6个。

(2) 建立海外中企"海外人才培养基地"。依托长城俄罗斯图拉州基地、长城马来西亚基地、北京汽车南非基地、中安军信科技有限公司东南亚项目等推进企业海外分公司(基地)汽车专业人才订单培养计划,建立汽车海外人才技术服务基地,接受国内派遣学生和海外本土学生实施培训项目,服务于长城汽车"一带一路""百万计划"、北京汽车"海外计划"的实施。

(3) 建立河北汽车专业海外实践基地。依托中国"走出去"的汽车企业,联合开设汽车专业的河北高职院校、本科院校,建立河北汽车专业"大学生海外实践基地",结合海外中资汽车企业人才需求,派国内汽车专业学生赴海外基地顶岗实习,并大部分实现海外就业。

(九) 规划具体措施与长效机制,多方协同保障专业群可持续发展

1. 高水平专业群建设项目保障具体措施

围绕建设中国特色高水平高职院校和专业群建设目标,学校健全体制机制、加强过程管理,营造良好发展环境,从人力、物力、财力、政策等方面全力支持,重点打造汽车检测与维修高水平专业群。

(1) 多方参与协同创新,共建组织保障高水平专业群建设。政府、行业、企业、院校多方参与,成立汽车高水平专业群建设领导小组,对建设方案和重大建设项目等进行指导与审议;成立汽车专业群协同创新建设小组,创新建设举措,解决建设难题,负责落实决策、推进建设和协调具体事项;组建项目实施小组,实施项目责任制管理,确保方案实施进度和质量。

(2) 深化变革凝心聚力,制度保障高水平专业群建设。依据《邢台职业技术学院高水平高职院校和专业群建设项目管理办法》《邢台职业技术学院高水平高职院校和专业群建设项目专项资金管理办法》,保障专业群建设项目切实推进、高效实施。以专业群实际发展,落实长城汽车产业学院、人才培养方案、学生管理、学分认证与积累、教师创新团队建设、社会服务等方面的重要制度。引导鼓励一线教师和学生积极参与建设,开拓创新,勇于改革,实施"金点子"奖励计划,

对有创新能落地的想法进行奖励,实现全员创新。

（3）多行并举,经费监管保障高水平专业群建设。专业群采取专项检查、审计、绩效考评等对建设经费的使用和管理情况进行监管,建立经费管理审计监督机制,落实学校资金管理办法,严格把控资金使用过程,提高资金使用效益,确保资金使用规范合理。首先,专业群做好内部管理工作,建立事前、事中、事后相结合的全过程管理制度,项目建设全过程实施管理。其次,建立专业群党员监察体系,建立举报和牵连机制,保障经费规范使用。最后,充分发挥学校审计和纪委监察处的监督作用,建立对经费的审计制度,及时纠正检查中发现的问题。

（4）强化目标结果导向,绩效管理保障高水平专业群建设。汽车专业群实行任务档案管理,细分建设任务,责任到人,强化任务目标,注重过程监控;实行进度汇报制度,实施节点反馈,及时改进,动态监控,与绩效挂钩,调动任务负责人主动性;实行个人和团队参与度奖励制度,调动教师的积极性和创造性,确保按预定目标和时间进度高质量完成各项建设任务。

2. 构建专业群可持续发展长效机制

专业群本着"对接、服务、助推、引领"的建设思路,联合长城汽车集团共建汽车产业学院,以校级内部研究机构和长城汽车产业学院共建管理机构为主导,对接产业发展趋势,以人才培养改革为主线,发挥汽车行业、社会评价培训组织等协调指导作用,实现先进汽车技术贯穿,完善汽车专业群"规划、建设、评价、调整"制度,形成政、校、行、企多方参与的专业群建设发展机制体系(如图1-8所示),在机构、制度、信息三大方面实现校企协同下汽车检测与维修专业群可持续发展。

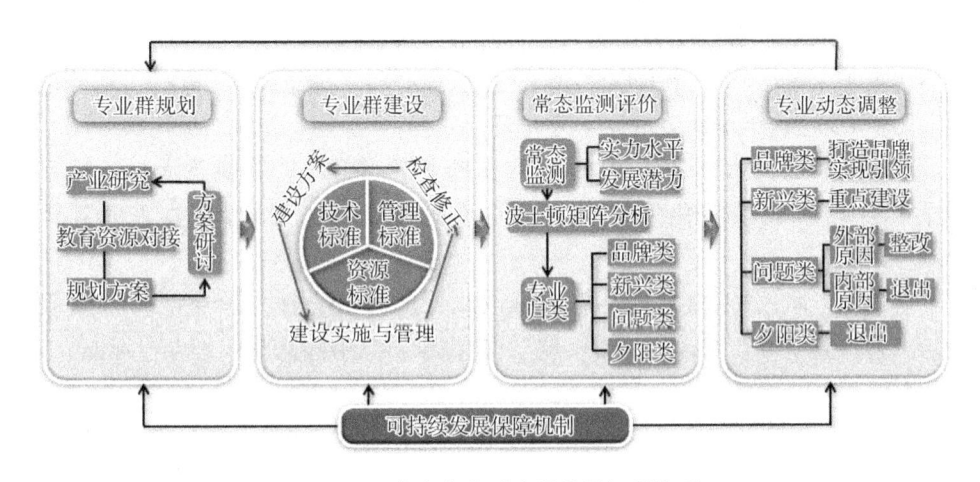

图1-8 汽车专业群建设发展机制体系

（1）建立学校—专业群—课程三层级专业诊断改进机制。学校层面构建汽车检测与维修专业建设质量保证体系，指导专业群制定发展目标、标准，对专业群建设考核评价；专业群层面构建群内专业建设质量诊改体系，对办学经费投入、专业教学条件、人才培养、社会培训、技术服务各环节主动监控、诊改；课程层面构建以课程资源共享与企业先进技术交互发展的诊改体系，监控汽车检测与维修专业群的技术发展并及时诊改。

（2）构建学校引领督导、外部评价促进、内部自我完善的专业动态调整机制。从专业实力水平和发展潜力两维度建构专业分类指标体系，基于智慧校园、教学诊断与改进数据平台对汽车检测与维修专业群实施常态数据监测，推导出群内专业分析报告，按品牌类、新兴类、问题类、夕阳类专业进行分类建设，确定汽车检测与维修专业群内新建、停建、转向、整合改造、重点培育的专业，倒逼专业改革与建设。

（3）组织、制度、信息多方协同，保障汽车专业群可持续发展。为实现汽车检测与维修专业群可持续发展，搭建组织机构、制度机制、信息数据三位一体多方协同的机制体系。

五、预期成效及标志性成果

（一）预期成效

综合实力达到世界水平，示范引领同类专业群发展。创新"三路径、四阶段"分流分类人才培养模式，形成高水平专业标准体系。

培养一大批高素质技术技能人才，助推区域汽车产业走向全球中高端。培养毕业生4 000人，X证书获取率95%以上，核心雇主满意度98%以上，培养社会学历生600人，年均社会培训4万人天。

产出一大批技术创新成果，助推汽车产业转型升级。完成重大科技项目2项，实现技术成果转化40项，技术交易到款1 000万元，科技服务到款2 000万元。

形成汽车职教"中国方案"，提升国际影响力。中德合作办学专业达3个，服务走出去企业项目6个，向"一带一路"共建国家贡献中国汽车职教专业标准。

（二）标志性成果

——建设汽车产业人才标准体系，形成国家级教学成果2项。

——建成具有国际影响力的汽车专业教学资源库，建成国家精品在线开放课程 4 门、国家规划教材 10 部。

——建成院士研究所,打造国家级结构化教师教学创新团队,建成国家级样板支部。

——建成国家级实训基地,承办智能网联汽车全国技能大赛,师生获得全国一类赛奖项 10 项,世界技能大赛获奖 2 项。

——校企联合完成关键技术攻关与成果转化项目 10 项,获得省级以上科技进步奖 2 项。

——建成国家示范性汽车职教集团。

六、核心建设指标与分年度进度安排

核心建设指标与分年度进度安排如表 1-10 所示。

表 1-10 核心建设指标与分年度进度安排

建设分项	核心指标	预期目标	2019 年	2020 年	2021 年	2022 年
人才培养	初次就业率	100%	99.2%	99.4%	99.8%	100%
	X 证书获取率	95%	50%	70%	85%	95%
	核心雇主满意度	99%	99%	99%	99%	99%
	毕业生满意度	100%	98%	99%	100%	100%
	学生技能大赛国际级赛事获奖(项)	2	—	—	1	1
	学生技能大赛国家级赛事获奖(项)	4	1	1	1	1
	学生技能大赛省级赛事获奖(项)	10	2	2	3	3
应用研究与服务	科技技术服务到款额(万元)	2 000	400	500	500	600
	省级以上科研项目(项)	24	4	6	6	8
	省级以上科技进步奖	2	—	—	1	1
	技术交易到款额(万元)	1 000	240	240	260	260
	高新技术成果转化(项)	27	3	6	8	10
	军民两用技术成果转化(项)	13	2	3	4	4
	授权专利数量(件)	170	30	40	40	60
	发明专利数量(件)	20	2	5	6	7
	三大检索论文(篇)	35	5	10	10	10
	企业道路安全标准服务(家)	150	30	35	40	45
	企业技术标准(套)	4	—	1	2	1

续表

建设分项	核心指标	预期目标	工作进展及成效			
			2019年	2020年	2021年	2022年
应用研究与服务	企业产品标准(套)	4	—	1	2	1
	孵化军民融合型创业项目(个)	4	—	1	2	1
	国家级技术技能平台(个)	1	—	—	—	1
	省级技术技能平台(个)	1	—	—	1	—
	国家级实训基地(个)	1	—	—	—	1
	院士研究所(个)	1	—	1	—	—
课程与资源建设	国家级精品在线开放课程数(门)	4	1	1	1	1
	省级精品在线开放课程数(门)	10	2	2	3	3
	校级精品在线开放课程数(门)	30	5	8	8	9
	升级国家级专业教学资源库(个)	1	1	—	—	—
	开发专业教学标准和课程标准数(个)	45	15	10	10	10
	开发书证融通课程数(门)	20	5	5	5	5
	开发活页式立体化教材(部)	40	10	10	10	10
	开发国家级规划教材(部)	10	—	2	4	4
	教学成果获奖(项)	2	—	1	—	1
	智慧教室(个)	32	16	16		
师资队伍建设	双师比例	100%	90%	92%	94%	100%
	国家级教学名师数(人)	1	—	—	—	1
	省级教学名师(人)	2	—	—	1	1
	省级以上结构化教师教学创新团队(个)	1	—	—	—	1
	国家级标杆党支部(个)	1	—	—	—	1
	企业一线兼职教师比例	50%	30%	35%	45%	50%
	教师教学能力大赛国家级(项)	4	1	1	1	1
	教师教学能力大赛省级(项)	6	1	1	2	2
条件保障	生均校内实践教学工位数(个)	1.8	1.5	1.6	1.7	1.8
	生均教学仪器设备值(万元)	8.5	7	7.5	8	8.5
社会培训	X认证培训数量(人次)	6 400	800	1 400	1 600	2 600
	社会劳动力接受学历教育人数(人)	600	60	160	160	220
	国际师资培训(人)	200	20	40	60	80
	国内中高职师资培训(人)	1 000	100	250	300	350
	社会新增劳动力就业率	90%	—	—	80%	90%

续表

建设分项	核心指标	预期目标	工作进展及成效			
			2019年	2020年	2021年	2022年
社会培训	非学历培训到款额(万元)	800	150	200	200	250
	年均公益性培训服务(人天)	35 000	30 000	32 000	35 000	35 000
	大学生精准扶贫(名)	180	30	40	50	60
	对口支援院校(所)	4	1	1	1	1
	社会培训年均培训量(万人天)	4	—	2	3	4
国际化合作与交流	教学标准、教学模式得到认可共享国家数(海外国家或地区)(个)	2		1	—	1
	中外合作办学学生规模(人)	200	60	100	150	200
	服务"走出去"企业培训量(人天)	10 000	2 000	2 000	3 000	3 000
	国际交流与培训(人天)	200	30	50	60	60
	海外技术服务(项)	6	1	1	2	3
	1年以上交流学生人数(人)	20	—	5	6	9

注：本书计算数据或因四舍五入原则，存在微小数值偏差。

七、经费预算

经费预算安排如表1-11所示。

表1-11 专业群建设经费来源及预算

建设内容		专业群建设经费来源及预算[①]								
		总计		各级财政投入[②]		举办方投入[③]		行业企业支持		学校自筹	
		金额(万元)	比例(%)	金额(万元)	比例(%)	金额(万元)	比例(%)	金额(万元)	比例(%)	金额(万元)	比例(%)
总计		15 156	100	8 000	52.78			3 500	23.09	3 656	24.12
人才培养模式创新	1. 课程思政和劳动教育	60		40						20	
	2. "1+X"标准制定和认证	90		50						40	

---

① 申报单位根据具体情况选填相应经费来源及预算，数值小数点后保留2位数字。
② 包括中央财政奖补、省级财政投入和地市级财政投入。
③ 指政府部门以外的其他举办方投入。

续表

建设内容		专业群建设经费来源及预算								
		总计		各级财政投入		举办方投入		行业企业支持		学校自筹	
		金额(万元)	比例(%)	金额(万元)	比例(%)	金额(万元)	比例(%)	金额(万元)	比例(%)	金额(万元)	比例(%)
人才培养模式创新	3. 分流分类人才培养模式改革	90		50						40	
	4. 打造"模块化、递升型"课程超市	60		30						30	
人才培养模式创新	5. 产业学院协同育人	90		20				55		15	
	6. 构建"校企协同、高端定制"育人模式	60		30						30	
	小计	450	2.97	220	48.89			55	12.22	175	38.89
课程教学资源建设	1. 校企共建三类优质课程资源	550		180				200		170	
	2. 理实一体智慧课堂建设工程	330		100				100		130	
	3. 主持建设一流国家级教学资源库	400		150				100		150	
	小计	1 280	8.45	430	33.59			400	31.25	450	35.16
教材与教法改革	1. 改革三类配套教材	260		100				30		130	
	2. 创新"四轮"教学模式	196		160						36	
	小计	456	3.01	260	57.02			30	6.58	166	36.40
教师教学创新团队	1. 建好省标杆党支部	130		80						50	
	2. 打造"钻石"结构校企混编师资团队	700		300				160		240	
	3. 师资引培计划	750		360				130		260	
	小计	1 580	10.42	740	46.84			290	18.35	550	34.81

续表

建设内容		专业群建设经费来源及预算									
		总计		各级财政投入		举办方投入		行业企业支持		学校自筹	
		金额（万元）	比例（%）	金额（万元）	比例（%）	金额（万元）	比例（%）	金额（万元）	比例（%）	金额（万元）	比例（%）
实践教学基地	1. 建设校内新能源汽车实训基地	3 900		2 260				1 200		440	
	2. 建设多元校外实训基地	500		100				370		30	
	小计	4 400	29.03	2360	53.64			1 570	35.68	470	10.68
技术技能平台	1. 院士领衔，攻关汽车产业关键技术	3 000		2 000				385		615	
	2. 大师引领，传承汽车产业绝技绝活	700		400				200		100	
	3. 空间营造，培育汽车产业创新人才	560		260				50		250	
	小计	4 260	28.11	2 660	62.44			635	14.91	965	22.65
社会服务	1. 打造华北区域汽车培训基地	280		100				80		100	
	2. 打造现代汽车综合试验基地	200		80				100		20	
	3. 加速汽车关键技术成果转化	350		120				120		110	
	4. 实施美好生活、对口帮扶工程	200		50				100		50	
	小计	1 030	6.80	350	33.98			400	38.83	280	27.18

续表

建设内容		专业群建设经费来源及预算									
		总计		各级财政投入		举办方投入		行业企业支持		学校自筹	
		金额(万元)	比例(%)	金额(万元)	比例(%)	金额(万元)	比例(%)	金额(万元)	比例(%)	金额(万元)	比例(%)
国际交流与合作	1. 打造汽车职教国际化品牌	600		360						240	
	2. 建立海外守敬汽车分院	520		300				60		160	
	3. 服务中国汽车产业"走出去"企业	460		260				60		140	
	小计	1 580	10.42	920	58.23			120	7.59	540	34.18
可持续发展保障机制	1. 高水平专业群建设项目保障具体措施	60		30						30	
	2. 构建专业群可持续发展长效机制	60		30						30	
	小计	120	0.79	60	50			0	0	60	50

模块二

建设任务书

一、概况

专业群基本情况如表 2-1 所示。

表 2-1 汽车检测与维修技术专业群基本情况一览

专业群名称			汽车检测与维修技术	主要面向产业	战略性新兴产业
面向职业岗位群			汽车辅助研发类、制造装配类、技术检测类、智能网联类、营销服务类、军用特种车改装类		
专业群（包含专业）	序号	专业代码	专业名称	所在院（系）	所属专业大类
	1	560702	汽车检测与维修技术	汽车工程系	装备制造大类
	2	560703	汽车电子技术	汽车工程系	装备制造大类
	3	560707	新能源汽车技术	汽车工程系	装备制造大类
	4	560701	汽车制造与装配技术	汽车工程系	装备制造大类
	5	630702	汽车营销与服务	汽车工程系	装备制造大类

二、建设总目标

1. 总体目标

精准对接区域高端汽车制造与服务企业，以立德树人为根本、提升人才培养质量为核心，合作打造产教融合育人新高地，保障区域内高质量技能人才的供给，服务区域内新兴汽车产业的发展。到 2023 年，建成世界水平汽车专业群，示范引领同类专业改革，服务京津冀区域汽车产业集群发展，助力新能源与智能网联汽车新兴产业抢占国际竞争制高点。到 2035 年，专业群综合实力稳居世界同类专业前列，形成国际化汽车产业技术人才培养模式和标准，成为国际汽车产业技术人才供给领军者。

2. 具体目标

——创新"三路径、四阶段"分流分类人才培养模式，依托长城汽车产业学院、十大品牌校企合作项目和河北省汽车职教集团，构建汽车产业人才"1+X"育训体系，培养输送 3 500 名军人作风鲜明、职业素质过硬的汽车产业高素质技术技能人才，服务京津冀区域汽车产业发展。

——建设汽车产业人才标准体系，建成优质共享的专业教学资源库，建成国家级精品在线开放课程 2 门，实施教材教法"处方式"系列改革，入选国家级规划教材3部；形成可推广的国家级教学成果1项。

——引培一批新能源与智能网联汽车行业权威、名师名匠，建成院士研究所、名师工坊、名匠工场；建成师资"育训"体系，探索校企师资双向流动双积分制度，打造校企1∶1"钻石"结构与品质的国家级教师团队，双师比例达到95%；建成国家级样板党支部，培养省级以上名师名匠15人，获得省级以上赛事奖项15项。

——大师名匠引领建成区域共享型国家级产教融合实训基地，承办汽车类全国技能大赛，学生获得国家级技能大赛奖项8项，国际级赛事奖项1项；社会培训能力达每年4万人天。

——院士引领打造军工特种车辆技术研究、智能网联汽车技术集成应用、现代汽车综合试验等技术平台，引领汽车产业智能化创新应用研究，实现军民两用关键技术攻关；建设汽车营销、诊断等技能大师工作室，传承业内绝技绝活；营造众创空间，培养未来汽车创新创业型人才。

——构建一体化汽车产业服务体系，充分发挥产教融合基地、技术技能平台的作用，面向京津冀雄汽车类企业，广泛开展社会培训、技术服务、试验检测和成果转化，助力区域汽车产业提质升级，实现科技服务到款2 000万元。

——做优中德合作办学品牌，提升师资队伍国际化水平；深化国际高端品牌校企合作，打造国际化产教融合基地，服务汽车产业"走出去"企业，共享中国汽车职业教育专业标准，形成邢台职业技术学院（原校名）汽车职业教育国际品牌。

三、建设任务与进度

专业群建设任务设计与分年度安排如表2-2所示。

表2-2 专业群建设任务与进度安排

序号	建设任务	2020年度（包含2019年度）	分年度建设任务 2021年度	2022年度	2023年度
1	人才培养模式创新	1-1 强化课程思政、美育和劳动教育	①以立德树人为根本，制定"课程思政"方案，提炼每门课程的思政元素并融入课程，与专业群课程建设同步落实、同步实施。②探索加强劳、美育的实施方案，培养方案设置素养、劳育美育等环节。	①完善"课程思政"方案，专业课程融入课程思政并开展实践。②优化学生参与实训基地零距离的劳动育人培养制度。	①实现汽车专业群课程思政元素全覆盖。②依托校外实践教学基地，周边社区资源建立"1+1"劳动教育基地。	①形成专业群课程思政典型案例，在同类院校推广。②形成以汽车工匠精神培养学生工匠精神，提升学生创造能力，推进文化传承创新，促进学生德智体美劳全面发展的可推广的典型案例。
		1-2 创新推进"1+X"育训结合体系	①完成区域汽车产业人才需求调研报告1份。②积极参与制定汽车相关领域职业技能等级标准。③联合戴姆勒、捷豹路虎、大众、比亚迪等企业开发标准化模块化题库。④做好"1+X"制度试点工作，积极开展并推动职教集团成员院校"1+X"证书认证工作。	①融人X证书标准，探索育训一体、课证融通的课程开发流程。②联合河北省汽车职教集团和京津冀汽车职教联盟成员单位，率先实施"1+X"学分认定。	①引领创新培养培训评价模式，高质量开展社会培训，持续推动"1+X"证书认证工作。②优化课程设置和教学内容，有效解决生源的多元化，社会需求的多样化，学生发展的个性化等问题。	①形成融入X证书的汽车检测与维修技术专业人才培养方案典型案例。②推广"1+X"学分认定与积累制度。③出版汽车人才培养类专著1部。

续表

序号	建设任务		分年度建设任务			
			2020年度（包含2019年度）	2021年度	2022年度	2023年度
1	人才培养模式创新	1-3 打造"三路径、四阶段"分流分类人才培养模式	①深入开展汽车行业企业人才需求调研，确定高素质技能型人才、技术应用型人才、技术创新型汽车专业三类人才培养定位。②制定新兴汽车产业岗位能力标准。③携手合作企业设计"工学结合/现代学徒制""高端定制""守敬科坊"三条发展路径，构建专业群课程体系。	①建立选择机制，探索学业导师制，帮助学生找到适合自己的成才目标，在职业兴趣分析基础上，与各合作企业共同进行第一次专业分流。②挖掘第二课堂育人潜能，设计实施第二课堂认知和个性发展培育两阶段第二课堂育人模式。	①在掌握专业方向核心知识和能力基础上依据个人能力进行第二次专业分流。②力争在学生技能大赛、创新创业大赛等国家级赛事中有重大突破。	①形成"三定位三路径，两分流，四阶段"人才培养模式改革典型案例。②成功申请省级以上教学成果奖2项。
		1-4 深化专业群课程模块化改革	①建立专业群建设专家库，咨询、指导专业教学改革。②按照分流原则，专业方向模块、专业方向模块、专业方向模块、专业方向模块、专业群模块与专业方向模块三类课程标准。	监测课程体系运行情况与专家反馈意见，修正课程标准。	建立模块化课程体系动态调整机制。	完成专业群模块化课程体系建构，形成课程标准和内容更新机制。
		1-5 建成长城汽车产业学院	探索建立产业学院协同办学机制，构建专业链与产业链、课程内容与职业标准、教学过程与生产过程对接的育人模式。	有计划选送专任教师到长城汽车接受培训，挂职工作和实践锻炼，引进长城内汽车和共建企业技术骨干和管理专家担任专兼职教师。	形成产业学院校企协同创新育人模式，通过长城汽车共建创新研发基地、大师工作室，为区域内汽车的研发、生产、销售及售后等部门提供创新型、复合型高端人才。	形成校企合作产业学院多层次育人模式，在同等院校内进行推广。

续表

序号	建设任务	分年度建设任务			
		2020年度（包含2019年度）	2021年度	2022年度	2023年度
2 课程教学资源建设	2-1 开发专业级"三层级"课程资源包	①按照"体验主导、任务主导、项目主导"的思路开发车专业群共享、专业方向和专长项目三类课程资源，建立三年一轮更新机制。②校企合作开发以体验为主的专业群共享课程资源及专业方向课程资源，开发角色体验、实践体验、职场体验、情景模拟体验等课程式课程的场景，互动体验、支撑学生对汽车及其职业特征的深度体验与认知。③完成10门课程的数字化教学资源。	①校企合作开发任务主导的专业方向课程资源，以实操任务工单为主线，融入汽车职业技能等级标准，支撑学生进行职业技能等级认证。②完成20门课程的数字化教学资源。	①校企合作开发项目主导的专长项目课程资源。依托汽车智能网联技术、特种车辆改装、新能源技术等校企合作工作室，配套开发设计流程手册，开发设计工具软件、设计指导平台、实验测试、专家讲坛、仿真平台、实验案例等创新项目课程讲发案例及其职业特征的数字化教学资源。②完成10门课程的数字化教学资源。	①完成校企合作开发的课程数字化教学资源从校内SPOC平台向MOOC平台的推送。②形成课程开发典型案例。③形成课程资源更新机制。
	2-2 打造理实一体智慧课堂	①面向三类课程，引入人工智能、大数据技术、AR/VR等新一代信息技术，围绕"课前一课中一课后"全过程学习，推送导学学习物迹记录、成果评价反馈学习环境，形成"课前一课中一课后"全过程学习循环。②完成2个理实一体智慧课堂智慧化改造。	①打造"智能硬件+多功能软件平台+海量数字资源"的一体化智慧教学环境。②完成10个理实一体智慧课堂智慧化改造。	完成10个理实一体智慧课堂智慧化改造。	①完成10个理实一体智慧课堂智慧化改造；实现核心课程智慧课堂全覆盖。②形成"资源记录推送导学一学习过程学习反馈导学一成果评价反馈"学习循环典型案例。

续表

序号	建设任务	分年度建设任务			
		2020年度（包含2019年度）	2021年度	2022年度	2023年度
2	课程与教学资源建设	2-3 打造一流国家级教学资源库	①构建专业群资源框架体系。②搭建专业群知识技能树。③开发新能源汽车"三纵三横"关键技术教学资源890个。	①重构专业群资源平台功能模块。②完善专业群知识技能树，开发智能网联汽车"车路协同、环境感知、智能决策、底层控制"技术教学资源1 090个。	①聚焦危险程度高、场景再现难、看不见、摸不着、进不去等教学难题，开发高品质AR/VR资源10个。②建立资源认证标准。③建立基于成果积累、学习资源交易机制。	①全面实施基于资源认证标准的学习成果积累、转换和资源交易机制。②建立专业群知识技能树更新机制，开发新技术教学资源1 485个。③打造一流的汽车检测与维修专业国家级教学资源库。
3	教材与教法改革	3-1 改革三类配套教材	①组建专业教材委员会，定期召开教材委员会会议，面向专业群人才培养体系开发配套不同特点、依据三类课程不同模块课程"活页式"、"工单式"、专业方向课程"工单式"，群共享原则完成教材的架构搭建及内容设计。②建立教材开发实施奖励办法和更新机制。③校企共同编写5部群共享课程手册式教材和5部专业方向课程工单式教材、配套教学资源和测试题库。	①校企共建新形态立体化教材。充分利用信息技术，实现教材电子版一体化、教材纸质版和教学资源一体化、教材与题库一体化。②校企共同编写20部专业方向课程工单式教材、配套教学资源和测试题库。	①确定教材修订方向，持续更新教学内容和教材形式，严把新形态一体化教材建设选项关。②校企活页式课程教学资源和测试题库长共同编写10部项目配套教学资源和测试题库。	持续更新教学内容和教材形式，满足转型升级对技术技能人才的培养要求。

046

模块二　建设任务书

续表

序号	建设任务	分年度建设任务			
		2020年度（包含2019年度）	2021年度	2022年度	2023年度
3	教材与教法改革 3-2 "四轮驱动"模式改革新课堂教学	①组建校企专兼结合教学团队，开展任务化、信息化、智慧化和小班化课程改革。②以学生为中心，从互动参与度、过程专注度、实操精准度、任务完成度、技能熟练度、素养持久度等六维度聚焦教学成效，打造"任务驱动、环境塑造、立体评价、智慧支撑"的四轮驱动教学模式。③5门专业群共课完成同题链小步快走推进教学法"同步设计边实施边完善"教学模式。	①推广线上线下混合教学。针对专业群共享、专业方向和专长项目三类专业课程中的"处方式"教学方法。②以25门专业方向课完成"任务驱动小步快走推进教学法"同步设计边实施边完善。	①优化六维度四轮驱动教学模式，"处方式"教法改革成果。②10门专长项目课程开展改革，完成"处方式"（"Try-Coach-Try"的简称）教学设计边实施边完善。	①形成教法改革典型案例5个。②形成六维度四轮驱动教学模式、"处方式"教法改革的种职品牌并推广。
4	教师教学创新团队 4-1 强化师德师风培养	①着力政治引领，军风育人的核心精神，建立部合特色的党建工作机制。②设计制作"党建工作"专题新媒体平台，探索运作制度，展示党建成果。③建设"党员活动基地"，达到标题明确、设备齐全、资料完善，制度规范、理论学习和成果展示分区明确。	①以专业工作室为单位，完善党支部建在专业上，党员先锋工作团队、"红旗"志愿服务等具体做法，总结凝练，形成可推广的典型经验。②成立以支部书记为首的师德师风监督小组，奖优罚劣。③完善工作制度机制，严格落实"三会一课"，核心内容、初步凝练军风建设在专业、党员先锋工作团队、"红旗"志愿服务等党建活动运行机制。	①初步完成国家样板党支部建设。②优化"党建工作"专题新媒体平台和"党员活动基地"，线上线下有机融合，互相补充，作用明显。③着手凝练相关成果，论文写作、课题申报1篇相关特色论文著作，发表课题申报2篇（部），在全院支建典型示范和党建品牌建设方面初步形成示范典型、党建品牌得到广泛的认可。	①以师德师风监督小组为抓手，实现教师党支部的自我监督与优化。②进一步优化"党建工作"专题活动基地，提升平台在党建中的引领作用。③党建品牌建设完成，贯彻育人全过程，以此为基础总结提炼典型案例，发表高水平论文、著作2篇（部），申报一个示范点、基地建设成果，汇编一本书、基建体宣传报道，在各类媒体宣传报道，在其他院校示范推广。

047

续表

序号	建设任务	分年度建设任务			
		2020年度（包含2019年度）	2021年度	2022年度	2023年度
4 教师教学创新团队	4-2 建立结构化师资团队，打造高水平队伍	①搭建第一层为专业群领军人才和企业首席技术专家、第二层为专业带头人和企业项目技术主管、第三层为教学名师和企业能工巧匠、第四层主管为青年教师和企业车间主管、第五层为骨干教师和企业技术骨干的青年教师和企业混编的"钻石"结构。②建成一套专业群师资特色"育训"体系。③搭建"钻石"层次师资20人，企业兼职教师比例达到30%，双师比例达90%。④引培2~4名科研创新专家、领衔打造汽车智能网联技术创新中心。	①建立校企双向流动"双积分"制度，实现"校企双带头人"、"一企一师"、"不断线"和"一课一兼职"。②深化产教融合，改革实习实训，引进10~16名企业售后服务技术骨干，包含企业能工巧匠1名。③持续构建"钻石"结构，引培校企5层次师资20人，企业一线兼职教师比例达到35%，双师比例达92%。④引进汽车行业领军人才1~2名，引导本专业始终处于行业内领先水平，并带出一支高水平的专业团队。	①形成校企双向流动"双积分"制度典型案例。②深化产教融合，改革实习实训，引进10~16名企业售前训，改革实习实训，引进10~16名企业售前服务技术骨干，包含企业能工巧匠1名。③持续构建"钻石"结构，引培校企5层次师资20人，企业一线兼职教师比例达到40%，双师比例达到94%。④重点引进培育具有引领汽车新能源汽车技术和汽车智能技术的专业带头人4人、提升专业建设、科研与服务水平，打造京津冀区域同类专业发展。	①推广校企双向流动"双积分"制度。②完成国家级教师教学创新团队模块化结构建设。③深化产教融合，改革实习实训，引进10~16名企业售后服务技术骨干1名能工巧匠1名。④持续构建"钻石"结构，引培校企5层次师资20人，企业一线兼职教师比例达到50%，双师比例达到95%。⑤培育具备领袖品质、国际化视野、深厚汽车产业知识的专业领军人才1名。
	4-3 建立分类培养体系、提升团队教科研能力	①建立专业带头人、名师名匠、骨干教师、青年教师4类教师在职前、入职和在职3个阶段提升教学和科研能力的"432"育训体系。②针对各发展阶段的教师设定培养目标，制订培养计划，开设相对应的成长体系，培养高水平教师师资队伍。③制定"432"育训体系的标准与制度。	①完成专业群师资队伍模块化结构构建在各自擅长的领域提升师在各自条件，聚焦新能源汽车和智能网联技术，保障教师站稳产业技术前沿。②开展信息化建设、加强青年教师的培养。	完成"线上+线下、校内校外"教学法培训体系建设，保障师资站在教学科研前沿。	完成国家级教师教学创新团队建设、建成具有"钻石品质"的汽车工匠之师。

048

模块二 建设任务书

续表

分年度建设任务

序号		建设任务	2020年度（包含2019年度）	2021年度	2022年度	2023年度
4	教师教学创新团队	4-4 创新多元综合考评、完善考核激励机制	①构建差异化考核评价体系。②制定绩效工资动态调整机制。	①对师资团队进行试点评价，并完善评价体系。②实施绩效工资动态调整制度，根据教师反馈完善制度。	形成较为完善的教师评价体系与绩效工资动态调整机制。	形成可推广、复制的典型案例1个。
5	实践教学基地	5-1 建设校内示范性生产教学实训基地	①联合知名企业，优化布局区域共享的产教融合实训基地建设方案、管理和运行机制并实施。②完善和升级现有十个汽车品牌实训工坊、新建智能网联汽车方向实训工坊。③围绕京津冀区域北京汽车产业，打造华北区域汽车、五菱汽车培训基地，面向相关企业提供高质量培训。④建设国家级"双师型"师资培训中心1个。⑤建设"1+X"考核站1个。	①紧跟产业发展需求和企业配置，动态调整实训工坊，探索区域共享型的产教融合实训基地建设标准。②新建新能源汽车虚拟仿真实训工坊。③建设国家级"双师型"师资培训基地1个。④打造国家级一体化智慧教室8个。	①建成一个区域共享型的产教融合实训基地，并形成1套校企共建生产性实训基地的运营标准。②按照各项功能实践运行情况，形成特色建设标准。③建设国家级一体化智慧教室8个。	①将基地扩展为集"育、训、赛"为一体的示范性区域共享型产教融合基地。②完善校企共建生产性实训基地的运行和管理模式，并向外推广。③积极承办同国家级技能大赛。④建设国家级一体化智慧教室10个。
		5-2 建设校企协同校外实训基地	①建设"辅助研发、生产制造、销售服务"多元服务综合体。②建立校企"双导师制"，通过生产任务、创新项目、服务项目协同育人，为企业培养技术技能型、技术应用型、技术创新型后备人才。③新增校外实训基地数量10个。	①夯实十大品牌经销商服务网络基地群。②联合京津冀区域内产品测试、辅助研发基地。③优化校企"双导师制"制度。④新增校外实训基地数量10个。	①联合军民融合企业新建特种车辆改装领域校外基地。②联合雄安新区内的科技企业新建智能网联汽车领域校外基地。③持续优化校企"双导师制"制度。④新增校外实训基地数量10个。	①建设校外实训基地的信息化管理平台。②提高校外基地的管理质量，确保专业群共享服务方案，扩展共享服务范围。③形成校企"双导师制"典型案例，在同类院校推广。④新增校外实训基地数量10个。

续表

序号	建设任务	分年度建设任务			
		2020年度（包含2019年度）	2021年度	2022年度	2023年度
6	6-1 院士领衔攻关汽车产业关键技术	①依托邢台市智能网联汽车技术创新中心、河北省高校汽车工程应用技术研发中心等平台，联合相关企业加速推行智能网联汽车技术、特种车辆改装技术等方向项目建设。②联合技术技能创新平台企业立项省部级及以上科研项目6项，发明专利1个。③专利转让数2个。	①引进工程院院士1名，建成院士研究所1个，培养领军人物，增强自主创新科技服务能力。②结合区域产业布局和需求，建设现代汽车综合试验服务中心，服务新产品的性能测试助力新产业发展。③联合技术技能创新平台企业立项省部级及以上科研项目6项，发明专利1个。④专利转让数2个。	①联合技术技能创新平台企业立项省部级及以上科研项目6项，发明专利1项，获得科技进步奖1项。②将邢台市智能网联汽车技术创新中心打造成河北省智能网联汽车技能创新中心。③专利转让数2个。	①完善各平台文化建设和运行管理机制等内涵建设。②联合技术技能创新平台申报省部级及以上科研项目6项，发明专利1项。③专利转让数2个。④入选全国技术技能典型案例1个。⑤打造国家级技术技能创新优秀典型案例平台。
	6-2 大师引领传承汽车产业绝技绝话	①建设车诊断大师工作室、营销大师工作室，传承技艺的同时服务师生。②形成工作室典型案例1套。③指导全国技能大赛选手20人左右。	①建设车身修复大师工作室。②形成工作室典型案例1套。③指导全国技能大赛选手30人左右。	①建设汽车改装大师工作室。②形成工作室典型案例1套。③指导全国技能大赛选手40人左右。	①形成工作室培养高端技能人才的典型经验。②完善工作室文化建设与运行管理机制等内涵建设。③形成工作室典型案例1套。
	6-3 空间营造培育汽车产业创新型人才	①联合长城汽车打造未来汽车创意空间。②举办未来汽车概念创意设计大赛、输出高质量创意3个。③建设未来汽车创意、媒体运营空间。④获取省级以上创新创业大赛奖项2项。	①举办未来汽车打造未来汽车创意空间。②举办未来汽车概念创意设计大赛、输出高质量创意3个。③举办科技文化节1次。④建立创客空间内部管理制度和项目运行机制。⑤获取省级以上创新创业大赛奖项1项。	①举办未来汽车概念创意设计大赛、输出高质量创意3个。②孵化科技创新项目2项。③举办科技文化节1次。④完善创客空间内部管理制度和项目运行机制。⑤获取省级以上创新创业大赛奖项1项。	①举办未来汽车概念创意设计大赛、输出高质量创意3个。②举办科技文化节1次。③孵化科技创新项目2项。④形成省级以上创新创业大赛典型案例。⑤获取省级以上创新创业大赛奖项1项。

技术技能平台

续表

序号	建设任务	分年度建设任务			
		2020年度（包含2019年度）	2021年度	2022年度	2023年度
7 社会服务	7-1 开展汽车产业高技能人才培训	①结合产业发展需要，打造华北区域汽车培训基地，面向退役军人、农民工等新增劳动力，开展各级技能培训，并推广"1+X"认证。②完成非学历学历培训35 000人天。③完成"双师型"教师培训2 000人天。	①完善培训基地功能，拓展服务区域和人群，完成非学历培训40 000人天。②完成"双师型"教师培训1 000人天。	①完善培训基地功能，拓展服务区域和人群，完成非学历培训40 000人天。②完成"双师型"教师培训1 000人天。	①完善培训基地功能，拓展服务区域和人群，完成非学历培训45 000人天。②完成"双师型"教师培训1 000人天。
	7-2 服务企业推动区域汽车产业提质升级	①开展整车及零部件试验检测、标准建设、技术咨询、技术开发、合同登记等服务，促进科技成果转化。②依托技能平台，开展军民两用技术的研发，完成技术服务到款额400万元。	①制定企业产品标准1套。②充分发挥平台的作用，军民两用技术成果转化1项。③加大与高新企业的合作深度，实施高新技术成果转化1项。④完成技术服务到款额500万元，技术转移到款额10万元。	①制定企业产品标准1套。②加强与军工企业和科研院所的合作，承担军工技术攻关任务，军民两用技术成果转化2项。③扩大合作的高新企业数量和区域，进一步提升掌握高新技术的数量，高新技术成果转化4项。④完成技术服务到款额500万元，技术转移到款额20万元。	①制定企业产品标准2套。②完成军民两用技术成果转化2项。③高新技术成果转化5项。④完成技术服务到款额600万元，技术转移到款额30万元。⑤纵向教科研经费到款额100万元。⑥建成新能源与智能网联汽车云服务中心1个。
	7-3 实施美好生活教育工程	①对接社区学院，实施美好生活教育。②针对汽车新技术，在收割机、涌秋机等现代化农具农机的维护使用、废旧电池的危害等方面，完成公益性讲座5期。	实施美好生活教育，完成公益性讲座5期。	实施美好生活教育，完成公益性讲座6期。	实施美好生活教育，完成公益性讲座6期。

续表

序号	建设任务	分年度建设任务			
		2020年度（包含2019年度）	2021年度	2022年度	2023年度
8 国际交流与合作	8-1 打造汽车职教国际化品牌	①引入"德国职业教育4.0"体系，依托中德先进制造学院，建设中德汽车专业在线教学平台。②优化调整汽车电子技术专业人才培养方案。③提升师资队伍的国际化水平，选派骨干教师参加国际交流与培训。	①构建"中国特色、世界水平"汽车职教专业课程标准体系。②开辟国际交流通道，拓展国际高校学生交流项目。	①打造国际认可、多语种、标准化、智慧化汽车专业在线教学平台和VR虚拟课堂。②提升师资队伍的国际化水平，选派骨干教师参加国际交流与培训。③开展1年以上国际高校学生交流项目。	①增强国际校院同资交流，中德合作共建汽车专业标准和课程标准。②调整优化管理构架和人才培养方案，中外合作办学高校学生规模达到80人。③推进1年以上国高校学生交流项目。
	8-2 形成中国汽车职教专业标准	①深化与德国戴姆勒－奔驰、大众、英国捷豹路虎、美国通用、特斯拉等高端品牌校企合作项目，开展国际化汽车人才联合培养，开展汽车行业技术项目培养与人才培养方案。③开发国际通用的汽车专业标准1个、课程标准5个。③面向"一带一路"共建国家开展留学生培养。	①开发5门国际化课程资源。②面向"一带一路"留学生培养项目。③筹办汽车职教国际交流论坛。	①承接合作企业员工培训任务，为企业输送高素质国际化技术技能人才。②向泰国等"一带一路"沿线国家推广国际化专业标准、课程标准、教学资源。③面向"一带一路"共建国家开展留学生培养项目。	①形成国际化校企合作典型案例，向"一带一路"沿线国家推广，提高专业群的国际影响力。②面向"一带一路"共建国家开展留学生培养项目。③承办国际职业技能赛事。
	8-3 服务中国汽车产业"走出去"企业	①建立与京津冀"走出去"企业合作机制，服务企业国际合作项目。②合作开发1个国际职业技能培训项目，派遣国内学生接受海外人才培养。	①建立海外汽车人才技术服务基地，为国内派遣学生和海外本土学生实施培训。②助推企业成长，服务国际产能合作，开展海外技术服务1项。	①依托中安军信科技有限公司东南亚项目推进企业海外分公司建设，开发汽车人才订单培养计划，开发1个国际职业技术能培训项目。②开展海外技术服务1项。	①为汽车行业国际化人才培养提供可借鉴或可复制的解决方案。②开展海外技术服务1项。

续表

模块二 建设任务书

序号	建设任务	分年度建设任务			
		2020年度（包含2019年度）	2021年度	2022年度	2023年度
9 可持续发展保障机制	9-1 高水平专业群建设项目保障具体措施	①成立由政府、行业、企业、院校多方参与的汽车高水平专业群建设咨询指导小组，对建设方案和重大建设项目等进行指导。②多方参与协同创新，建立高效的保障、监管、管理机制。	①专业群建设咨询指导小组对项目执行情况进行年度检查与绩效评价，提出建设性指导建议。②充分发挥保障、监管组织机构职能，完善内控机制，形成典型案例。	①专业群建设咨询指导小组对项目执行情况进行年度检查与绩效评价，提出建设性指导建议。②充分发挥保障、监管组织机构职能，完善内控机制，形成典型案例。	①专业群建设咨询指导小组对项目执行情况进行年度检查与绩效评价，提出建设性指导建议。②形成比较完善的组织保障、制度保障、经费监管、绩效管理机制。
	9-2 构建专业群可持续发展长效机制	①探索建立学校—专业群—课程三层级专业诊改机制。②探索学校引领、内部促进、外部督导自我完善的评价调整机制。③探索组建数据三位一体多方协同的机制体系。	开展毕业生质量跟踪，完善各项机制。	持续开展毕业生质量跟踪，完善专业群可持续发展长效机制。	①形成比较完善的学校—专业群—课程三层级专业诊改机制。②形成比较完善的学校引领、内部促进、外部督导自我完善的评价调整机制。③形成比较完善的组织机构、制度机制、信息数据三位一体多方协同的机制体系。

四、项目总预算

专业群建设项目总预算如表 2-3 所示。

表 2-3 专业群建设项目总预算

<table>
<tr><th rowspan="2">建设内容</th><th colspan="2">小计</th><th colspan="2">中央财政投入资金</th><th colspan="2">地方财政投入资金</th><th colspan="2">举办方投入资金</th><th colspan="2">行业企业支持资金</th><th colspan="2">学校自筹资金</th></tr>
<tr><th>金额（万元）</th><th>比例（%）</th><th>金额（万元）</th><th>比例（%）</th><th>金额（万元）</th><th>比例（%）</th><th>金额（万元）</th><th>比例（%）</th><th>金额（万元）</th><th>比例（%）</th><th>金额（万元）</th><th>比例（%）</th></tr>
<tr><td>合计</td><td>15 161</td><td>100.00</td><td>5 000</td><td>32.98</td><td>1 300</td><td>8.57</td><td>—</td><td>—</td><td>3 800</td><td>25.06</td><td>5 061</td><td>33.38</td></tr>
<tr><td>1-1 强化课程思政和劳育、美育教育</td><td>130</td><td></td><td>90</td><td></td><td>0</td><td></td><td>—</td><td></td><td>0</td><td></td><td>40</td><td></td></tr>
<tr><td>1-2 创新推进"1+X"育训结合体系</td><td>500</td><td></td><td>80</td><td></td><td>300</td><td></td><td>—</td><td></td><td>0</td><td></td><td>120</td><td></td></tr>
<tr><td>1-3 打造"三路径、四阶段分流分类人才培养模式</td><td>800</td><td></td><td>170</td><td></td><td>100</td><td></td><td>—</td><td></td><td>0</td><td></td><td>700</td><td></td></tr>
<tr><td>1-4 深化专业群课程模块化改革</td><td></td><td></td><td></td><td></td><td></td><td></td><td>—</td><td></td><td></td><td></td><td></td><td></td></tr>
<tr><td>1-5 建成长城汽车产业学院</td><td></td><td></td><td></td><td></td><td></td><td></td><td>—</td><td></td><td></td><td></td><td></td><td></td></tr>
<tr><td>人才培养模式创新 小计</td><td>1 430</td><td>9.43</td><td></td><td></td><td>400</td><td></td><td>—</td><td></td><td>0</td><td></td><td>860</td><td></td></tr>
</table>

续表

建设内容		小计 金额(万元)	小计 比例(%)	中央财政投入资金 金额(万元)	中央财政投入资金 比例(%)	地方财政投入资金 金额(万元)	地方财政投入资金 比例(%)	举办方投入资金 金额(万元)	举办方投入资金 比例(%)	行业企业支持资金 金额(万元)	行业企业支持资金 比例(%)	学校自筹资金 金额(万元)	学校自筹资金 比例(%)
课程教学资源建设	2-1 开发专业群"三层级"课程资源包	770		580				—	—			190	
	2-2 打造理实一体智慧课堂	340		160				—	—			180	
	2-3 打造一流国家级教学资源库	180		120		0		—	—	0		60	
	小计	1 290	8.51	860		0		—	—	0		430	
教材与教法改革	3-1 改革三类配套教材	200		120		0		—	—			80	
	3-2 "四轮驱动"模式改革新课堂教学	90		40		0		—	—			50	
	小计	290	1.91	160		0		—	—			130	
教师教学创新团队	4-1 强化师德师风培养	50		10		0		—	—			40	
	4-2 建立结构化师资团队	610		250		100		—	—	160		100	
	4-3 建立分类培养体系	530		260		40		—	—	130		100	
	4-4 创新多元综合考评完善考核激励机制	60		60				—	—			0	
	小计	1 250	8.24	580		140		—	—	290		240	

055

续表

建设内容		小计 金额(万元)	小计 比例(%)	中央财政投入资金 金额(万元)	中央财政投入资金 比例(%)	地方财政投入资金 金额(万元)	地方财政投入资金 比例(%)	举办方投入资金 金额(万元)	举办方投入资金 比例(%)	行业企业支持资金 金额(万元)	行业企业支持资金 比例(%)	学校自筹资金 金额(万元)	学校自筹资金 比例(%)
实践教学基地	5-1 建设校内示范性生产教学实训基地	4 239		1 980		520		—	—	1 500		239	
	5-2 建设校企协同的校外实训基地	900		100		0		—	—	750		50	
	小计	5 139	33.90	2 080		520		—	—	2 250		289	
技术技能平台	6-1 院士领衔攻关汽车产业关键技术	2 762		300		0		—	—	880		1 882	
	6-2 大师引领传承汽车产业绝技绝活	480		80		79		—	—	80		21	
	6-3 空间营造培育汽车产业创新型人才	390		80		21		—	—	289		289	
	小计	3 632	23.96	380		100		—	—	960		2192	
社会服务	7-1 开展汽车产业高技能人才培训	480		280		0		—	—	100		100	
	7-2 服务企业推动区域汽车产业提质升级	260				60		—	—	200		0	
	7-3 实施美好生活教育工程	740		280		60		—	—	300		0	
	小计		4.88					—	—			100	

续表

建设内容		小计 金额(万元)	小计 比例(%)	中央财政投入资金 金额(万元)	中央财政投入资金 比例(%)	地方财政投入资金 金额(万元)	地方财政投入资金 比例(%)	举办方投入资金 金额(万元)	举办方投入资金 比例(%)	行业企业支持资金 金额(万元)	行业企业支持资金 比例(%)	学校自筹资金 金额(万元)	学校自筹资金 比例(%)
国际交流与合作	8-1 打造汽车职教国际化品牌	190		190				—	—			0	
	8-2 形成中国汽车职教专业标准	480		200		80		—	—			200	
	8-3 服务中国汽车产业"走出去"企业	580				0		—	—	0		580	
	小计	1 250	8.24	390		80		—	—			780	
可持续发展保障机制	9-1 高水平专业群建设项目保障措施	70		50				—	—			20	
	9-2 构建专业群可持续发展长效机制	70		50				—	—	0		20	
	小计	140	0.92	100		0		—	—			40	

五、项目支出绩效目标

专业群建设项目支出绩效目标如表2-4所示。

表2-4 专业群建设项目支出绩效目标设计一览

<table>
<tr><th rowspan="2">一级</th><th rowspan="2">二级</th><th colspan="4">三级指标</th></tr>
<tr><th colspan="2">1.1 数量指标</th><th colspan="2">1.2 质量指标</th></tr>
<tr><td rowspan="11">1. 产出指标
[根据中国特色高水平专业群建设计划预期目标和预算资金投入，对预期建设发展程度的定性描述，可进一步细分为数量指标、质量指标、时效指标、成本指标等]</td><td rowspan="5">1.1 数量指标（反映专业群整体建设计划完成的任务数量，定量描述）</td><td>1.1.1 人才培养模式创新</td><td>指标值</td><td>1.2.1 人才培养模式创新</td><td>1.2 指标值</td></tr>
<tr><td>培养学历教育人数（人）</td><td>3 500</td><td>初次就业率（%）</td><td>99.6</td></tr>
<tr><td>开发专业教学标准（个）</td><td>5</td><td>"1+X"证书制度试点专业覆盖率（%）</td><td>100</td></tr>
<tr><td>人才培养典型案例（个）</td><td>20</td><td>学生获国家级技能大赛奖项（项）</td><td>8</td></tr>
<tr><td>学生技能大赛省级以上赛事获奖（项）</td><td>20</td><td>省部级以上教学成果奖（项）</td><td>2</td></tr>
<tr><td rowspan="6">1.2 质量指标（反映专业群整体建设预期明达到的标准、水平和效果，定性或定量描述）</td><td>出版汽车人才培养类专著（部）</td><td>3</td><td>课程思政覆盖率（%）</td><td>100</td></tr>
<tr><td>模块化课程体系（个）</td><td>1</td><td>国际先进水平专业教学标准（个）</td><td>1</td></tr>
<tr><td>"1+X"证书制度试点专业（个数）</td><td>5</td><td>1.2.2 课程教学资源建设</td><td></td></tr>
<tr><td>1.1.2 课程教学资源建设</td><td></td><td>国家级精品在线开放课程数（门）</td><td>2</td></tr>
<tr><td>校企合作开发课程标准（个）</td><td>40</td><td>省级精品在线开放课程数（门）</td><td>6</td></tr>
<tr><td>校企合作开发课程数（门）</td><td>40</td><td>线上课程开设比率（%）</td><td>100</td></tr>
<tr><td></td><td></td><td>书证融通课程数量（门）</td><td>20</td><td></td><td></td></tr>
<tr><td></td><td></td><td>专业群教学资源库（个）</td><td>1</td><td>国家级专业教学资源库（个）</td><td>1</td></tr>
</table>

续表

一级	二级	三级指标			
		1.1 数量指标	1.1 指标值	1.2 质量指标	1.2 指标值
1.产出指标 [根据中国特色高水平专业群建设预期目标计划和预算资金投入,对预期建设的定性描述,可进一步细分为数量指标、质量指标、时效指标、成本指标等]	1.1 数量指标(反映专业群整体水平计划建设预期完成的任务数量,定量描述) 1.2 质量指标(反映专业群整体水平计划建设预期达到的标准,水平和效果,定量或定性描述)	1.1.3 教材与教法改革		1.2.3 教材与教法改革	
		校企合作开发立体化教材数量(部)	40	混合式教学课程改革比率(%)	100
		出版专业群教材(部)	10	入选国家级规划教材(部)	3
		申请教研群课题(项)	8	省级以上教研课题(项)	4
		教法改革典型案例(个)	5		
		1.1.4 教师教学创新团队		1.2.4 教师教学创新团队	
		专业群校企互认教师数量(人)	150	行业领军人物(名)	1
		企业兼职教师数量(人)	75	双师型比例(%)	95
		汽车行业名师名匠(人)	15	国家级荣誉称号(个)	1
		培养专业带头人(名)	5	国家级样板党支部(个)	1
		省级以上(教学赛事奖)(项)	15	国家级教师教学创新团队(个)	1
		模块化教学创新团队(个)	5	教师获国家级教学奖项(项)	5
		入职培训标准(个)	1	全国技术能手(人)	2
		1.1.5 实践教学基地		1.2.5 实践教学基地	
		区域共享生产性教融合实训基地(个)	1	国家级生产性实训基地(个)	1
		新增教学科研仪器设备值(万元)	6 000	国家级"双师型"师资培训基地(个)	1
		实训工位总数(个)	4 000	承办国家级赛事(项)	1
		新增校外实训基地数量(个)	50	生均校内实践教学工位数(个)	1.8

续表

一级	二级	三级指标			
		1.1 数量指标	1.1 指标值	1.2 质量指标	1.2 指标值
1. 产出指标 [根据中国特色高水平专业群建设计划预期建设目标和预算资金投入、对预期发展程度的定性、可进一步细分为数量指标、质量指标、时效指标、成本指标等]	1.1 数量指标（反映专业群整体年建设计划完成的任务或服务数量，定量描述） 1.2 质量指标（反映专业群整体建设预期达到的标准、水平和效果，定性或定量描述）	产教融合型实训中心(个)	10	仪器设备验收合格率(%)	100
		承办省级赛事(项)	12	项目竣工验收合格率(%)	100
		国内外知名企业区域培训中心(个)	2	仪器设备正常运行率(%)	100
		"1+X"考核站(个)	1		
		理实一体智慧教室(个)	32		
		1.1.6 技术技能平台		1.2.6 技术技能平台	
		院士研究所(个)	1	科技进步奖(项)	1
		开展科研项目数量(个)	48	省级及以上技术技能平台数量(个)	5
		授权专利数量(件)	100	发明专利数量(件)	24
		大师工作室	4	立项省部级及以上科研项目(个)	2
		科研创新团队(个)	3	年均专利转让数(个)	
		1.1.7 社会服务		1.2.7 社会服务	
		年均非学历培训(人天)	40 000	企业产品标准(套)	4
		服务地方企业(家)	150	军民两用技术成果转化(项)	5
		孵化军民融合性创业项目(个)	4	高新技术成果转化(项)	10
		技术服务到款(万元)	2 000	纵向教科研经费到款额(万元)	100
		年均"双师型"教师培训(人天)	1 000	技术转移到款额(万元)	60
		新能源与智能网联汽车云服务中心(个)	1		

续表

一级	二级	三级指标			
		1.1 数量指标	指标值	1.2 质量指标	指标值
1. 产出指标 [根据中国特色高水平专业群建设目标和预算资金投入,对预期建设发展程度(定性描述,可进一步细分为数量指标、质量指标、时效指标、成本指标等)]	1.1 数量指标(反映专业群整体建设计划完成的任务或服务数量,定量描述)	1.1.8 国际交流与合作		1.2.8 国际交流与合作	
		中外合作办学学生规模(人)	80	输出教学标准得到认可共享国家数(海外国家或地区)(个)	2
		国际师资交流与培训(人天)	500	海外技术服务(项)	3
		开发专业教学标准(个)	1	国际技能大赛获奖(项)	1
	1.2 质量指标(反映专业群整体建设预期达到的标准、水平和效果,定性或定量描述)	开发课程标准(个)	5		
		招收留学生(人)	10		
	1.3 时效指标	1.3.1 任务终期完成度(%)	100		
		1.3.2 收入预算执行率(%)	100		
		1.3.3 支出预算执行率(%)	100		
		1.3.4 项目按时完成率(%)	≥95		
		1.3.5 设备故障修复响应时间(小时)	≤1		
	1.4 成本指标	1.4.1 各级财政投入(万元)	6 300		
		1.4.2 行业企业支持(万元)	3 800		
		1.4.3 实践教学基地建设(万元)	5 139		
		1.4.4 技术技能平台建设(万元)	3 632		
		1.4.5 教学创新团队建设(万元)	1 250		
		1.4.6 课程教材建设(万元)	1 580		

续表

一级指标	二级指标	三级指标				指标值	
		1.1 数量指标			1.2 质量指标	1.1 指标值	1.2 指标值
2. 效益指标	2.1 社会效益指标	2.1.1	区域产业发展贡献度				优秀
		2.1.2	学生就业质量				优秀
		2.1.3	社会培训覆盖人群				全面
		2.1.4	建设成果影响广度				大
		2.1.5	专业设置与区域产业对接度				高
	2.2 可持续影响指标	2.2.1	专业群建设引领作用				强
		2.2.2	学生职业关键能力				强
		2.2.3	打造一支专业创新团队				是
		2.2.4	形成系列专业、课程建设标准				是
		2.2.5	形成系列可复制可借鉴的成果				是
		2.2.6	助力区域汽车产业提质升级的影响力				大
3. 满意度指标	3.1 服务对象满意度指标	3.1.1	在校生满意度（%）				≥90
		3.1.2	毕业生满意度（%）				≥95
		3.1.3	教职工满意度（%）				≥95
		3.1.4	用人单位满意度（%）				≥95
		3.1.5	家长满意度（%）				≥95

模块三

治理成效评价

一、人才培养模式创新

人才培养是专业群建设的根本任务。中共中央办公厅、国务院办公厅印发的《关于加强新时代高技能人才队伍建设的意见》中提出技能人才是支撑中国制造、中国创造的重要力量。创新高技能人才培养模式，探索中国特色学徒制。深化产教融合、校企合作，开展订单式培养、套餐制培训，创新校企双制、校中厂、厂中校等方式。对联合培养高技能人才成效显著的企业，各级政府按规定予以表扬和相应政策支持。完善项目制培养模式，针对不同类别不同群体高技能人才实施差异化培养项目。鼓励通过名师带徒、技能研修、岗位练兵、技能竞赛、技术交流等形式，开放式培训高技能人才。建立技能人才继续教育制度，推广求学圆梦行动，定期组织开展研修交流活动，促进技能人才知识更新与技术创新、工艺改造、产业优化升级要求相适应。

"群"是专业建设的手段，而不是目的，根本在于实现更高水平的人才培养。高水平专业群是我国高职专业建设和人才培养的最新成果和最高水平，专业群建设旨在培养一批又一批大国工匠和能工巧匠，形成具有国际竞争力的人才培养高地，为中国产业走向全球产业中高端提供高素质技术技能人才支撑；同时，专业群也旨在探索形成一系列的理念、标准、模式、资源、课程、教材，为全国高职人才培养提供指引和借鉴，带动提升高职教育的学生满意度、服务贡献度和社会美誉度。

学校《中国特色高水平高职学校和专业群建设计划任务书》中关于专业群人才培养模式创新方面提出 2023 年度具体建设任务：形成专业群课程思政典型案例，在同类院校推广。形成以汽车专业群课程培养学生工匠精神，提升学生创造能力，推进文化传承创新，促进学生德智体美劳全面发展的可推广的典型案例。形成融入 X 证书的汽车检测与维修技术专业群人才培养方案典型案例。推广"1+X"学分认定与积累制度。出版汽车人才培养类专著 1 部。形成"三定位、三路径、两分流、四阶段"人才培养模式改革典型案例。成功获评省级以上教学成果奖 2 项。完成专业群模块化课程体系建设，形成课程标准和内容更新机制。形成校企合作产业学院多层次育人模式，在同等院校内进行推广。

为探究专业群在"人才培养模式创新"方面的建设成效，本书对学校汽车检测与维修技术专业群在建设中的人才培养培训模式改革、培养成效以及满意度进行调研和深入分析。

（一）人才培养培训模式改革

1. 专业群新型人才培养目标构建

在专业群人才培养目标构建方面，如图3-1所示，专业群有78.00%的教师参与了专业群的新型人才培养目标构建，74.41%的在校生对专业群的新型人才培养目标的建设有所了解。可见，专业群在构建新型人才培养目标方面取得了一定的成效，教师积极参与到专业群新型人才培养目标构建中，同时专业群的学生感知度也较高。

《河北科技工程职业技术大学高等职业教育质量年度报告（2021—2022学年）》显示，学校汽车检测与维修技术专业群创新探索人才培养新模式，个性化挖掘学生潜力，帮助学生精准定位专长方向、明确未来职业规划和发展，形成了"专业群＋产业链""两分流＋四阶段""模块化＋递升型"的特色培养模式。

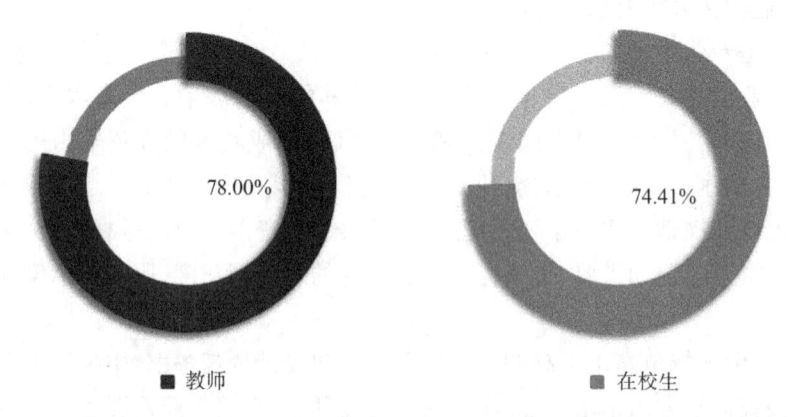

图3-1 专业群教师和在校生对专业群新型人才培养目标的构建参与或感知情况

2. 项目式教学

在项目式教学参与情况方面，如图3-2所示，专业群有72.00%的教师、48.82%的在校生、39.20%的毕业生参与或经历过项目式教学。这表明专业群在"双高计划"项目式教学的建设中取得了不错的成绩，大部分教师均采用过项目式教学方法，《河北科技工程职业技术大学高等职业教育质量年度报告（2021—2022学年）》显示，专业群着力提升课堂质量，深化"三教改革"优化教学设计，改变传统的教师"一言堂"模式，采用项目教学法和任务教学法，让学生课上动起来。但学生对该教学方法的感知不深。因此专业群教师一方面应进一步强化项目式教学方法的运用，充分发挥该教学方法在促进学生能力发展方面的作用;另一方面则应通过参与学校相关的教师培训活动,提高自身的教学能力与水平,使学生沉浸在课堂学习中,从而提高学生的学习质量。

72.00%　　　　　48.82%　　　　　39.20%

■ 教师　　　　　■ 在校生　　　　　■ 毕业生

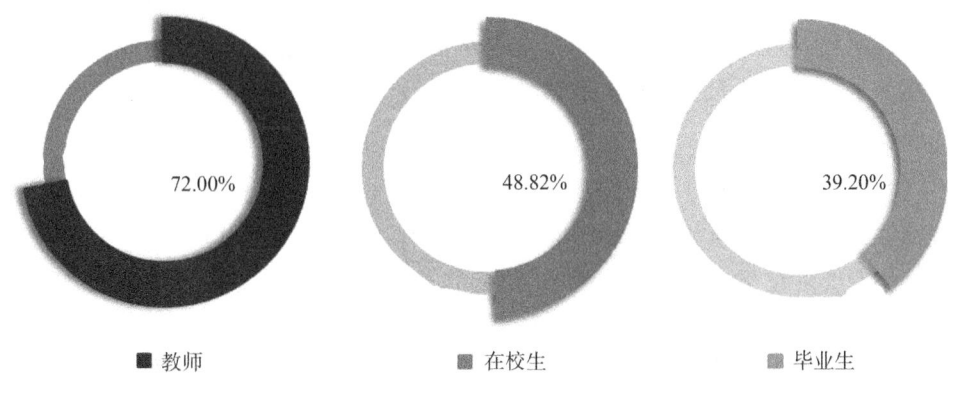

图 3-2　专业群教师、在校生和毕业生对项目式教学的参与比例

3. 课堂前沿性

在课堂教学前沿性方面,如图 3-3 所示。专业群中所有参与调研的教师表示在教学中"基本都会涉及"或"有少数课堂会涉及"专业领域或社会前沿动向;从在校生维度看,专业群中 96.20% 的在校生表示在教学中"基本都会涉及"或"有少数课堂会涉及"专业领域或社会前沿动向;从毕业生维度看,专业群中 98.40% 的毕业生表示在教学中"基本都会涉及"或"有少数课堂会涉及"专业领域或社会前沿动向。

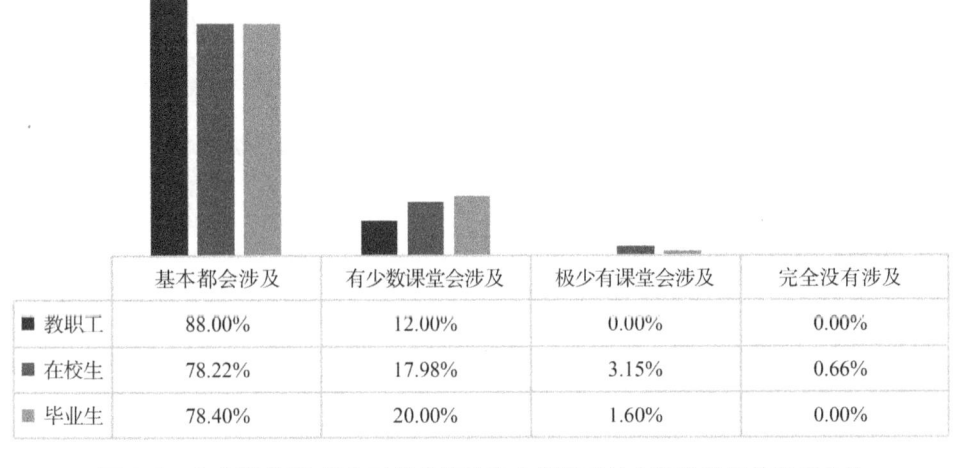

	基本都会涉及	有少数课堂会涉及	极少有课堂会涉及	完全没有涉及
■ 教职工	88.00%	12.00%	0.00%	0.00%
■ 在校生	78.22%	17.98%	3.15%	0.66%
■ 毕业生	78.40%	20.00%	1.60%	0.00%

图 3-3　专业群教师、学生对课堂涉及专业领域或社会前沿动向的程度占比

由此可见,专业群在课堂教学中涉及的专业领域或前沿动向较多,前沿知识渗透性较强,在课程建设中及时将行业的新技术、新工艺、新规范纳入教学标准和课堂教学中,并采用信息技术和其他现代化的教学方式进行教学,确保课堂知识与时俱进,形式引人入胜。同时,这也是专业群面向高端产业和产业高端,构建高水平技术技能人才培养体系的具体体现。

4. "1+X"证书

在"1+X"证书培训、考证活动方面,如图3-4所示,专业群中有80.00%的教师、38.58%的在校生、38.40%的毕业生参与了"1+X"证书培训、考证活动,这表明专业群在"双高计划"建设中,积极落实了"职教20条"的改革举措、重视"1+X"证书制度试点的推进,彰显了职业教育的类型化特色。

但就在校生和毕业生参与"1+X"证书培训、考证活动的比例来看,仍有一定的进步空间。专业群可进一步完善职业教育学历证书、职业技能等级证书、培训证书等相结合的证书管理制度,形成学分置换、内容互通、前后衔接的认证机制,为个性化、多元化人才培养助力。

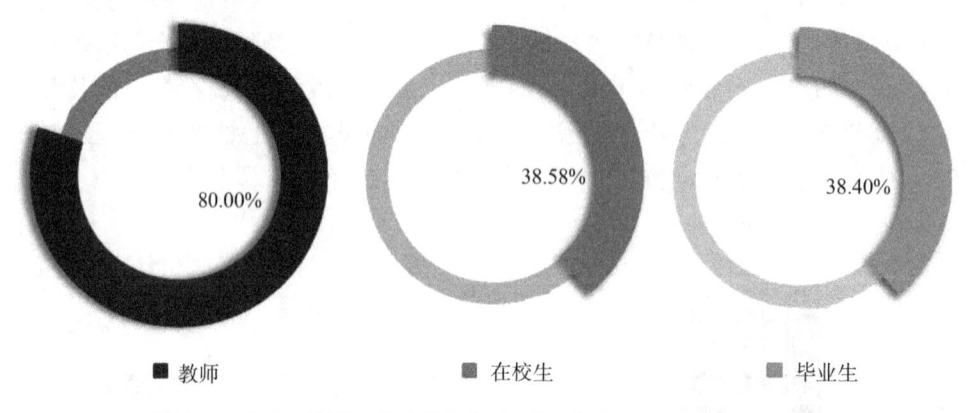

图3-4 专业群教师、学生参与"1+X"证书培训、考证活动的比例

(二)人才培养成效

1. 就业质量

(1)就业流动

专业群2023届毕业生就业流动情况如图3-5所示。由图可知,大部分2023届毕业生的就业流动状态为未流动(61.54%),即毕业生来自河北省、毕业后仍留在河北省内就业;有32.31%的毕业生为后期流动,即毕业生为河北省生源,

模块三　治理成效评价

在生源地就读大学后流动到其他地方就业;有4.62%的毕业生为前期流动,即毕业生来自省外、在该校毕业后留在本省就业;同时,还有1.54%的毕业生为返回流动。

由此可见,专业群参与调研毕业生中留在本省就业的比例为66.16%,这表明专业群较好地服务了地方经济发展,同时也向全国其他区域输送了一定比例的技术技能人才。

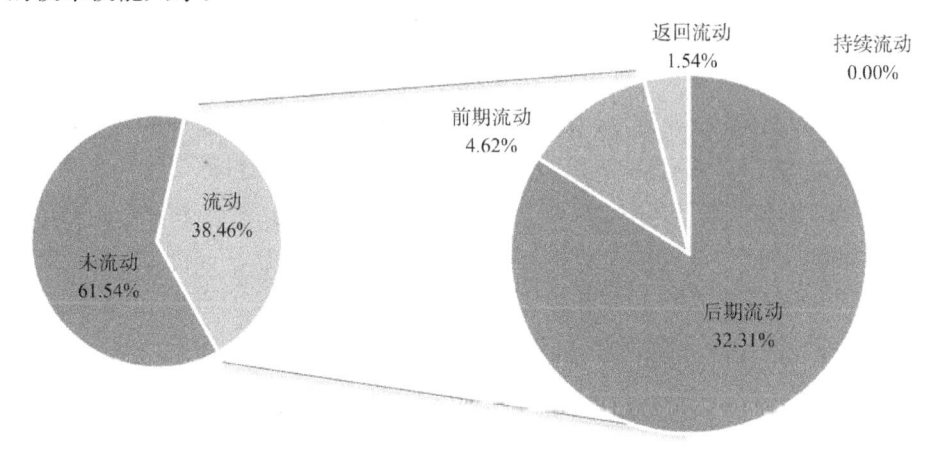

图3-5　专业群2023届毕业生的就业流动情况

(2) 专业相关性

就毕业生当前从事的工作与所学专业的相关性而言,如图3-6所示。参与调研的2023届毕业生中,67.21%的毕业生表示其当前从事的工作与专业"完全对口"或"基本对口",其中,14.75%的毕业生表示当前从事的工作与专业"完全对口",52.46%的毕业生当前从事的工作与专业"基本对口"。

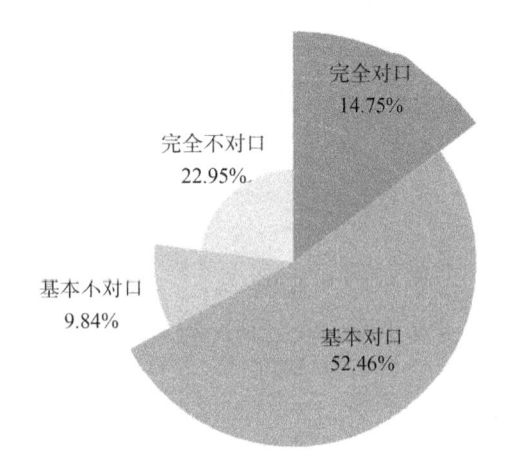

图3-6　专业群毕业生对当前工作与专业对口情况的认知评价

可见,专业群毕业生就业的专业相关性有待进一步提高,专业群一方面可通过深化校企合作育人、现代学徒制人才培养模式、订单专班等,为学生提供对口企业的实习和工作机会,将毕业生当前从事的工作与专业"基本对口"的比例转化为"完全对口";另一方面,专业群可开展人才需求调研,同时推行"1+X"证书制度,协同区域企业,持续推行"育训结合,课证融通",将职业技能等级培训内容有机融入专业人才培养方案,优化课程设置和教学内容,提高人才培养的针对性,从而提升学生从事本专业对口工作的比例。

同时,本书还从企业维度调研了毕业生当前从事的工作与专业的相关性,由图3-7可知,98.42%的企业人员表示专业群毕业生当前从事的工作与专业"完全对口"或"基本对口",其中,49.21%的企业人员表示专业群毕业生当前从事的工作与专业"完全对口",49.21%的企业人员表示"基本对口"。可见,从企业视角来看,专业群所培养的人才能够很好地适应当前工作岗位的需求,企业对专业群人才的专业对口性非常满意,这进一步凸显了专业群的人才培养成效。

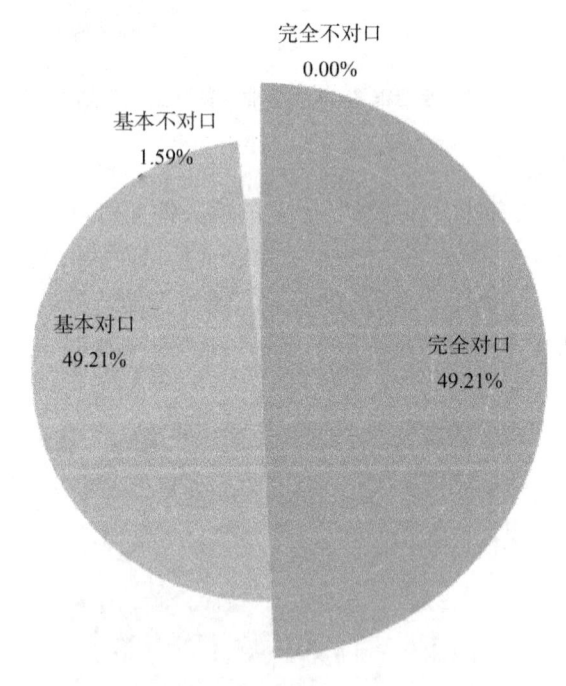

图3-7 企业对专业群毕业生工作与专业的对口情况的认知评价

(3) 岗位前沿性

在毕业生当前工作岗位的前沿性上,如图3-8所示,专业群中63.08%的毕业生均表示其当前的工作岗位属于前沿性岗位。其中,有36.92%的毕业生表示当前的工作岗位属于现代服务业形态,有13.85%的毕业生当前的工作岗位属于数字化产业形态,12.31%的毕业生当前的工作岗位属于地方主导或支柱产业。

可见,专业群毕业生岗位前沿性较好,毕业生在各类前沿性岗位上均有所涉猎,说明专业群在培养汽车产业高素质技术技能人才方面取得了不错的成效,毕业生具备在高端产业或产业高端岗位就业的能力。但就毕业生在各类前沿性岗位上从业的占比来看,专业群仍存在较大的进步空间,专业群可进一步深化校企合作,聚焦区域内汽车产业的发展需求,全面融合人才供给侧和产业需求侧,通过专业重构、课程重组等,提升学生面向高端产业和产业高端的能力,进一步提升专业群毕业生在前沿性岗位就业的比例。

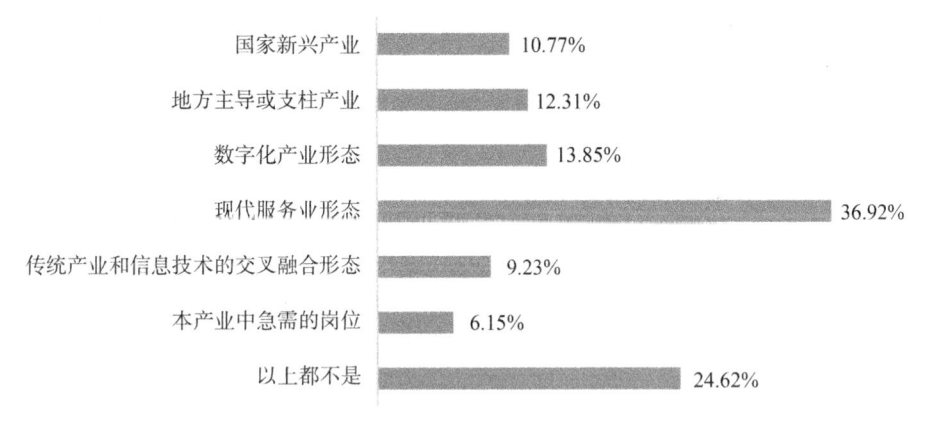

国家新兴产业	10.77%
地方主导或支柱产业	12.31%
数字化产业形态	13.85%
现代服务业形态	36.92%
传统产业和信息技术的交叉融合形态	9.23%
本产业中急需的岗位	6.15%
以上都不是	24.62%

图 3-8 专业群毕业生当前工作岗位的前沿性情况

2. 能力达成及能力优势

1) 能力达成情况

(1) 能力达成

在能力达成方面,由图3-9可知,专业群有98.40%的毕业生认为其在校期间得到了能力提升。其中,89.60%的毕业生认为认知能力在校期间得到了提升,83.20%的毕业生表示合作能力在校期间得到了提升,68.80%的毕业生表示创新能力在校期间得到了提升。

同时,本书还从家长维度调研了专业群毕业生在校期间的能力提升情况,由图3-9可知,专业群有84.89%的家长认为其孩子在校期间得到了能力提升,其中,82.22%的家长认为孩子认知能力在校期间得到了提升,76.00%的家长表示孩子的合作能力在校期间得到了提升,74.67%的家长表示孩子的职业能力在校期间得到了提升。

可以看出,专业群毕业生在校期间专业能力、职业能力、个人综合能力等均

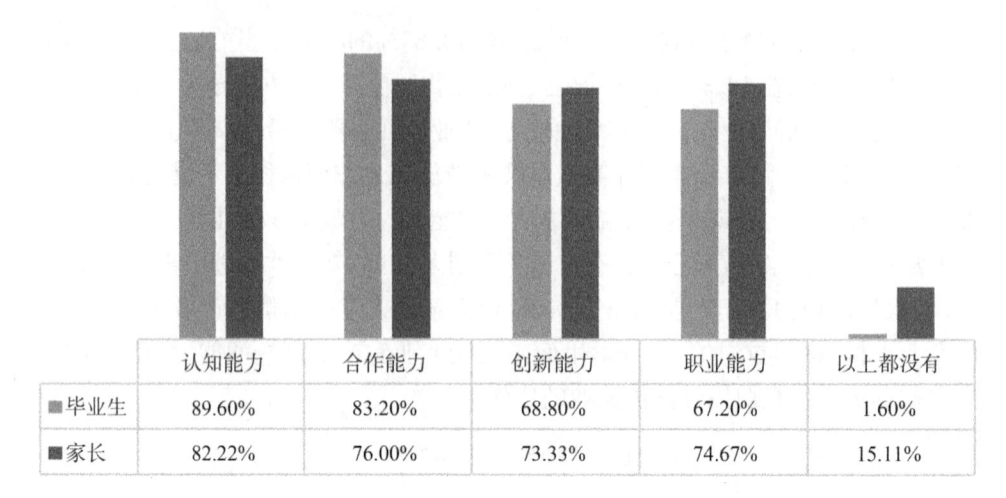

	认知能力	合作能力	创新能力	职业能力	以上都没有
■毕业生	89.60%	83.20%	68.80%	67.20%	1.60%
■家长	82.22%	76.00%	73.33%	74.67%	15.11%

图 3-9　专业群毕业生在校期间的能力提升情况

有较大程度提升,尤其是在认知能力和合作能力方面,得到了毕业生和家长的高度认可。这进一步表明,专业群在人才培养模式创新方面取得了很好的成效。

(2) 家长对孩子在校表现的了解程度

如图 3-10 所示,专业群有 72.44% 的学生家长表示对孩子在学校期间的情况"了如指掌"或"基本了解",可见,专业群大部分的家长较为关心孩子在校期间的表现。

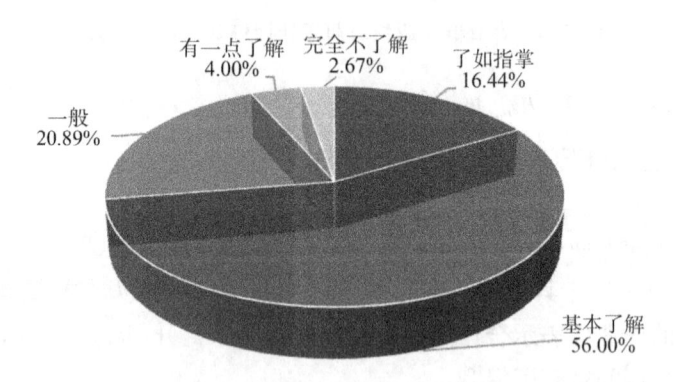

图 3-10　专业群家长对学生在校期间表现的了解程度

(3) 家长对学生在学校的各项能力提升程度评价

本书还从家长维度,分析了其认为孩子在校期间各项能力、素养、职业能力的提升情况,并统计了提升度评价得分[①],具体如图 3-11 所示。

---

① 提升度评价得分由根据答题者的不同评价程度占比加权平均计算所得,下文同。

调研发现,在"团队合作能力""沟通交流能力""解决问题能力""环境适应能力""自我认知自主学习""创新能力""阅读理解""信息搜集与处理"等方面,专业群家长认为学生在校期间各项能力的提升度得分均超过91%,其中,家长认为学生在校期间"环境适应能力"的提升度最高,提升度得分为95.79%,其次是"沟通交流能力"和"团队合作能力",提升度得分分别为95.42%、95.19%。

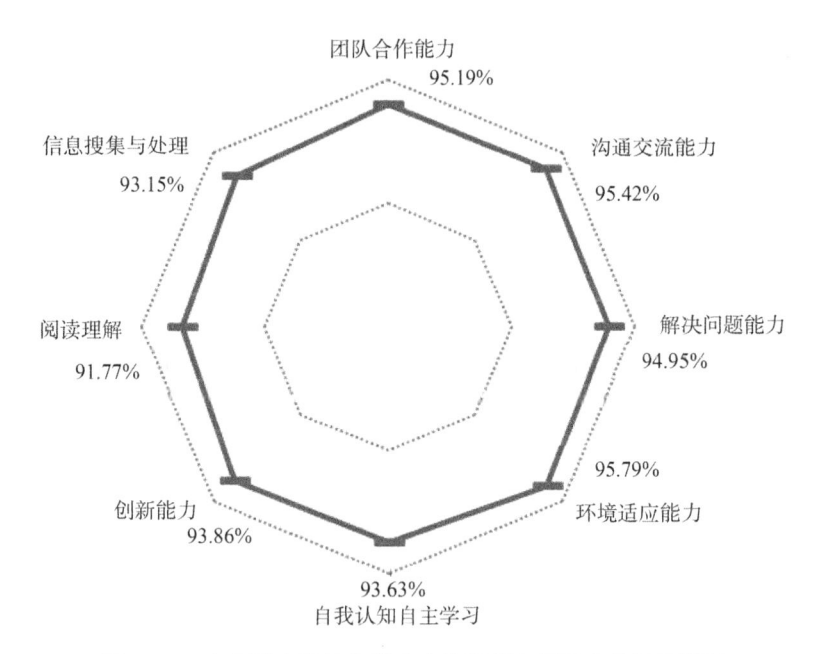

图 3-11　专业群家长认为学生在校期间各项能力的提升情况

(4) 家长对学生在学校的各类素养提升程度评价

在"遵纪守法""诚实守信""乐于助人""身心素质""关注社会""包容精神""环境意识""人文美学"等方面,如图 3-12 所示,专业群家长认为学生在校期间各项素养的提升度得分均超过94%,其中,家长认为学生在校期间"诚实守信"的提升度最高,提升度得分为96.37%,其次是"环境意识"和"关注社会",提升度得分分别为96.16%、96.09%。

(5) 家长对学生在学校的职业能力提升程度评价

在"专业及职业相关知识掌握""职业素养""职业技术掌握能力""职业技术实践能力"方面,如图 3-13 所示,家长认为学生在校期间各项职业能力的提升度得分均超过95%,其中,家长认为学生在校期间"专业及职业相关知识掌握"和"职业技术掌握能力"的提升度最高,提升度得分分别为96.09%、96.05%,其次是"职业素养",提升度得分为95.81%。

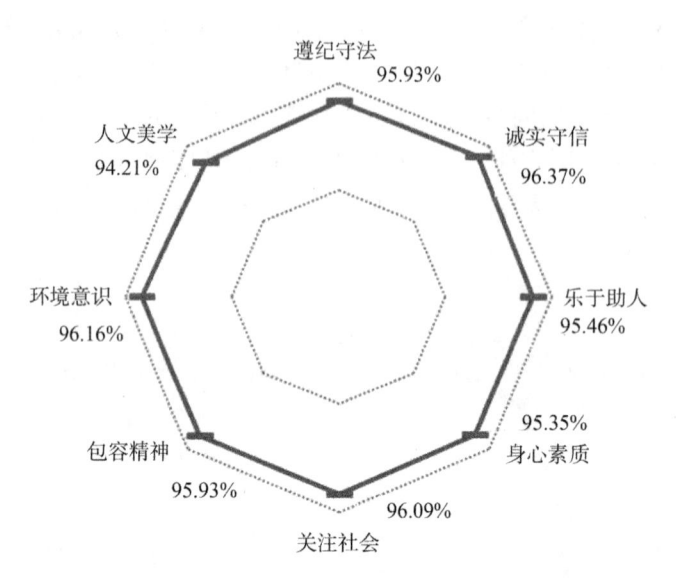

图 3-12 专业群家长认为学生在校期间各项素养的提升情况

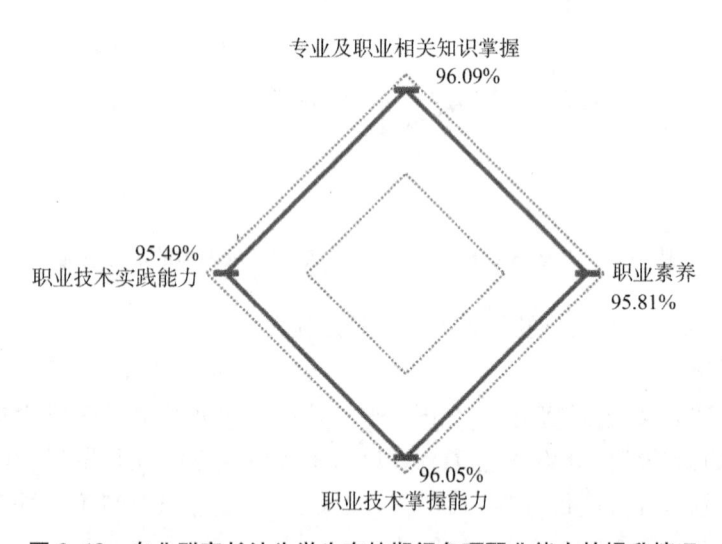

图 3-13 专业群家长认为学生在校期间各项职业能力的提升情况

家长对孩子在校期间各项能力、素养、职业能力的提升度评价得分均超过91%,说明专业群在促进学生德智体美劳全面发展方面成效显著,获得了家长的一致高度认可。

(6) 用人单位对专业群毕业生各项核心能力的需求情况

为探究专业群毕业生在校所学各项核心能力与用人单位需求的匹配情况,

本书还从用人单位角度,调研并统计了其对于毕业生各项能力的需求度评价得分[1],具体包括"能够运用专业知识严谨分析本领域的常见问题,得到有效结果""能够设计与执行针对常见问题的解决方案,并能够体现创新意识""能使用恰当的技术、资源、信息和工具""了解本领域的活动对社会公众的影响""了解本领域的活动对环境和生态的影响""理解并遵守职业道德和规范,履行责任""能够与团队成员开展有效沟通与合作"等方面。

用人单位对各项核心能力的需求度评价得分结果具体如图3-14所示。调研发现,用人单位对毕业生各项核心能力的需求度评价得分均超过98%,由此可见,专业群培养的毕业生的各项核心能力在其单位中的需求度整体较高,学校的培养内容与社会需求高度匹配。其中,需求度评价得分最高的方面是"能够运用专业知识严谨分析本领域的常见问题,得到有效结果"、"能够设计与执行针对常见问题的解决方案,并能够体现创新意识"、"理解并遵守职业道德和规范,履行责任"和"能够与团队成员开展有效沟通与合作",需求度得分均为99.69%。

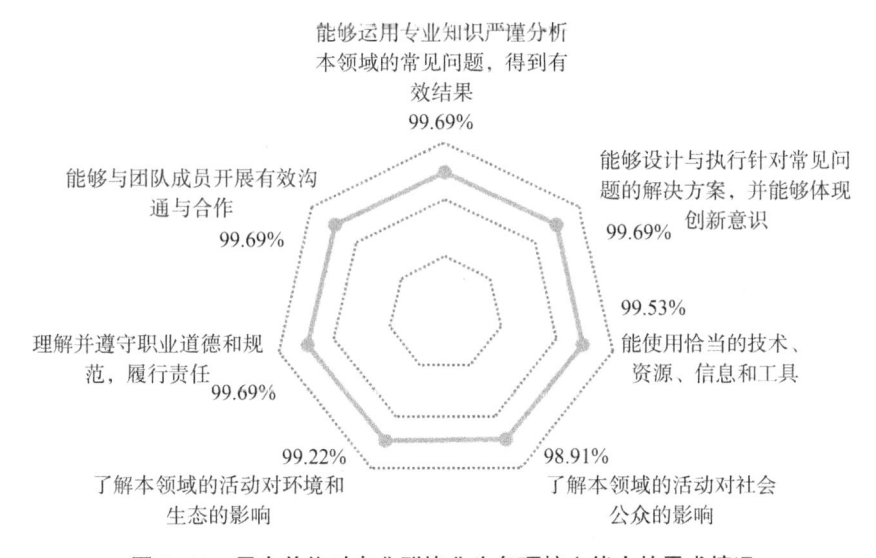

图3-14 用人单位对专业群毕业生各项核心能力的需求情况

(7)用人单位对专业群毕业生各项核心能力的满足情况

为探究毕业生在校被专业群培养的各项核心能力对用人单位的满足程度,本书调研分析了用人单位对各项核心能力的满足度评价得分[2]结果,具体如图

---

[1] 需求度评价得分由根据答题者的不同评价程度占比加权平均计算所得,下文同。
[2] 满足度评价得分由根据答题者的不同评价程度占比加权平均计算所得,下文同。

3-15 所示。

调研发现,用人单位对专业群毕业生在校所学的各项核心能力的满足度评价得分均超过 98%,其中,得分最高的方面是"理解并遵守职业道德和规范,履行责任",满足度评价得分为 99.69%,其次是"能够与团队成员开展有效沟通与合作",满足度评价得分为 99.53%,此外"能够运用专业知识严谨分析本领域的常见问题,得到有效结果"、"能够设计与执行针对常见问题的解决方案,并能够体现创新意识"和"能使用恰当的技术、资源、信息和工具"方面的满足度也相对较高,满足度评价得分均为 99.38%。

由此可见,专业群对毕业生所培养的各项能力在其用人单位中的满足度评价均较高,表明了毕业生在实际工作中的表现相对较好。专业群及相关专业在制订人才培养方案与课程体系时,应充分考虑这些内容,将其纳入人才培养环节中,以实现人才培养质量与职业需求的充分对接。

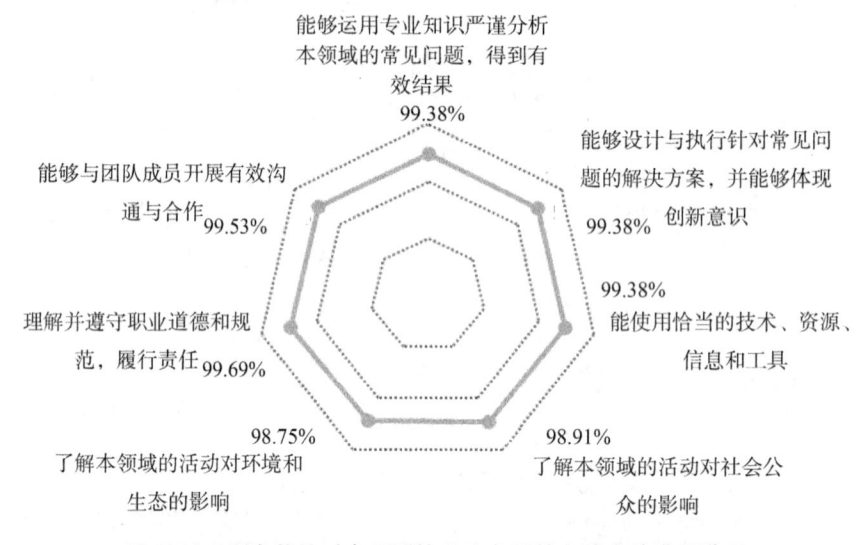

图 3-15 用人单位对专业群毕业生各项核心能力的满足情况

2) 就业胜任力

在就业胜任力方面,专业群毕业生在当前工作中的就业胜任力非常好,由图 3-16 可知,所有参与调研的毕业生认为其能够在某些方面胜任当前工作,其中,有 60.00% 的毕业生表示能在服从性和服务性方面胜任当前工作,55.38% 的毕业生表示能在专业知识和技术技能方面胜任当前工作,53.85% 的毕业生表示能在思想政治素养和价值观方面以及学习能力和一专多能方面胜任当前工作。

同时,从企业维度来看,用人单位对专业群毕业生的就业胜任力认可度非常高,所有参与调研的企业人员均认为专业群毕业生能在某些方面胜任当前工作。其中,90.63%的企业人员表示专业群毕业生能在专业知识和技术技能方面胜任当前工作,67.19%的企业人员表示专业群毕业生能在学习能力和一专多能方面胜任当前工作,59.38%的企业人员表示专业群毕业生能在服从性和服务性方面以及团队合作、职场应对和社会交往方面胜任当前工作。

由此可见,专业群通过打造"专业群+产业链""两分流+四阶段""模块化+递升型"特色培养模式,提升了学生各项能力,尤其是在"专业知识和技术技能"方面、"学习能力和一专多能"方面和"服从性和服务性"方面,得到了毕业生和企业的一致认可。专业群须继续发挥在人才培养上的优势,加强对学生的职场训练,提升学生的环境适应等职业能力,同时进一步深入落实立德树人根本任务,提升学生的思想政治素养,从而全面提升学生各方面的就业胜任力。

	思想政治素养和价值观	专业知识和技术技能	通用知识和能力	学习能力和一专多能	服从性和服务性	团队合作、职场应对和社会交往	工作环境、工作地点、工作时间	以上方面均不能胜任
毕业生	53.85%	55.38%	50.77%	53.85%	60.00%	50.77%	52.31%	0.00%
企业	57.81%	90.63%	50.00%	67.19%	59.38%	59.38%	50.00%	0.00%

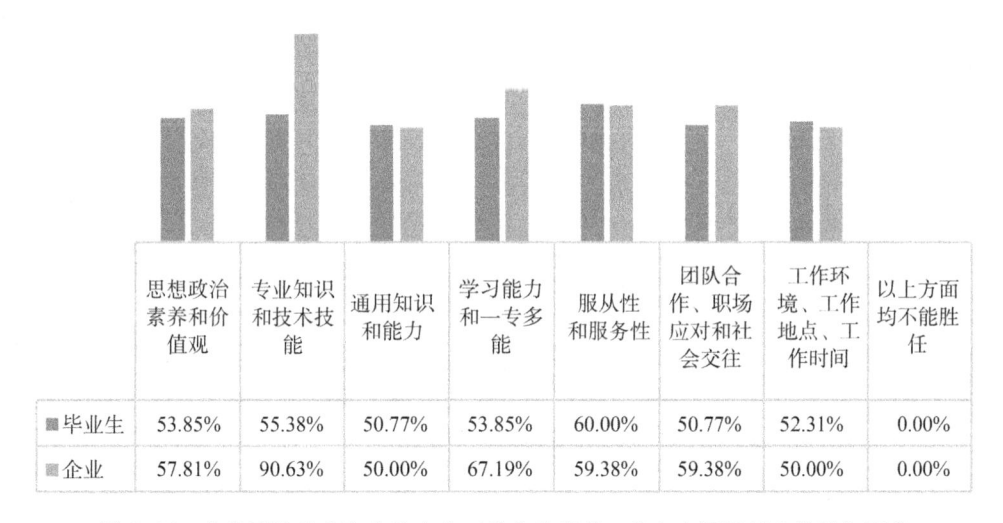

图 3-16 专业群毕业生和合作企业对毕业生当前工作各方面胜任力的认知评价

3)就业竞争力

(1)与同层次院校毕业生的就业竞争力比较

为了解专业群毕业生与同层次院校毕业生的就业竞争力对比情况,本书统计了专业群毕业生与同时入职的其他高职院校毕业生在工作上的比较优势情况,如图 3-17 所示。

调研发现,专业群中 56.14% 的毕业生表示其具有竞争优势,其中,有 12.28% 的毕业生表示其优势显著,43.86% 的毕业生表示其有一定优势。此外,还有 29.82% 的毕业生表示其与其他高职院校毕业生旗鼓相当。

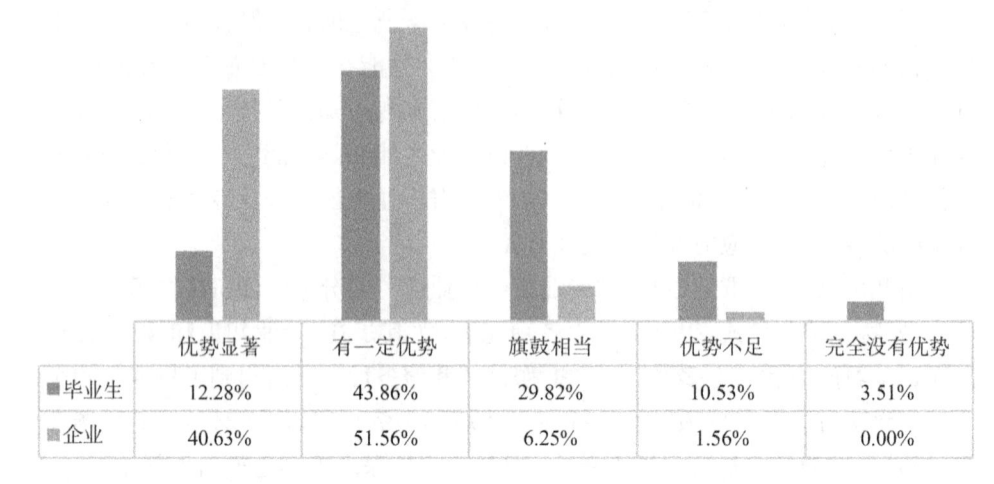

	优势显著	有一定优势	旗鼓相当	优势不足	完全没有优势
毕业生	12.28%	43.86%	29.82%	10.53%	3.51%
企业	40.63%	51.56%	6.25%	1.56%	0.00%

图 3-17 专业群毕业生与其他高职院校毕业生的就业竞争力对比情况

从企业视角来看，企业对专业群毕业生的评价较高，92.19%的企业人员表示专业群毕业生在工作上相较其他高职院校毕业生具有优势，其中，有40.63%的企业人员表示专业群毕业生优势显著，有51.56%的企业人员表示专业群毕业生有一定优势。此外，还有6.25%的企业人员表示专业群毕业生与其他高职院校毕业生旗鼓相当。

由此可见，与同层次院校毕业生相比，专业群中接近六成的毕业生认为其相较其他竞争对手存在一定优势，超过九成的企业人员认可专业群毕业生的竞争优势。这充分体现了专业群毕业生在知识水平、技能水平、工作能力等方面的突出表现，是专业群人才培养模式创新实践成效的综合体现。

（2）与高层次院校毕业生的就业竞争力对比

同时，本次调研进一步探究了专业群毕业生与本科毕业生的竞争优势情况，如图3-18所示。在与本科毕业生的竞争优势方面，84.62%的毕业生均认为其在某些方面比本科毕业生更有优势，其中61.54%的毕业生表示其工作态度更踏实，52.31%的毕业生表示其动手能力更强，38.46%的毕业生表示其所学知识技能更贴近岗位需要和综合素质更高。

由此可见，与本科毕业生相比，专业群毕业生在工作态度、动手能力、所学知识的实用性以及综合素质等方面具有一定的竞争优势，说明专业群所培养的技术技能人才质量较高，与更高层次人才相比也具有一定的优势。通过人才培养模式创新，专业群在人才培养质量方面取得了实质性的成效，学生的动手操作能力、工作态度等方面得到了很大提升，增强了学生的就业竞争力和自信心。但与

本科毕业生相比,专业群毕业生在企业用人成本考虑、知识面等方面还相对较弱,须进一步提升。

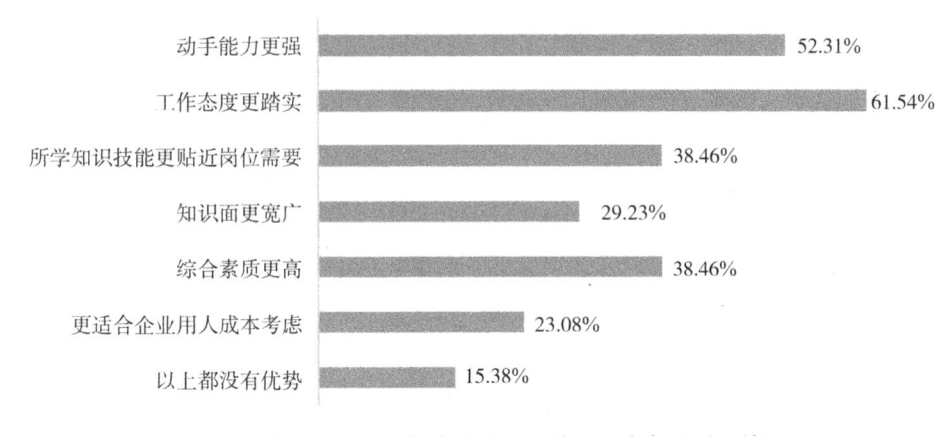

动手能力更强	52.31%
工作态度更踏实	61.54%
所学知识技能更贴近岗位需要	38.46%
知识面更宽广	29.23%
综合素质更高	38.46%
更适合企业用人成本考虑	23.08%
以上都没有优势	15.38%

图 3-18　专业群毕业生与本科毕业生的就业竞争力对比情况

(三) 满意度

1. 就业现状满意度

为探究专业群毕业生对当前工作的满意度情况,本书分析了被调研毕业生在社会地位、收入水平、专业相关、能力胜任、工作地点、工作单位、所在行业、职业期待等方面的满意度得分[①],如图 3-19 所示。

调研发现,专业群毕业生对当前工作的满意度较高,各方面满意度得分均超过 89%,其中,得分最高的方面是所在行业(96.77%),其次是能力胜任(95.23%)和职业期待(94.00%)。可见,专业群在提升人才培养质量、促进学生高质量就业方面取得了较好的成效。但就毕业生的收入水平方面而言,有待进一步提升。

通常而言,收入水平受所在行业、从事的岗位、所在地区等客观因素以及个人能力水平、学历水平等主观因素的影响。专业群一方面可通过优化人才培养体系来提高毕业生收入水平,如系统调研汽车领域相关产业链,面向高端岗位进行人才培养;另一方面,专业群需进一步创新人才培养模式,提高专业群毕业生在高端岗位就业的能力,进而提高毕业生的收入水平。

---

① 满意度得分由根据答题者的不同评价程度占比加权平均计算所得,下文同。

[图:专业群毕业生在就业各方面的满意度评价得分,含社会地位91.69%、收入水平89.69%、专业相关93.38%、能力胜任95.23%、工作地点92.15%、工作单位93.69%、所在行业96.77%、职业期待94.00%]

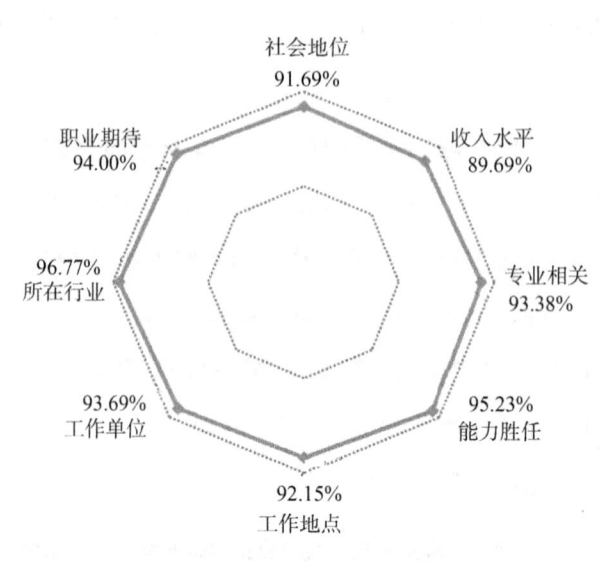

图 3-19　专业群毕业生在就业各方面的满意度评价得分

2. 人才供给满意度

同时,本书也分析了企业对专业群毕业生在学校声誉、道德品质、所学专业、能力胜任、职业素养、学习能力和进取精神等方面的满意度情况,如图 3-20 所示。

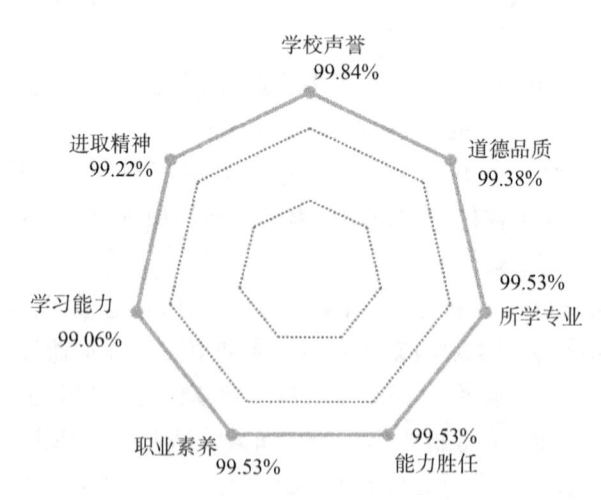

[图:企业对专业群毕业生各方面的满意度评价得分,含学校声誉99.84%、道德品质99.38%、所学专业99.53%、能力胜任99.53%、职业素养99.53%、学习能力99.06%、进取精神99.22%]

图 3-20　企业对专业群毕业生各方面的满意度评价得分

调研发现,企业对专业群毕业生各方面满意度得分均超过 99%,其中,在学校声誉、所学专业、能力胜任、职业素养方面,满意度得分分别为 99.84%、

99.53%、99.53%、99.53%。由此可见,专业群在培养职业素质过硬的汽车产业高素质技术技能人才方面表现突出,得到了用人单位的高度认可。

同时,本书也分析了企业对专业群毕业生的继续招聘意愿情况,如图3-21所示。调研发现,90.63%的企业人员均明确表示未来会继续招聘专业群毕业生,其中,54.69%的企业人员表示对专业群毕业生会继续招聘,规模会进一步扩大;34.38%的企业人员表示会继续招聘,规模会和当前大体相当。可见,调研企业对专业群毕业生的认可度很高,未来招聘意愿十分强烈。

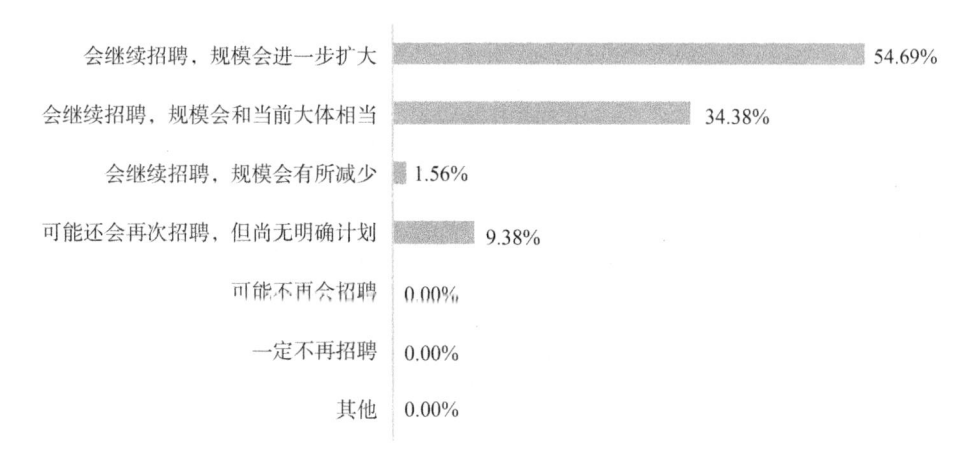

图3-21 企业未来对专业群毕业生继续招聘意愿情况

3. 学习成长满意度

在学生的学习成长满意度和家长推荐意愿方面,由图3-22可知,专业群学生家长对孩子进入学校以来的学习成长满意度得分为97.02%,对学校的推荐

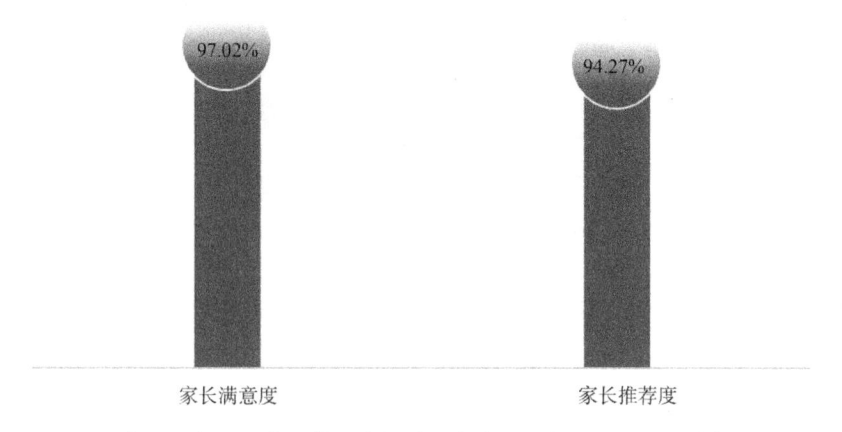

图3-22 专业群家长对学生学习成长的满意度评价得分及对学校的推荐度得分

度[①]得分为 94.27%。这表明专业群较好地完成了"人才培养模式创新"的建设任务,人才培养质量较好,得到了家长的信任和认可。

4. 高等职业教育满意度

在学生家庭受教育水平方面,由图 3-23 可知,参与调研的专业群学生家长中,有 76.00% 的家长表示孩子是家庭的第一代大学生,24.00% 的家长表示父母中已有大学生。由此可见,大量学生进入专业群接受教育后成为家庭的第一代大学生,改变了家庭的受教育水平,体现了高等职业教育为社会培养和储备高素质技术技能人才,提升国民素质和技能水平的重要功能。

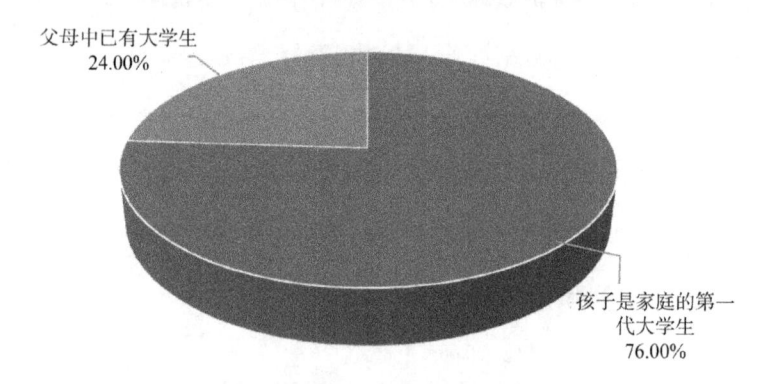

图 3-23 专业群学生家庭受教育水平情况

此外,在对高等职业教育的满意度方面,如图 3-24 所示,专业群学生家长对孩子接受的高等职业教育的满意度得分为 87.11%。可见,家长对孩子所接受

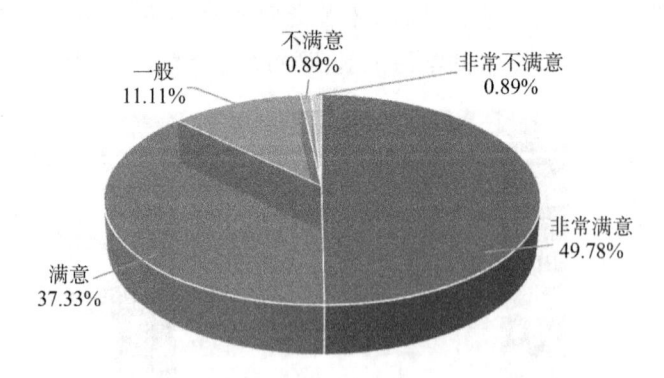

图 3-24 专业群学生家长对高等职业教育的满意情况

---

① 推荐度得分由根据答题者的不同评价程度占比加权平均计算所得,下文同。

的高等职业教育的满意度较高,同时也反映了专业群的教育教学质量很好,得到了家长的肯定。

不同年收入家庭的家长认为孩子接受高等职业教育后,未来能帮助提高一家人的生活质量的有效性情况如图 3-25 所示,年收入为 15 万~30 万的家庭对高等教育的有效性得分[①]最高,有效性得分为 99.33%,其次是年收入为 6 万以下、6 万~15 万的家庭对高等教育的有效性得分较高,分别为 98.33%、96.09%。由此可见,专业群中大部分家长认为孩子接受高等职业教育后,对提高一家人的生活质量有帮助。学生通过接受高等职业教育获得一技之长,提高了其就业能力,进而促进家庭生活水平的改善。这进一步凸显了高等职业教育在提高学生受教育水平,改善家庭生活质量中发挥的重要作用。

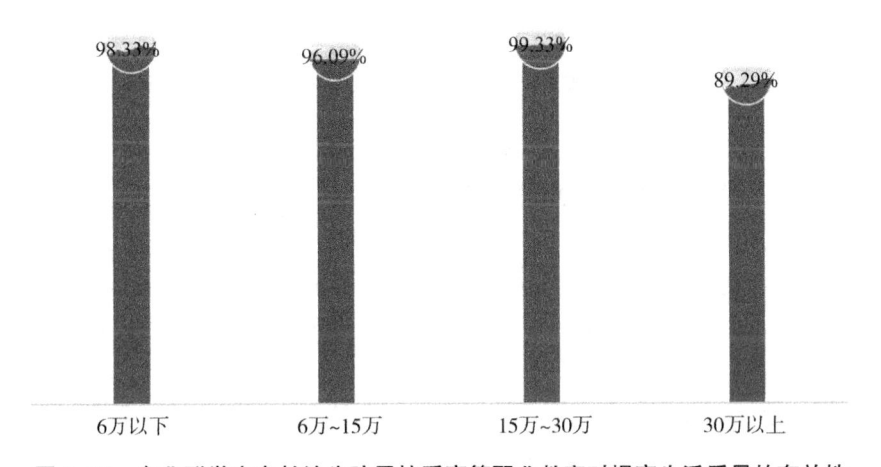

图 3-25 专业群学生家长认为孩子接受高等职业教育对提高生活质量的有效性

5. 环境设施及管理满意度

在学校环境设施及管理方面,如图 3-26 所示,专业群家长对教学实施和教学条件、学生生活学习条件(食堂、宿舍等)、校园环境的满意度得分均超过 93%,家长对教学实施和教学条件的满意度得分最高,为 97.51%,其次是校园环境和学生生活学习条件(食堂、宿舍等),满意度得分分别为 96.31%、93.00%。由此可见,学校基础设施条件完善,专业群学生在生活、环境等方面的管理组织机构健全,得到了家长的高度认可。

[①] 有效性得分由根据答题者的不同评价程度占比加权平均计算所得,下文同。

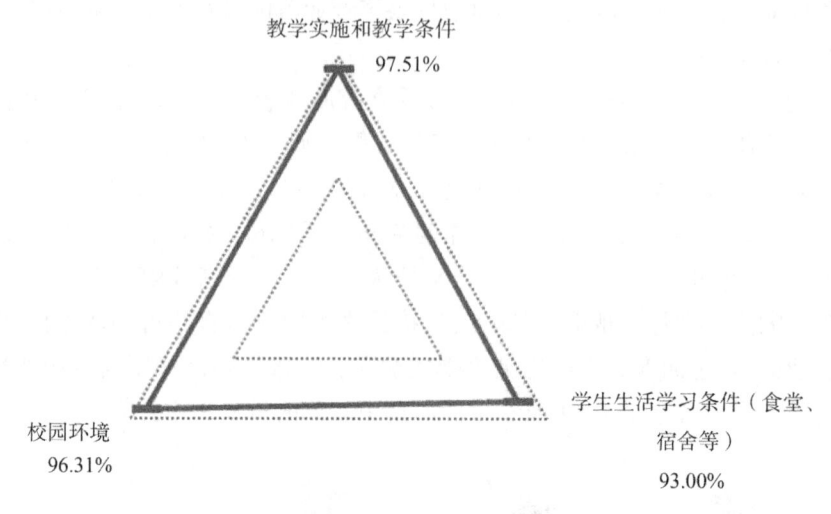

图 3-26　专业群学生家长对学校环境设施及管理满意度评价得分

二、课程教学资源建设

　　资源整合是专业群建设的内驱力,是优于传统单体专业建设的直接体现。离散的单体专业建设模式,一个明显弊端就是办学资源割裂,造成单体资源不足与整体资源浪费并存。高水平专业群充分发挥集群效应,有机整合课程资源、教师资源与实训资源,实现资源整合和共享效益最大化,使原本"小"而"散"的单体专业相互支撑,形成人才培养合力。

　　2022年9月发布的《教育部办公厅关于进一步加强全国职业院校教师教学创新团队建设的通知》指出:"要适应产业转型升级和经济高质量发展,按照职业岗位(群)能力要求和相关职业标准,不断开发和完善课程标准。要打破原有的专业课程体系框架,基于职业工作过程重构。要积极将职业技能等级标准,行业企业新技术、新工艺、新规范和优质课程等资源纳入专业课程教学,研究制订专业能力模块化课程设置方案,将每个专业划分为若干核心模块单元。"

　　学校《中国特色高水平高职学校和专业群建设计划任务书》中关于专业群课程教学资源建设方面提出 2023 年度具体建设任务:完成校企合作开发的课程数字化教学资源从校内 SPOC 平台向 MOOC 平台的推送。形成课程开发典型案例。形成课程资源更新机制。完成 10 个理实一体教室智慧化改造。实现核心课程理实一体智慧课堂全覆盖。形成"资源推送导学—学习轨迹记录—成果评价反馈"学习循环典型案例。全面实施基于资源认证标准的学习成果积累、转换和资源交易机制。建立专业群知识技能树更新机制,开发新技术教学资源1 485个。打造一流的汽车检测与维修技术专业国家级教学资源库。

为探究专业群在"课程教学资源建设"方面的建设成效,本书对学校汽车检测与维修技术专业群在建设中的课程建设、资源库建设以及满意度进行调研和深入分析。

(一)课程建设

在课程开发双元制方面,由图3-27可知,专业群有82.00%的教师表示其参与的专业课程开发是与企业共同研制的,可见,专业群在双元制课程建设上采取了有效的措施,并取得了较好的成效。

校企共同研制的课程	82.00%
面向新兴产业、高端产业或产业高端的课程	70.00%
纳入了新技术、新工艺等产业先进元素的课程	82.00%
科学规范性强的课程	64.00%
具有国际先进性的课程	24.00%
向社会、企业和其他院校开放、共享的课程	64.00%

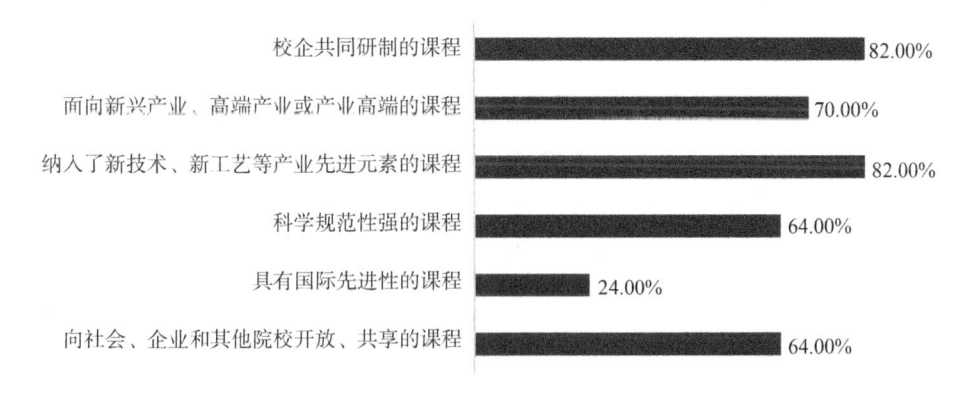

图3-27 专业群教师对专业课程开发各类特点的感知占比情况

在课程开发前沿性方面,专业群82.00%的教师表示其参与开发的课程纳入了新技术、新工艺、新规范等产业先进元素,70.00%的教师表示其参与开发的课程是面向新兴产业、高端产业或产业高端的课程。可见,专业群前沿性课程的建设成效较好,教师参与的积极性也较高,专业群充分贯彻了"专业群要面向高端产业和产业高端"的政策要求。

在课程开发的国际先进性方面,专业群有24.00%的教师表示其参与开发的专业课程具有国际先进性。这表明专业群在国际化课程建设方面做出了切实的努力,积极建设具有高阶性、创新性、挑战性的国际化课程,但专业群在国际化课程建设方面仍存在较大的进步空间,专业群应鼓励教师积极参与建设具有高阶性、创新性、挑战性的国际化课程,提升专业群课程质量和人才培养质量。

在课程规范性方面,专业群有 64.00% 的教师表示其参与的专业课程开发具有科学规范性强的特点。可见,专业群积极开发具有科学规范性的课程,教师对课程开发的规范性也较为认可,但仍有进一步提升空间。专业群在开发课程时,应参照国际标准和国家精品课标准,打造具有高度标准化和科学规范性的专业群课程集。

在课程共享性方面,专业群有 64.00% 的教师表示其参与开发的课程是向社会、企业和其他院校开放、共享的。可见,专业群在建设共享性开放课程方面做出了切实的努力,促进了不同院校之间、学校和企业之间、学校和社会之间的交互与融合。专业群可进一步扩大在线开放课程的比例,为构建终身教育体系、促进学习型社会建设提供条件和保障。

(二) 资源库建设

1. 资源库建设

在资源库建设方面,如图 3-28 所示,专业群有 82.00% 的教师参与过资源库建设活动,这表明专业群在资源库建设方面表现较好,超过八成的教师均参与了专业群资源库建设相关活动,充分实现了校际、校企之间优质资源的共建共享,为职业教育校企合作的不断深化提供了实质性支撑,专业群在此项建设任务上采取了积极有效的行动。

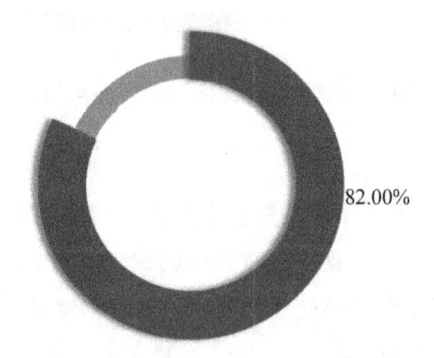

图 3-28 专业群教师参与资源库建设的情况

2. 国家级教学资源库建设

在国家级教学资源库建设方面,如图 3-29 所示,专业群有 72.00% 的教师表示参与过国家级教学资源库的建设。可见专业群在教学资源库建设方面取得了一定的成效,专业群教师积极参与国家级教学资源库的建设。

模块三　治理成效评价

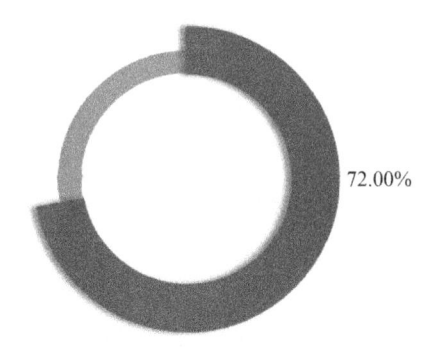

72.00%

图 3-29　专业群教师参与国家级教学资源库建设的情况

（三）满意度

在课程建设满意度方面，如图 3-30 所示，专业群中几乎所有的教师对于专业群的课程建设表示"非常满意"或"满意"，满意度得分为 98.00%。这表明，专业群在课程建设方面成效显著，得到了专业群教师的高度认可。

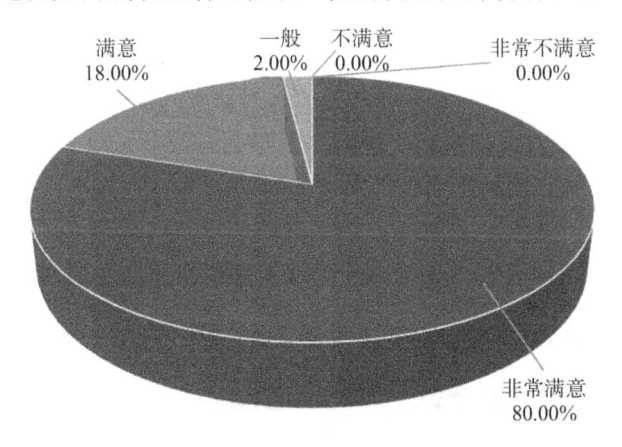

满意 18.00%　　一般 2.00%　　不满意 0.00%　　非常不满意 0.00%

非常满意 80.00%

图 3-30　专业群教师对课程建设的满意情况

三、教材与教法改革

2021 年 12 月，教育部办公厅印发了《"十四五"职业教育规划教材建设实施方案》，并指出："'十四五'期间，分批建设 1 万种左右职业教育国家规划教材，指导建设一大批省级规划教材，加大对基础、核心课程教材的统筹力度，突出权威性、前沿性、原创性教材建设，打造培根铸魂、启智增慧，适应时代要求的精品教

087

材,以规划教材为引领,高起点、高标准建设中国特色高质量职业教育教材体系。"

此外,2022年9月发布的《教育部办公厅关于进一步加强全国职业院校教师教学创新团队建设的通知》指出:"创新团队建设要打破学科教学传统模式,把模块化教学作为重要内容,探索创新项目式教学、情境式教学。要将行业企业融入建设周期,全过程参与人才培养方案制订、课程体系重构、模块化教学设计实施等。"

学校《中国特色高水平高职学校和专业群建设计划任务书》中关于专业群教材与教法改革方面提出2023年度具体建设任务:持续更新教学内容和教材形式,满足转型升级对技术技能人才的培养要求。形成教法改革典型案例5个。形成"六维度四轮驱动"教学模式、"处方式"教法改革的邢职品牌并推广。

为探究专业群在"教材与教法改革"方面的建设成效,本书对学校汽车检测与维修技术专业群在建设中的教材改革、教法改革以及满意度进行调研和深入分析。

(一) 教材改革

在教材改革方面,专业群大部分教师对各类教材或资源库的建设均有参与,如图3-31所示。其中,教师参与比例最高的是国家规划教材和国家级教学资源库,占比均为72.00%,其次是新型活页式教材(46.00%)。

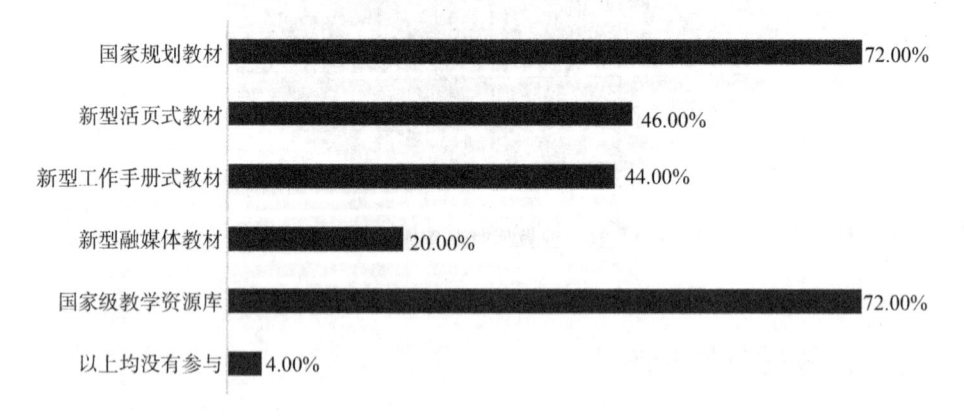

教材类型	比例
国家规划教材	72.00%
新型活页式教材	46.00%
新型工作手册式教材	44.00%
新型融媒体教材	20.00%
国家级教学资源库	72.00%
以上均没有参与	4.00%

图 3-31 专业群教师参与各类教材改革活动的比例

这表明专业群在实施教材改革方面取得了一定的成效,专业群以满足新时代职业教育多样性需求为基点,编制和使用包括融媒体、活页式、工作手册式等在内的新形态教材,有助于满足学生的多样化学习方式,同时在打造国家规划教材、国家级教学资源库方面也取得了不错的成效。

然而,就教师对各类教材改革活动的参与比例来看,专业群仍存在较大进步空间,尤其是在"新型融媒体"这一国家鼓励的重点教材开发领域。因此,专业群须进一步加大教材改革力度,与企业合作建设立体化、信息化、开放式新型教材,并使其在专业群内得以推广应用,助推教学改革。

(二) 教法改革

1. 教学方法采用率

学校汽车检测与维修技术专业群的课堂教学包含多种教学方法,包括线上/线下混合式教学法、案例式教学法、启发式教学法、探究式教学法、参与式教学法、研究性教学法、情景式教学法、项目式教学法等,如图3-32所示。专业群教师采用比例最高的教学方法是线上/线下混合式教学法(90.00%),其次是案例式教学法(86.00%)和启发式教学法(74.00%);从在校生维度来看,专业群有90.94%的在校生经历过线上/线下混合式教学法,其次是案例式教学法(63.39%)和参与式教学法(61.15%);此外,从毕业生维度来看,专业群有97.60%的毕业生经历过线上/线下混合式教学法,其次是案例式教学法(68.80%)和启发式教学法(54.40%)。

由此可见,专业群在教学方法改革上取得了很好的成效,形成了以线上/线下混合式教学法和案例式教学法为主的教学模式,这对于全面提升学生的职业能力与素养、满足学生的个性化学习需求具有重要作用。

	线上/线下混合式教学法	案例式教学法	启发式教学法	探究式教学法	参与式教学法	研究性教学法	情景式教学法	项目式教学法
■ 教师	90.00%	86.00%	74.00%	62.00%	60.00%	28.00%	58.00%	72.00%
■ 在校生	90.94%	63.39%	56.69%	56.82%	61.15%	52.76%	53.15%	48.82%
■ 毕业生	97.60%	68.80%	54.40%	49.60%	52.80%	42.40%	48.00%	39.20%

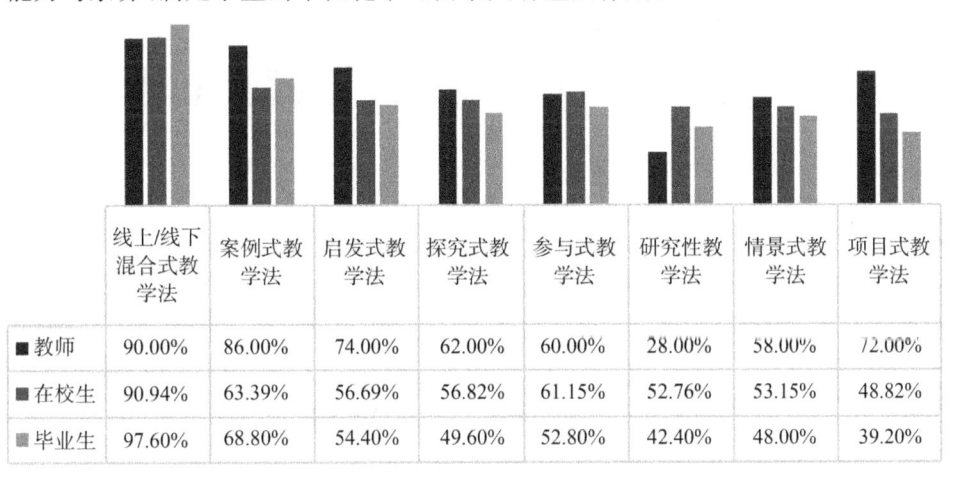

图3-32 专业群教师、在校生、毕业生采用或经历过的各类教学方法的比例

2. 信息化教学要素

在信息化教学方面,专业群课堂教学包含多种信息化要素,包括投影仪和PPT、台式机、笔记本或PAD、智慧教室、在线学习平台或APP、线上课程和学习资源、在线考试或测评系统、虚拟仿真类可穿戴设备等,专业群师生对各类信息化要素均有较强感知。

由图3-33可知,专业群中98.00%的教师均对各类信息化要素有所感知,其中,教师接触最多的是投影仪和PPT(98.00%),其次是线上课程和学习资源(90.00%),然后是在线学习平台或APP(80.00%)和在线考试或测评系统(80.00%)。

从在校生维度来看,专业群中99.87%的在校生都对各类信息化要素有感知,其中在校生接触最多的是投影仪和PPT(92.78%),其次是在线学习平台或APP(74.28%),然后是线上课程和学习资源(70.08%)。

从毕业生维度来看,专业群中所有参与调研的毕业生都对各类信息化要素有感知,其中毕业生接触最多的信息化教学要素是投影仪和PPT(85.60%),其次是在线学习平台或APP(79.20%),然后是智慧教室(74.40%)。

由此可见,专业群充分运用现代信息技术改进教学方式,创新教学模式,推进教学改革创新发展。专业群不仅大力推广应用线上教学模式,同时打造智慧教室,引入虚拟仿真类可穿戴设备,有力地推动了信息技术在职业教育专业教学和职业培训领域的综合应用。

	投影仪和PPT	台式机、笔记本或PAD	智慧教室	在线学习平台或APP	线上课程和学习资源	在线考试或测评系统	虚拟仿真类可穿戴设备	以上都没有
教师	98.00%	64.00%	76.00%	80.00%	90.00%	80.00%	18.00%	2.00%
在校生	92.78%	59.32%	63.39%	74.28%	70.08%	61.55%	23.75%	0.13%
毕业生	85.60%	66.40%	74.40%	79.20%	71.20%	63.20%	22.40%	0.00%

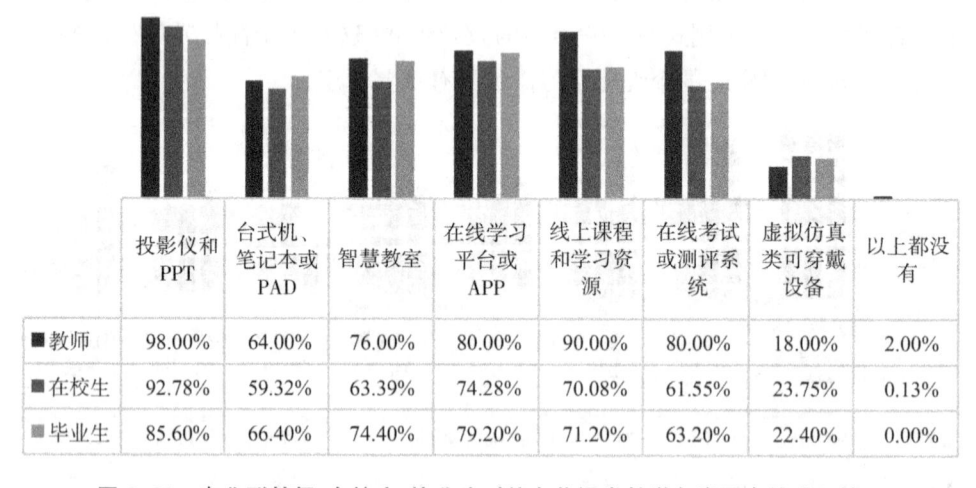

图3-33 专业群教师、在校生、毕业生对信息化课堂教学各类要素的感知情况

3. 教学创新活动

在教学创新活动方面,专业群教师参与或开展的活动包含引入新的教育教

学理念、教学方法创新、教学工具创新、教学内容创新、教学组织形式创新、考核方式创新、教材/教学资源创新、科研成果反哺教学等。

由图 3-34 可知，专业群中所有教师均参与或开展过教学创新活动，其中，90.00%的教师参与或开展过教学方法创新，82.00%的教师引入过新的教育教学理念，78.00%的教师参与或开展过教学组织形式创新。

由此可见，专业群教师对各类教学创新活动的参与度很高，此类活动可以推动课堂教学发展，促进教师专业成长，树立创新精神，培养创新意识和创新能力。

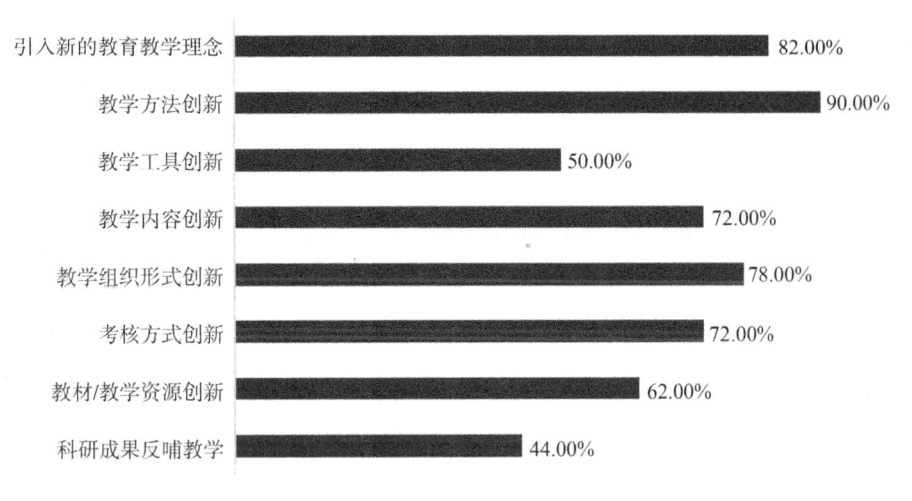

图 3-34　专业群教师参与或开展各类教学创新活动的情况

4. 教学考核方式

在教学考核方式方面，学校的考核方式包括"实践技能与理论知识考试结合""模拟仿真与现场考试结合""终结性与过程性考试结合""静态与动态（笔试与口试）结合""专业考试与能力评估结合""课程教学考试与职业资格考试结合""教师评价与学生自评、互评结合""学校评价与社会、企业评价相结合"等，专业群教师对各类考核方式的使用情况具体如图 3-35 所示。

由图 3-35 可知，专业群有 94.00%的教师使用过"实践技能与理论知识考试结合"的考核评价方式，有 78.00%的教师使用过"教师评价与学生自评、互评结合"的考核评价方式，有 68.00%的教师使用过"终结性与过程性考试结合"的考核评价方式。

由此可见，专业群在教学考核方式的改革方面成效显著，这为促进学生全面发展起到了很好的导向作用，也有利于教师调整自己的教学内容和教学方法，从而提高教学质量和教学效果。

专业群教师使用考核评价方式的情况

- 实践技能与理论知识考试结合 94.00%
- 模拟仿真与现场考试结合 30.00%
- 终结性与过程性考试结合 68.00%
- 静态与动态（笔试与口试）结合 20.00%
- 专业考试与能力评估结合 36.00%
- 课程教学考试与职业资格考试结合 44.00%
- 教师评价与学生自评、互评结合 78.00%
- 学校评价与社会、企业评价相结合 36.00%
- 其他 0.00%

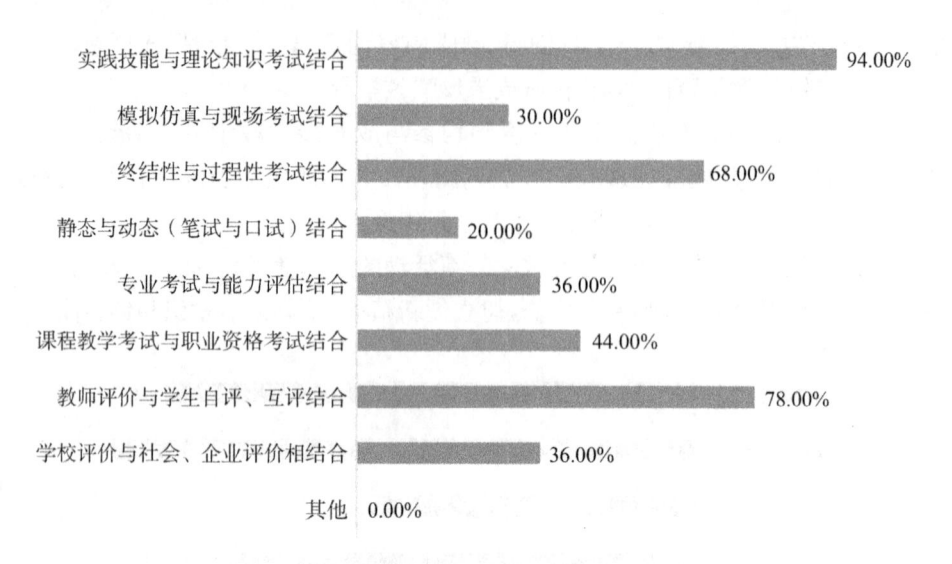

图 3-35　专业群教师使用考核评价方式的情况

（三）满意度

为探究专业群教师、在校生和毕业生对课堂教学的满意度情况，本书分析了被调研教师、在校生和毕业生在教学方法、教学团队、教材、在线教学/网络教学、前沿内容、课时数量、教学安排和课程设置等方面的满意度得分，如图 3-36 所示。

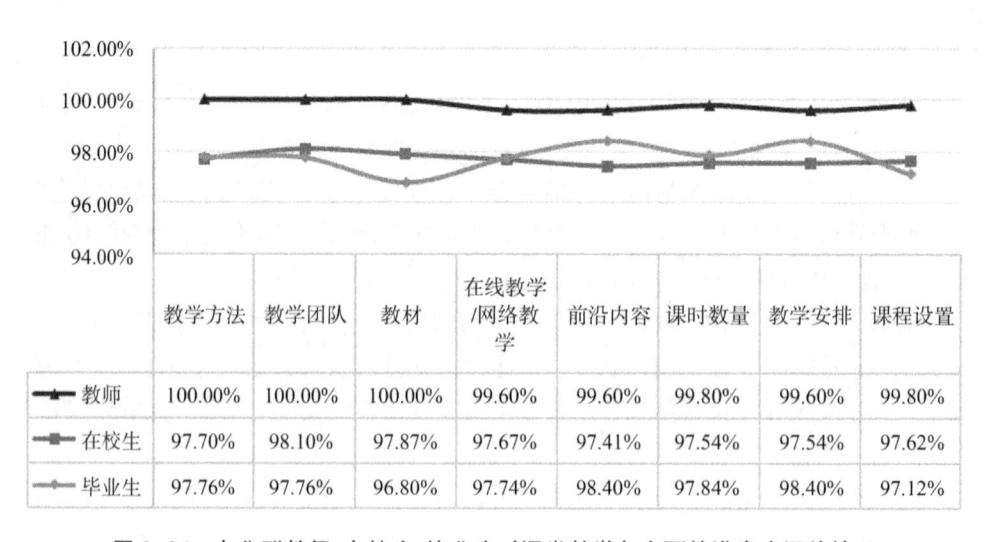

	教学方法	教学团队	教材	在线教学/网络教学	前沿内容	课时数量	教学安排	课程设置
教师	100.00%	100.00%	100.00%	99.60%	99.60%	99.80%	99.60%	99.80%
在校生	97.70%	98.10%	97.87%	97.67%	97.41%	97.54%	97.54%	97.62%
毕业生	97.76%	97.76%	96.80%	97.74%	98.40%	97.84%	98.40%	97.12%

图 3-36　专业群教师、在校生、毕业生对课堂教学各方面的满意度评价情况

调研发现,专业群教师对课堂教学各方面的评价均较高,各方面的满意度得分均超过 99%,其中,得分最高的是教学方法、教学团队和教材,满意度得分均为 100.00%;从在校生维度来看,专业群在校生对课堂教学各方面的评价也很高,专业群在校生满意度得分最高的是教学团队(98.10%),其次是教材(97.87%)和教学方法(97.70%);从毕业生维度来看,毕业生对课堂教学各方面满意度均在 96%以上,其中满意度得分最高的是前沿内容(98.40%)和教学安排(98.40%),其次是课时数量(97.84%)。

不同调研群体的满意度情况综合反映了专业群在课堂教学改革方面取得的显著成效,说明专业群基于全人教育理念,进行教材和教法改革,通过开发新形态教材、实施多样化教法改革,使学生成为课堂的主角,激发学习潜能,提高学习自主性,促进了课堂教学质量的提升。

四、教师教学创新团队

在专业群建设元素中,教师是专业发展的基本保障。要想建设一流的专业群,必须先拥有一支高水平的师资队伍。中共中央办公厅、国务院办公厅印发的《关于深化现代职业教育体系建设改革的意见》指出:"加强'双师型'教师队伍建设。加强师德师风建设,切实提升教师思想政治素质和职业道德水平。依托龙头企业和高水平高等学校建设一批国家级职业教育'双师型'教师培养培训基地,开发职业教育师资培养课程体系,开展定制化、个性化培养培训。实施职业学校教师学历提升行动,开展职业学校教师专业学位研究生定向培养。实施职业学校名师(名匠)名校长培养计划。设置灵活的用人机制,采取固定岗与流动岗相结合的方式,支持职业学校公开招聘行业企业业务骨干、优秀技术和管理人才任教;设立一批产业导师特聘岗,按规定聘请企业工程技术人员、高技能人才、管理人员、能工巧匠等,采取兼职任教、合作研究、参与项目等方式到校工作。"

此外,2022 年 9 月发布的《教育部办公厅关于进一步加强全国职业院校教师教学创新团队建设的通知》指出:创新团队建设是加快职业教育和"双师型"教师队伍高质量发展的有力抓手和重要举措。

学校《中国特色高水平高职学校和专业群建设计划任务书》中关于专业群教师教学创新团队方面提出 2023 年度具体建设任务:以师德师风监督小组为抓手,实现教师党支部的自我监督与优化。进一步优化"党建工作"专题新媒体平台和"党员活动基地",提升平台、基地在党建中的引领作用。党建品牌建设完成,贯彻育人全过程,以此为基础总结提炼典型案例,发表高水平论文、著作 2 篇

(部),申报课题1项,制作一个示范点建设微视频,汇编一本示范点建设成果,在各类媒体宣传报道,在其他院校示范推广。推广校企双向流动"双积分"制度。完成国家级教师教学创新团队模块化结构建设。深化产教融合,改革实习实训模式,引进10～16名企业售后钣喷服务技术骨干,包含能工巧匠1名。持续构建"钻石"结构、引培校企5层次师资20人,企业一线兼职教师比例达到50%,双师比例达到95%。培育具备领袖品质、国际化视野、深厚的汽车产业知识基础的专业群领军人才1名。完成国家级教师教学创新团队建设,建成具有"钻石品质"的汽车产业工匠之师。形成可推广、复制的典型案例1个。

为探究专业群在"教师教学创新团队"方面的建设成效,本书对学校汽车检测与维修技术专业群在建设中的师德师风、教师队伍、教师发展建设以及满意度进行调研和深入分析。

(一)师德师风

1. 师德师风重视度

在教职工对"师德师风"工作的了解情况方面,如图3-37所示,专业群所有参与调研的教职工均表示对"师德师风"相关讲话、论述、政策、原理等有一定了解,其中,表示"非常了解"或"了解"的占比分别为74.51%、23.53%。

可见,专业群对师德师风工作的重视程度很高,专业群通过加强理论武装,增强教职工的育人使命和担当,提高教职工的政治站位。

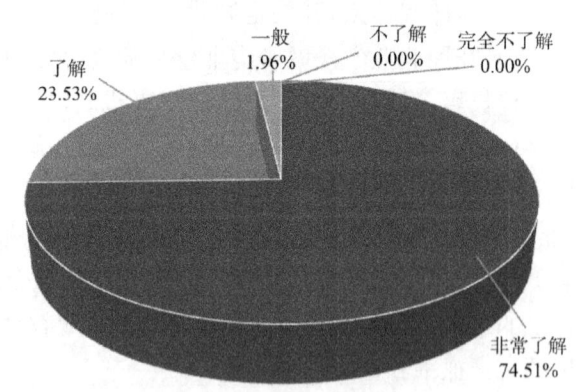

图3-37 专业群教职工对"师德师风"建设活动的了解情况

2. 师德师风活动

在"师德师风"建设活动方面,如图3-38所示,专业群"师德师风"建设活动的形式多样、内容丰富,包括"学习贯彻重要讲话、政策文件以及党的教育方针等方面的活动""强化爱国主义、国家利益、社会责任等方面的活动""遵守社会主义核心价值观、公序良俗、为人师表等方面的活动""致力于潜心育人、立德树人、教学相长、爱护学生等方面的活动""严守学术规范、公平诚信等方面的活动""坚持廉洁自律、遵纪守法、遵守教学纪律等方面的活动"等。

调研发现，专业群中所有参与调研的教职工均参与过一项或多项"师德师风"建设活动，其中，教职工参与最多的是"学习贯彻重要讲话、政策文件以及党的教育方针等方面的活动"（98.04%），其次是"强化爱国主义、国家利益、社会责任等方面的活动"（92.16%）和"遵守社会主义核心价值观、公序良俗、为人师表等方面的活动"（92.16%）。

可见，专业群教职工对"师德师风"各类建设活动的参与积极性很高，表明专业群在全面强化师德师风建设活动上效果显著。

活动类别	比例
学习贯彻重要讲话、政策文件以及党的教育方针等	98.04%
强化爱国主义、国家利益、社会责任等	92.16%
遵守社会主义核心价值观、公序良俗、为人师表等	92.16%
致力于潜心育人、立德树人、教学相长、爱护学生	86.27%
严守学术规范、公平诚信等	80.39%
坚持廉洁自律、遵纪守法、遵守教学纪律等	82.35%
以上都没有	0.00%

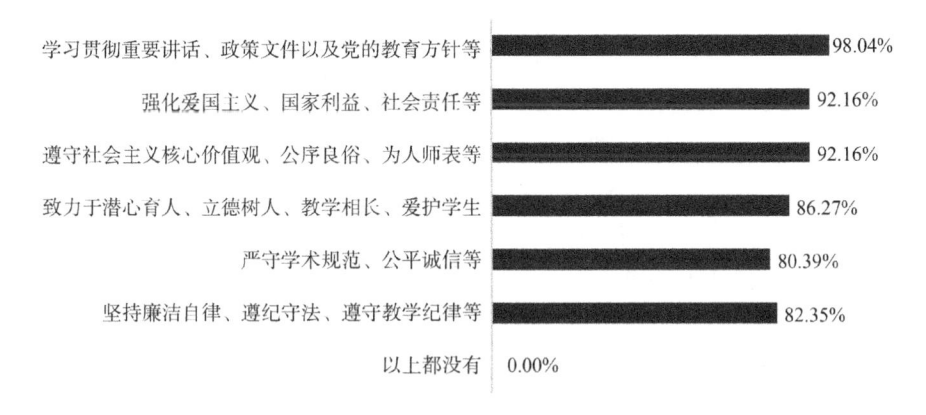

图 3-38　专业群教职工对开展的各类"师德师风"活动的参与情况

在"师德师风"活动参与频度方面，由图 3-39 可知，专业群有 86.28% 的教职工表示"平均每周参加一次"或"平均每月参加一次"。可见，专业群教职工对"师德师风"相关活动的参与频度较高。

3. 师德师风提升度

在教职工"师德师风"提升度方面，如图 3-40 所示，专业群教职工通过积极参与"师德师风"相关活动，其政治性、理想信念、学识业务、创新思维、关爱学生、人格魅力及感召力等方面均得到了一定程度的提升。其中，专业群教职工提升较高的方面是"政治性强，家国情怀"、"理想远大，信念坚定"、"思维深刻，视野广阔"、"关爱学生，引路领航"以及"人格高尚，感召力强"，提升度均为 100.00%，其次是"学识扎实，业务精湛"和"勇于改革，踊跃创新"，提升度均为 99.80%。

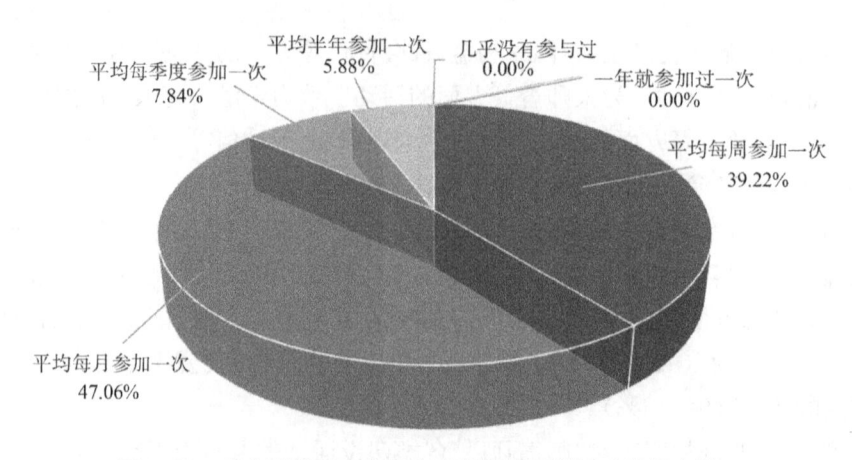

图 3-39　专业群教职工参与各类"师德师风"活动的频度情况

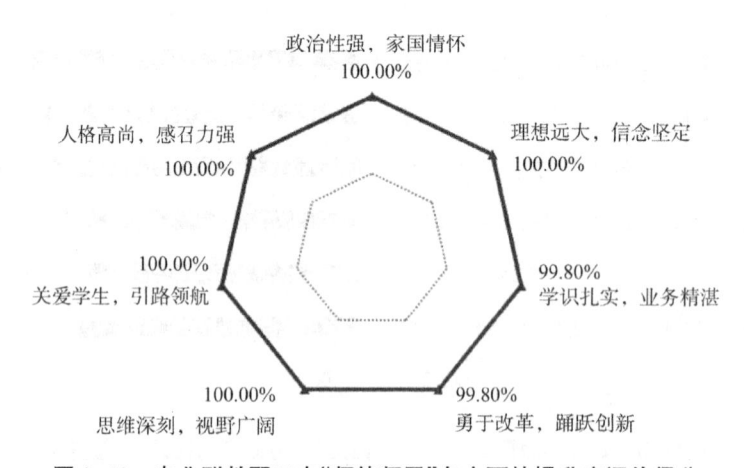

图 3-40　专业群教职工在"师德师风"各方面的提升度评价得分

由此可见,专业群在组织教职员工深入学习和领会习近平总书记关于教育的系列讲话精神,提高政治站位方面取得了很好的成效。教职工通过积极参与各项师德师风建设活动,自身的思想道德修养得到了很大程度的提升。为进一步巩固当前成效,提升教职工的"师德师风",专业群还可建立健全师德建设长效机制,创新师德教育手段,完善师德规范,引导广大教师以德立身、以德立学、以德施教、以德育德,争做"四有好老师"和"四个引路人"。

(二) 教师队伍

1. 团队建设

学校教师团队包括"专业群内老师组成的课程团队""校企合作组建成的双

师队伍""与行业企业领军人才、大师名匠共同组建的团队""多个专业的老师联合组成的课程团队""与企业实际生产、技术人员组成的技术服务团队"等。

由图3-41可知,专业群教师参与比例最高的团队是专业群内老师组成的课程团队(94.00%),其次是校企合作组建成的双师队伍(80.00%)和多个专业的老师联合组成的课程团队(58.00%);从学生维度来看,在校生接触最多的是专业群内老师组成的课程团队(83.73%),其次是校企合作组建成的双师队伍(58.14%)和行业企业领军人才、大师名匠的兼职教师(55.64%)。同时从图3-41中还可看出,专业群师生均对"专业群内老师组成的课程团队"和"校企合作组建成的双师队伍"参与(或接触)较多,表明专业群的教师团队以这些类型为主。

	专业群内老师组成的课程团队	校企合作组建成的双师队伍	行业企业领军人才、大师名匠的兼职教师	多个专业的老师联合组成的课程团队	参与企业实际生产、技术研发等的老师
■ 教职工	94.00%	80.00%	40.00%	58.00%	48.00%
■ 在校生	83.73%	58.14%	55.64%	53.15%	46.85%

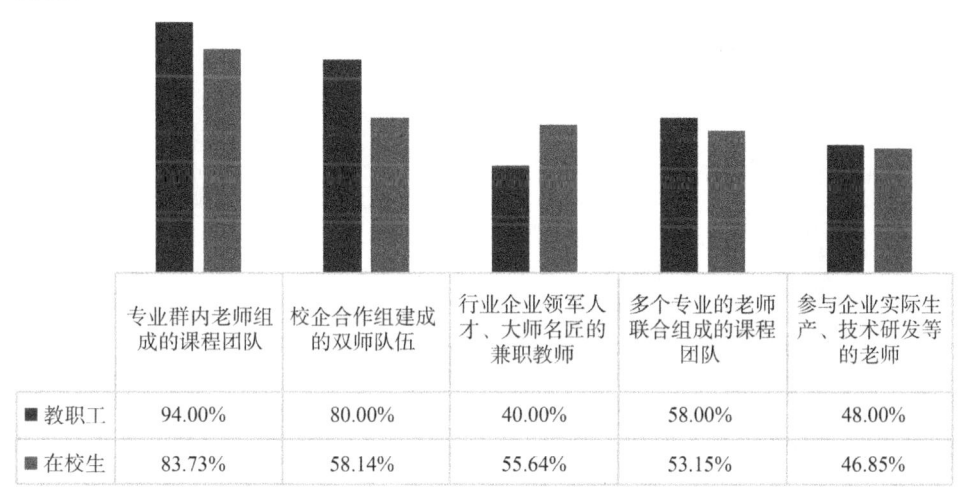

图 3-41　专业群教师参与和在校生接触的各类教师团队的比例

2. 教学能力水平评价

在教师课堂教学能力方面,如图 3-42 所示,专业群有 98.00%的教师、88.25%的在校生、93.55%的毕业生都认可专业群教师的教学能力水平,其中 66.00%的教师、51.92%的在校生、67.74%的毕业生认为其教学能力"非常高"。这表明专业群的教师队伍的教学能力水平很高,得到了师生的高度认可,能够有效保障课堂教学质量。

在教师专业技术水平方面,如图 3-43 所示,专业群有 98.00%的教师、88.65%的在校生、93.60%的毕业生都认可专业群教师的专业技术水平,其中 64.00%的教师、51.58%的在校生、67.20%的毕业生认为其专业技术水平"非常高"。可见,专业群教师的专业技术水平整体很高,得到了师生的一致认可。

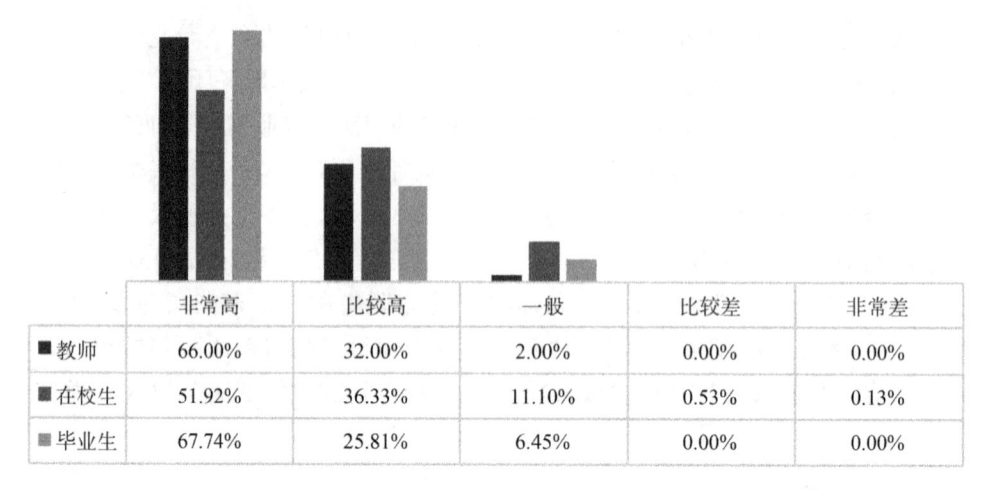

	非常高	比较高	一般	比较差	非常差
■教师	66.00%	32.00%	2.00%	0.00%	0.00%
■在校生	51.92%	36.33%	11.10%	0.53%	0.13%
■毕业生	67.74%	25.81%	6.45%	0.00%	0.00%

图 3-42 专业群师生对教师课堂教学能力的评价情况

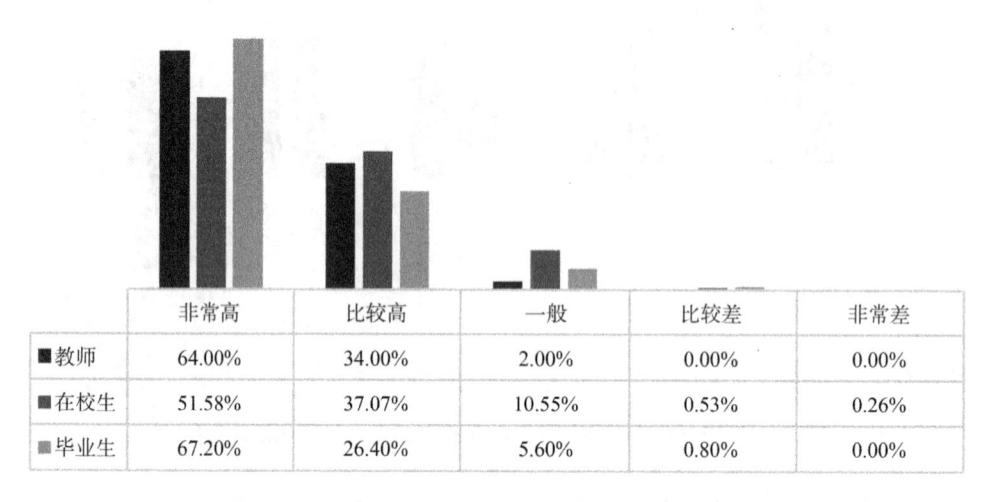

	非常高	比较高	一般	比较差	非常差
■教师	64.00%	34.00%	2.00%	0.00%	0.00%
■在校生	51.58%	37.07%	10.55%	0.53%	0.26%
■毕业生	67.20%	26.40%	5.60%	0.80%	0.00%

图 3-43 专业群师生对教师专业技术水平的评价情况

（三）教师发展

1. 教学技能提升

在教师教学技能提升方面，学校开展了"教学能力培训或研修""教学研讨或工作坊""模拟教学或课堂录像""听公开课或观摩教学""共同开发教学工具""信息化素养提升"等多类教学技能提升活动。

如图 3-44 所示，专业群中所有参加调研的教师均参与过一类或多类教学技能提升活动，其中，教师参与比例最高的是教学能力培训或研修（96.00%），其次

教学能力培训或研修	96.00%
教学研讨或工作坊	80.00%
模拟教学或课堂录像	56.00%
听公开课或观摩教学	86.00%
共同开发教学工具	36.00%
信息化素养提升	68.00%
以上都没参加过	0.00%

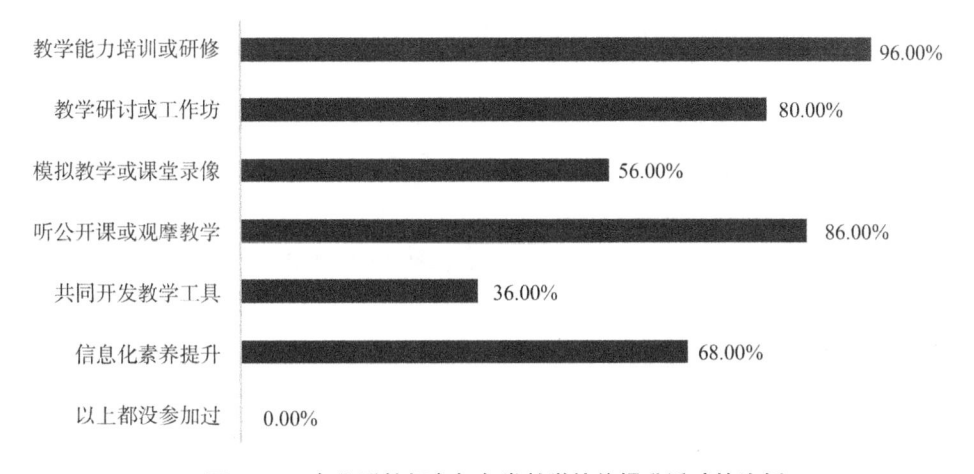

图 3-44 专业群教师参与各类教学技能提升活动的比例

是听公开课或观摩教学(86.00%)和教学研讨或工作坊(80.00%)。这充分表明专业群在开展教师培养培训、加强团队教师能力建设方面做出了切实的努力,且教师对提升教学技能的积极性很高。

2. 服务能力提升

在教师服务能力提升方面,学校开展了"服务企业的技术研发和产品升级""创新成果与核心技术的产业转化""与地方政府、产业园区、行业共建产教融合平台""校企共同研发、推广技术标准""承接企业真实生产项目"等技术服务能力发展活动。

如图 3-45 所示,专业群中 94.00% 的教师都参与过一项或多项这些活动,其中,教师参与比例最高的是"服务企业的技术研发和产品升级"方面的活动

服务企业的技术研发和产品升级	70.00%
创新成果与核心技术的产业转化	38.00%
与地方政府、产业园区、行业共建产教融合平台	44.00%
校企共同研发、推广技术标准	58.00%
承接企业真实生产项目	50.00%
以上都没参与过	6.00%

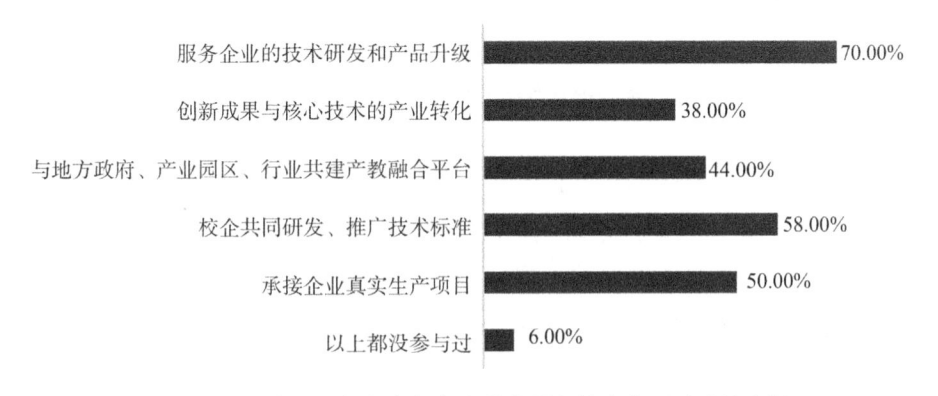

图 3-45 专业群教师参与各类技术服务能力发展活动的比例

(70.00%),其次是"校企共同研发、推广技术标准"方面的活动(58.00%)和"承接企业真实生产项目"方面的活动(50.00%)。

由此可见,专业群教师参与各类技术服务能力发展活动的积极性较高,专业群在教师教学服务能力提升方面的工作成效较为显著。

3. 职业发展活动

专业群为教师提供了"企业兼职""社会挂职锻炼""国际交流学习""职业发展咨询"等职业发展机会。

在职业发展活动参与方面,如图 3-46 所示,专业群中 98.00% 的教师都参与过一项或多项以上职业发展活动,其中教师参与比例最高的是企业兼职(68.00%),其次是社会挂职锻炼(54.00%)和职业发展咨询(38.00%)。

这表明,专业群为教师提供了多样化的职业发展机会,建立健全教师职前培养、入职培训和在职研修体系,提升教师的教学、科研和技术技能水平,促进教师职业发展,教师参与职业发展活动的积极性也较高,尤其是在企业兼职方面。

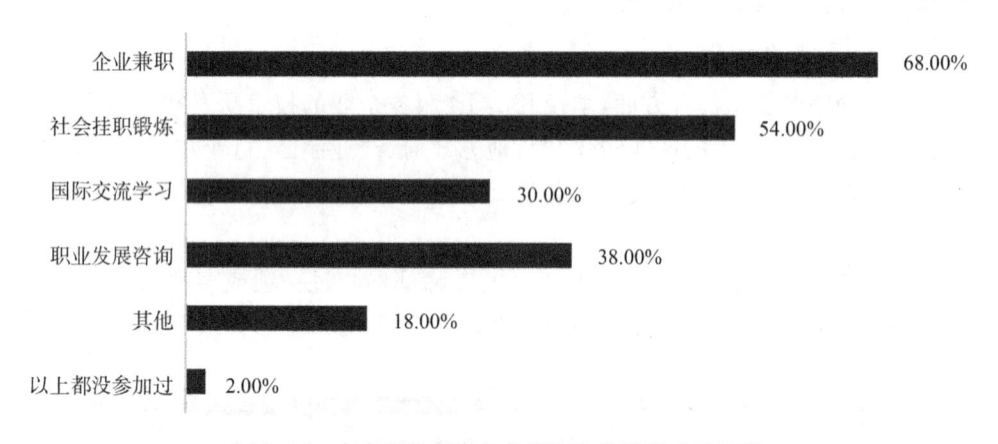

图 3-46 专业群教师参与各类职业发展活动的比例

4. 教师培训机构

在教师培训机构及平台方面,学校为教师提供了多种培训平台以提升教师教学水平,包括"校内教师发展中心""企业教师实践基地、流动站""教师国培基地""校企共建的'双师型'教师培养培训基地"等,此外还开展过教师"网上培训"活动。

由图 3-47 可知,专业群中所有参与调研的教师都参与过一项或多项以上活动,其中教师参与比例最高的是校内教师发展中心(94.00%),其次是网上培训

(84.00%)和企业教师实践基地、流动站(74.00%)。

可见,专业群为教师提供了多元化、多层次的职业发展平台,提升教师的教育教学理论、专业技术水平和实践技能,专业群教师积极参与学校举办的各类教师培训活动,利用各种途径提高自身的专业素养和教育教学水平。

培训机构	参与比例
校内教师发展中心	94.00%
企业教师实践基地、流动站	74.00%
教师国培基地	62.00%
校企共建的"双师型"教师培养培训基地	66.00%
网上培训	84.00%
以上都没有	0.00%

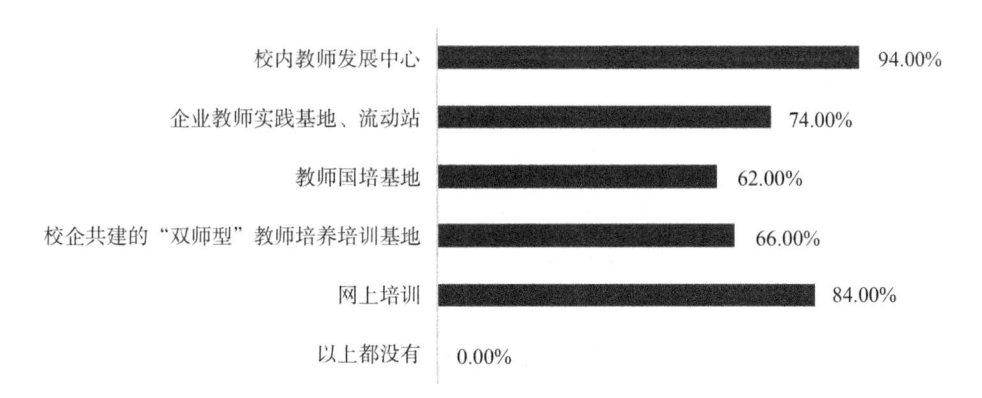

图 3-47　专业群教师对各类教师培训机构培训活动的参与比例

5. 教学能力提升方式

在教师教学能力提升方式方面,教师提升途径丰富,包括"自己参加培训或自学""和本专业/教研室的老师们共同研讨""参加全国同领域的学术共同体活动""在本专业常规教学活动中做了安排"等多种方式。

由图 3-48 可知,专业群中所有参与调研的教师都表示利用某种方式提升了自身的教学能力,其中,有 94.00% 的教师通过"自己参加培训或自学"提升个人教学能力或者"和本专业/教研室的老师们共同研讨"来提升个人教学能力,66.00% 的教师通过"参加全国同领域的学术共同体活动"来提升个人教学能力。

自己参加培训或自学	94.00%
和本专业/教研室的老师们共同研讨	94.00%
参加全国同领域的学术共同体活动	66.00%
在本专业常规教学活动中做了安排	56.00%
以上都没参加过	0.00%

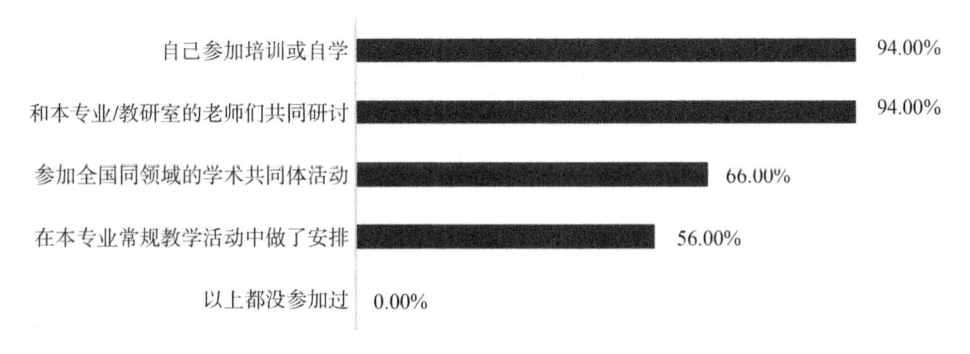

图 3-48　专业群教师提升个人教学能力的方式占比

由此可见，专业群教师对教学能力提升的积极性很高，且以"自己参加培训或自学"以及"和本专业/教研室的老师们共同研讨"为主。

6. 职业评价活动

在职业评价活动方面，专业群教师接受过的各类职业评价活动比较丰富，包括"培训学时达标""职业资格考试""教学准入考核""师德师风评价""职业倦怠测评"等多种活动。

由图3-49可知，专业群中所有参与调研的教师都表示接受过一项或多项的职业评价活动，其中，有92.00%的教师接受过"培训学时达标"活动，86.00%的教师接受过"师德师风评价"活动，80.00%的教师接受过"职业资格考试"活动。

由此可见，专业群教师接受过多项职业评价活动，学校职业评价活动方面的工作开展质量较高，举办教师职业评价活动可以加强教师职业道德建设，不断提高思想政治素质和职业道德水平。

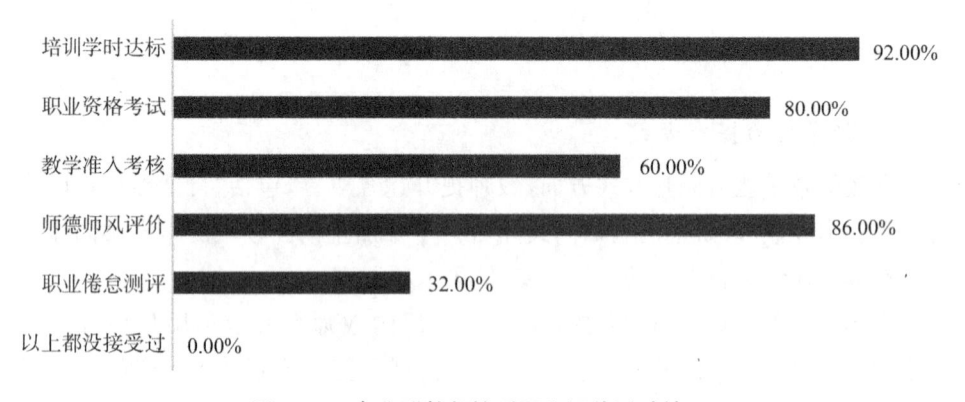

图3-49 专业群教师接受职业评价活动情况

7. 科研能力提升

(1) 科研活动参与度

在科研活动方面，学校开展了多种类型的科研活动，主要包括"横向/纵向科研课题""内部学术研讨/学术交流""校际/学术组织的学术会议""行业企业的技术攻关"等，本书调研了专业群教师对各类科研活动的参与情况，如图3-50所示。

调研发现，专业群中所有参与调研的教师都参与过科研活动，其中，教师参与比例最高的是"横向/纵向科研课题"(98.04%)和"内部学术研讨/学术交流"(82.35%)。由此可见，专业群教师参与各类科研活动的比例整体很高，参与积极性强。但在"校际/学术组织的学术会议""行业企业的技术攻关"方面，教师的参与比例较低。专业群可通过定向引导，提高教师的参与积极性，从而保障教师通过科研工作站稳产业技术前沿。

科研活动	比例
内部学术研讨/学术交流	82.35%
横向/纵向科研课题	98.04%
行业企业的技术攻关	41.18%
校际/学术组织的学术会议	52.94%
上述均未参加过	0.00%

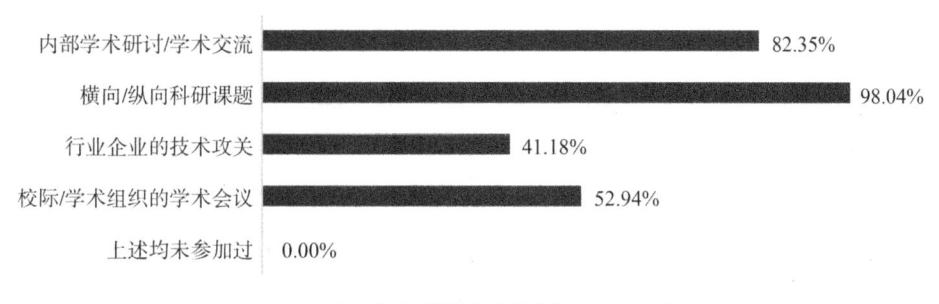

图 3-50　专业群教师科研活动参与情况

（2）科研能力提升需求

教师的科研能力包含了多个方面，包括"科技研发/技术创新能力""研究论文/科研报告的撰写能力""科研成果转化能力""文献检索/收集能力""社会服务能力""信息加工/整合/总结能力""科研成果反哺教学能力""团队合作/沟通/交流等非专业能力"。为探究专业群教师在各项能力上的掌握程度以及需求程度，为专业群制定提高科研水平的具体措施提供数据参考，本书调研分析了教师认为其在科研工作中需提升的能力，具体如图 3-51 所示。

能力	比例
文献检索/收集能力	58.82%
信息加工/整合/总结能力	50.98%
科技研发/技术创新能力	78.43%
研究论文/科研报告的撰写能力	66.67%
社会服务能力	43.14%
科研成果转化能力	58.82%
科研成果反哺教学能力	62.75%
团队合作/沟通/交流等非专业能力	35.29%
其他	1.96%

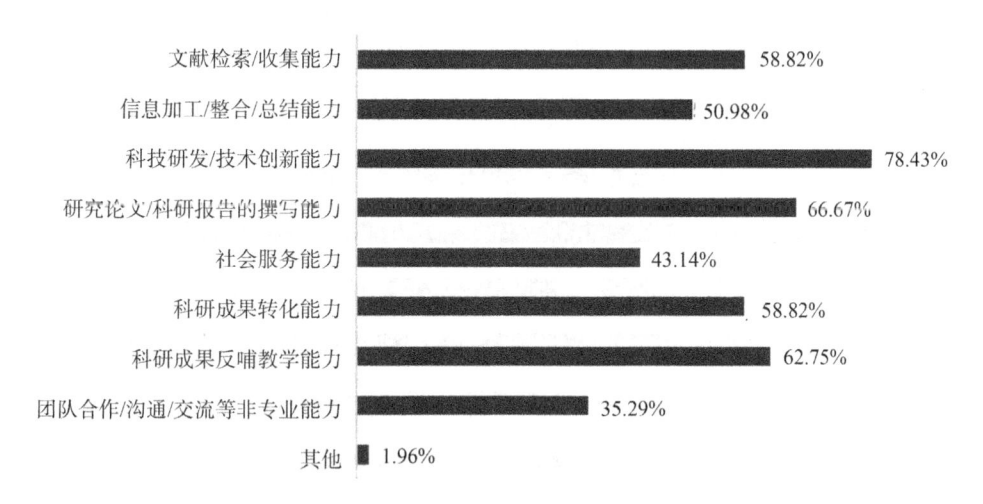

图 3-51　专业群教师对各项科研能力的提升需求情况

调研发现，专业群有 78.43% 的教师认为其"科技研发/技术创新能力"需要提升，66.67% 的教师认为其"研究论文/科研报告的撰写能力"需要提升，62.75% 的教师认为其"科研成果反哺教学能力"需要提升。专业群可针对不同类型的教师科研能力发展需要,设定培养目标,制订培养计划,开设相对应的成长坊,提高教师科研能力,系统化培养高水平师资队伍。

(3) 科研能力提升影响因素

影响教师科研能力提升的因素包括"科研能力的培训和指导""学校对教师的科研管理和考核""科研意识和意愿""国家对教师的科研要求""职称晋升需要""日常教学实际需要"等。为有效提升教师团队教科研能力,除了明确教师的科研能力提升需求外,还须深入探究驱动教师主动或被动提升其科研能力的关键因素。因此,本书调研分析了专业群教师认为对其科研能力提升影响最大的因素占比情况,具体如图 3-52 所示。

调研发现,专业群有 74.51% 的教师认为"科研意识和意愿"对其科研能力的提升影响较大,64.71% 的教师认为"学校对教师的科研管理和考核"对其科研能力的提升影响较大,62.75% 的教师认为"科研能力的培训和指导"对其科研能力的提升影响较大。

由此可见,专业群中超过七成的教师认为自身的科研意识和意愿对其科研能力提升影响较大,说明专业群教师对所从事的研究工作要具有一定的主观能动性,这在科研活动中尤为重要;此外大部分的教师还认为"科研能力的培训和指导"以及"学校对教师的科研管理和考核"这类外部因素对其科研能力提升影响也较大。专业群建设过程中建立了分类培养体系,同时创新了多元综合考评,完善了考核激励机制,这有助于提高教师参与科研活动的积极性,从而提升专业群的团队教科研能力。

国家对教师的科研要求	54.90%
学校对教师的科研管理和考核	64.71%
科研能力的培训和指导	62.75%
科研意识和意愿	74.51%
日常教学实际需要	56.86%
职称晋升需要	52.94%
其他	3.92%

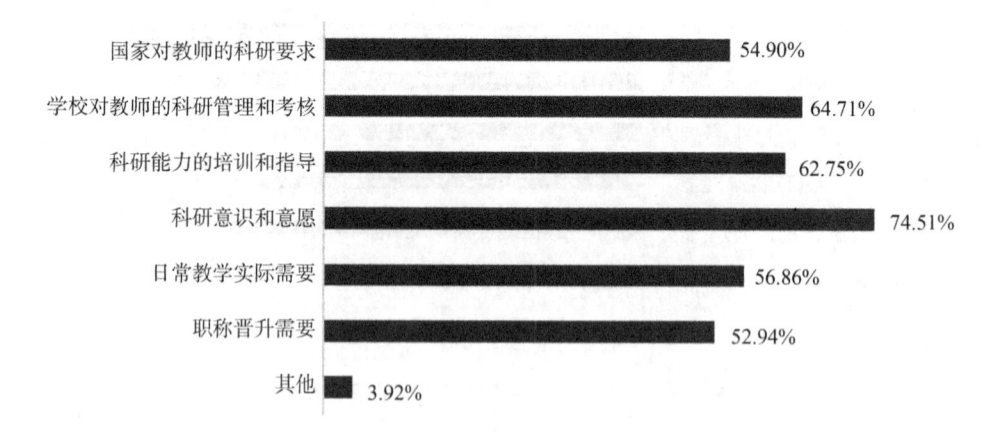

图 3-52 影响专业群教师科研能力提升的因素

(4) 科研对教学的影响

科研工作对教学的积极影响包括"将产业新成果、新技术、新业态等引入教学内容""吸收、应用先进的教育理念和教育方法""为带领学生共同开展研究工作提供内容和机会""为学生的学业发展/职业发展提供方向性指导""为学生营造良好的科研和学习氛围"等。

图 3-53 是专业群教师对科研工作各方面影响的看法,由图可知,专业群有 82.35% 的教师认为科研工作可以将"产业新成果、新技术、新业态等引入教学内容",76.47% 的教师认为科研工作可以让教学内容"吸收、应用先进的教育理念和教育方法";同时,72.55% 的教师认为科研工作可"为学生营造良好的科研和学习氛围",70.59% 的教师认为科研工作可"为带领学生共同开展研究工作提供内容和机会",68.63% 的教师认为科研工作可"为学生的学业发展/职业发展提供方向性指导"。

由此可见,专业群教师对科研的评价较高,超过七成的教师肯定了科研工作在教学内容、教学方法、研究工作、科研和学习氛围改进中的积极作用。同时,还有超过六成的教师肯定了科研工作在学业发展/职业发展方向方面带给学生的积极影响。

将产业新成果、新技术、新业态等引入教学内容	82.35%
吸收、应用先进的教育理念和教育方法	76.47%
为带领学生共同开展研究工作提供内容和机会	70.59%
为学生营造良好的科研和学习氛围	72.55%
为学生的学业发展/职业发展提供方向性指导	68.63%
其他	1.96%

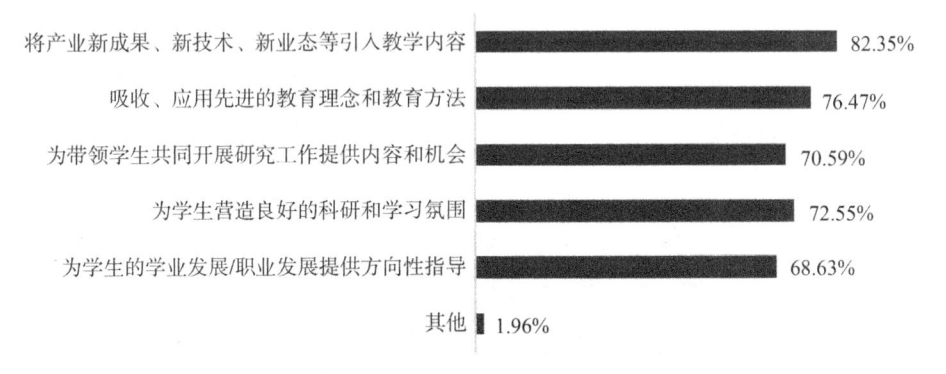

图 3-53 专业群教师认为科研工作具备的各类积极影响占比

(5) 教学科研氛围

在教师对专业群总体教学科研氛围评价方面,如图 3-54 所示,超过九成的教师认为学校的总体教学科研氛围"非常好"或"比较好",总体教学科研氛围的评价得分[①]为 90.20%,由此可见,专业群科研氛围整体较好。

专业群可对教师的科研工作提供进一步支持,通过拓展各类科研项目渠道、

---

① 总体教学科研氛围的评价得分由根据对教师不同评价程度占比加权平均计算所得,下文同。

开展各类科研能力的专项培训等方式,重点提升教师的科研参与积极性和科研能力,营造良好的校内科研氛围,夯实学校科研基础、提升科研水平。

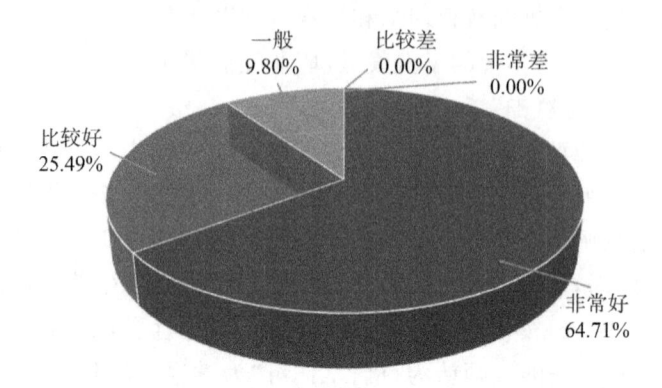

图 3-54　专业群教师对总体教学科研氛围评价情况

(四) 满意度

1. 师德师风满意度

在"师德师风"建设工作的满意度方面,如图 3-55 所示,专业群教职工对"师德师风"建设相关活动的满意度得分为 98.04%。可见,专业群教职工对"师德师风"建设相关活动的满意度很高,表明专业群的"师德师风"建设成效较高,赢得了教职工的高度认可。

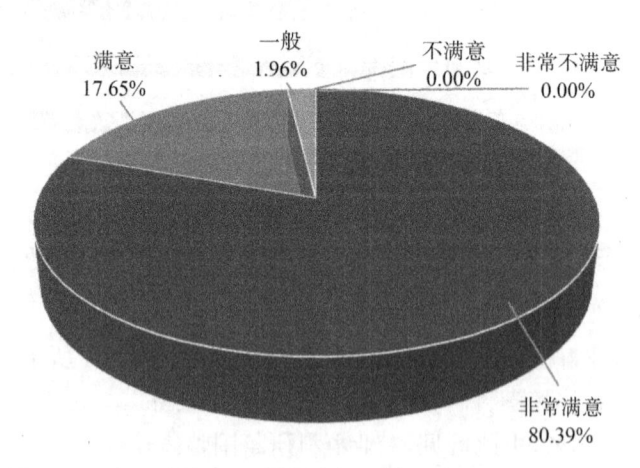

图 3-55　专业群教职工对"师德师风"建设相关活动的满意情况

同时,本书还分析了学生对教职工在政治性、理想信念、学识业务、创新思

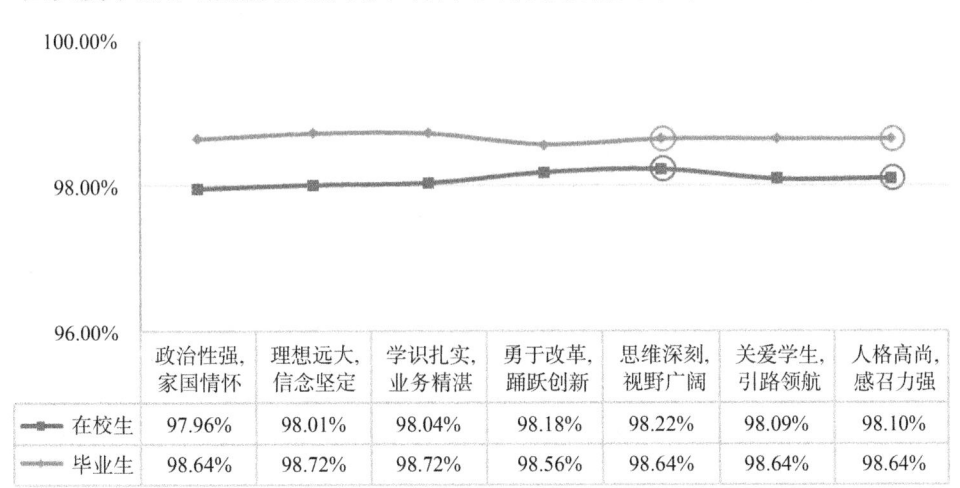

维、关爱学生、人格魅力及感召力等方面的满意度情况,如图 3-56 所示。

	政治性强,家国情怀	理想远大,信念坚定	学识扎实,业务精湛	勇于改革,踊跃创新	思维深刻,视野广阔	关爱学生,引路领航	人格高尚,感召力强
在校生	97.96%	98.01%	98.04%	98.18%	98.22%	98.09%	98.10%
毕业生	98.64%	98.72%	98.72%	98.56%	98.64%	98.64%	98.64%

图 3-56　专业群学生对"师德师风"建设各方面的满意度评价情况

调研发现,专业群学生对教职工"师德师风"各方面的评价均较高。其中,在校生满意度最高的是"思维深刻,视野广阔"(98.22%),其次是"勇于改革,踊跃创新"(98.18%)和"人格高尚,感召力强"(98.10%);毕业生满意度评价最高的是"理想远大,信念坚定"和"学识扎实,业务精湛",满意度得分均为 98.72%,其次是"政治性强,家国情怀"、"思维深刻,视野广阔"、"关爱学生,引路领航"和"人格高尚,感召力强",满意度得分均为 98.64%,此外"勇于改革,踊跃创新"方面的满意度得分为 98.56%。

图 3-56 中用"○"圈出的数据表示专业群在校生、毕业生评价均较高的方面,表明专业群在该方面表现突出,成效很好。由图可知,专业群在校生和毕业生均对教职工"思维深刻,视野广阔"和"人格高尚,感召力强"方面满意度较高,表明这是专业群"师德师风"建设成效较好的方面。

学生对教师"师德师风"各方面的较高评价说明专业群教职工做到了以身作则,能够为学生的成长提供示范,促进学生德智体美劳全面发展,得到了学生的一致认同,也进一步表明专业群"师德师风"建设成效很好。

2. 教师发展满意度

在教师发展工作的满意度方面,如图 3-57 所示,专业群教师对各方面的满意度均超过 99%。其中,满意度得分最高的是教学技能提升、职业发展活动和职业评价活动,满意度得分均为 99.80%。这表明专业群在教师发展工作上成效显著,专业群教师对各类发展活动的满意度均很高,通过参与各类教师发展活动,自身的教学技能、专业技能、信息化素养等均得到了较高程度的提升。

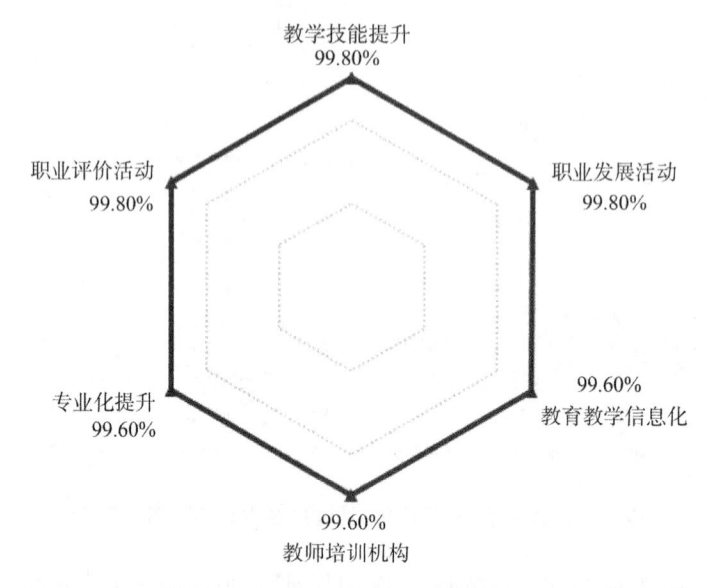

图 3-57 专业群教师对教师发展工作的满意度评价得分

3. 支持条件满意度

在支持条件的满意度方面,如图 3-58 所示,专业群教师对学校工作环境、资源支持、行政服务的满意度得分均超过 99%,教师对资源支持的满意度得分最高,为 100.00%,其次是工作环境和行政服务,满意度得分分别为 99.80%、99.61%。由此可见,专业群所提供的各类资源丰富,基础设施完善,专业群教师的满意度较高。

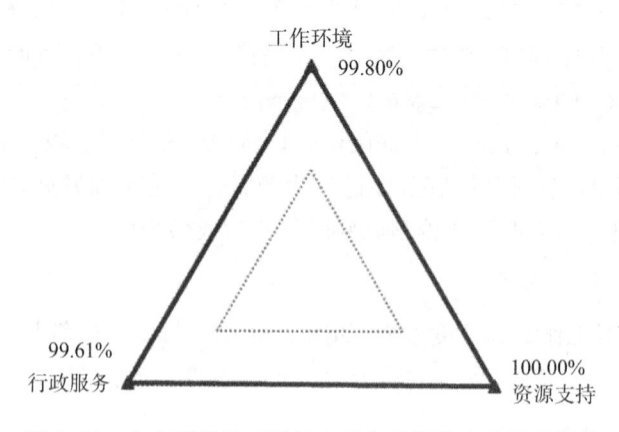

图 3-58 专业群教师对学校支持条件的满意度评价得分

4. 教师团队建设质量满意度

在教师团队的建设质量方面,如图3-59所示,专业群家长对教师的教学能力水平、教学态度、公正性、责任心、创新性的满意度得分均超过97%,其中对公正性的满意度最高,满意度得分为98.02%,其次是教学能力水平和责任心,满意度得分分别为97.65%、97.51%。由此可见,专业群在"教师教学创新团队"建设方面成效显著,得到了家长的高度认可。

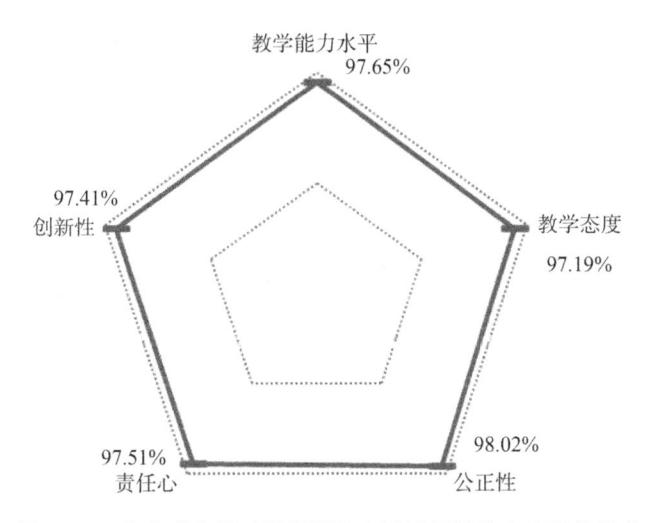

图3-59 专业群家长对教师团队建设质量的满意度评价得分

五、实践教学基地

实践教学基地是对专业群学生进行专业岗位技术技能培训与鉴定的实践教学单位,是实现高等职业教育目标的重要条件之一,其教学基础设施与工作状况直接影响专业群的教学质量与教学水平。2020年教育部办公厅、工业和信息化部办公厅印发的《现代产业学院建设指南(试行)》中就写明了实践教学基地应"基于行业企业的产品、技术和生产流程,创新多主体间的合作模式,构建基于产业发展和创新需求的实践教学和实训实习环境。统筹各类实践教学资源,充分利用科技产业园、行业龙头企业等优质资源,构建功能集约、开放共享、高效运行的专业类或跨专业类实践教学平台。通过引进企业研发平台、生产基地,建设一批兼具生产、教学、研发、创新创业功能的校企一体、产学研用协同的大型实验、实训实习基地"。

学校《中国特色高水平高职学校和专业群建设计划任务书》中对专业群实践教学基地方面提出2023年度具体建设任务:将基地扩展为集"育、训、赛"为一体的示范性区域共享型产教融合基地。完善校企共建生产性实训基地的运行和管理模式,并向外推广。积极承办国家级技能大赛。建设理实一体智慧教室10个。建设校外实训基地信息化管理平台。提高校外基地的管理质量,确保专业群人才培养方案实施,扩展共享服务范围。形成校企"双导师制"制度典型案例,在同类院校推广。新增校外实训基地10个。

为探究专业群在"实践教学基地"方面的建设成效,本报告对学校汽车检测与维修技术专业群在建设中的基地参与度、实训基地活动类型以及满意度进行调研和深入分析。

(一) 基地参与度

在实践教学基地参与度情况方面,如图3-60所示,专业群中所有参与调研的教师都在专业群的实训基地中从事过相关工作;同时,从在校生维度可知,专业群中79.92%的在校生都在专业群的实训基地中接受过实习实训培训。

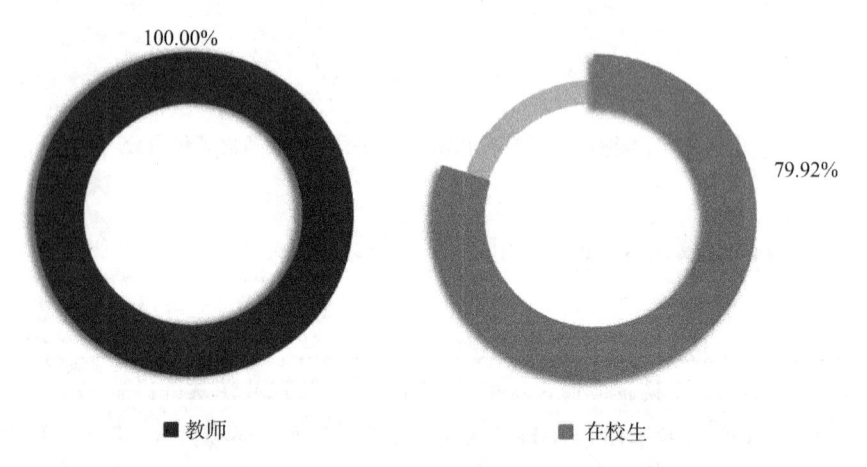

图3-60 专业群教师、在校生在实训基地的实习实训参与度情况

由此可见,专业群建设的高水平校内产教融合实训基地已被有效应用于生产实践、教学、科研、实习等活动,支撑了学校的教育教学改革,有效提升了学生的动手操作能力与技术技能水平,实现了产教深度融合。

(二) 实训基地活动类型

在实训基地中开展的活动类型方面,如图3-61所示,有98.00%教师认为实训基地用于开展实训教学,68.00%的教师认为用于开展社会培训、技术服务。

可见,专业群坚持专业群共享、校企多方共用理念,遵循产教融合、服务产业升级的要求,依托校内外实训基地,联合龙头企业,建成集实践教学、科技攻关、技能培训、创新创业功能于一体的产教融合实训基地,且教师在实训基地中从事的活动类型丰富。

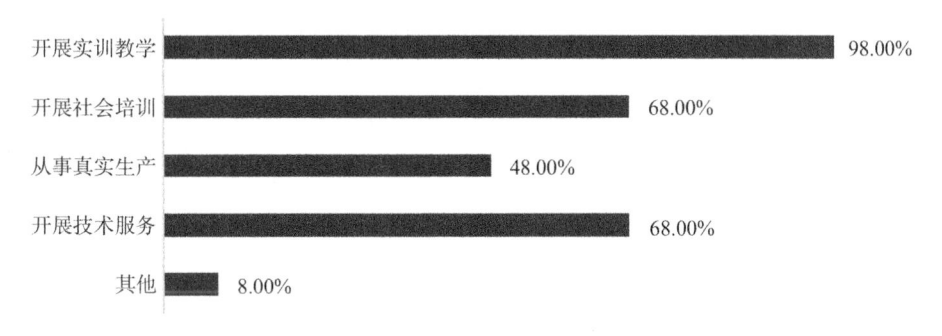

图 3-61 专业群教师在实训基地开展的各类活动占比

- 开展实训教学 98.00%
- 开展社会培训 68.00%
- 从事真实生产 48.00%
- 开展技术服务 68.00%
- 其他 8.00%

(三)满意度

在基地建设满意度方面,如图 3-62 所示,从教师维度上看,专业群教师对实训基地建设的满意度得分为 99.80%;从企业维度来看,参与调研的企业人员对实训基地建设的满意度得分为 99.81%。

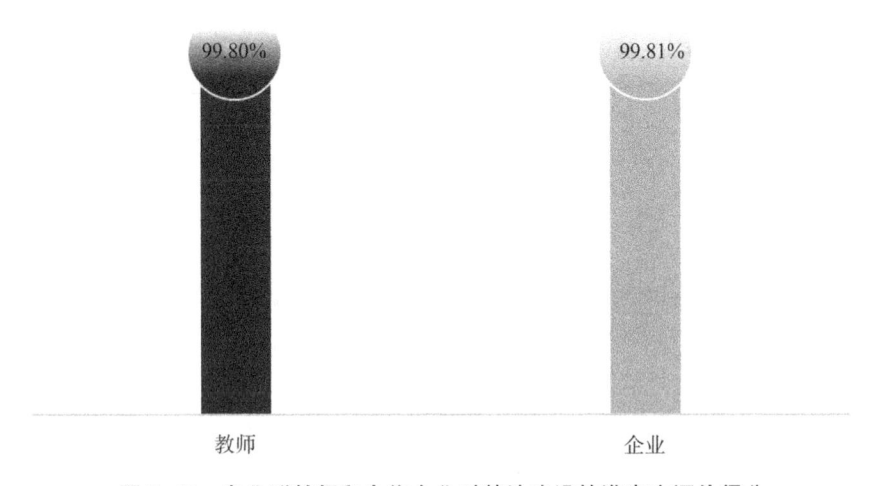

图 3-62 专业群教师和合作企业对基地建设的满意度评价得分

- 教师 99.80%
- 企业 99.81%

由此可见,专业群的实训基地建设成效很好,教师和合作企业的满意度均很此外,专业群在校生对实习实训各方面的满意度情况如图 3-63 所示,专业群在校生对实习实训各方面的满意度均超过 97%。其中,满意度得分最高的是实训教师帮助指导,得分为 97.50%,其次是实训任务的实用性和实训期间学生管理,满意度得分分别为 97.43%、97.40%。

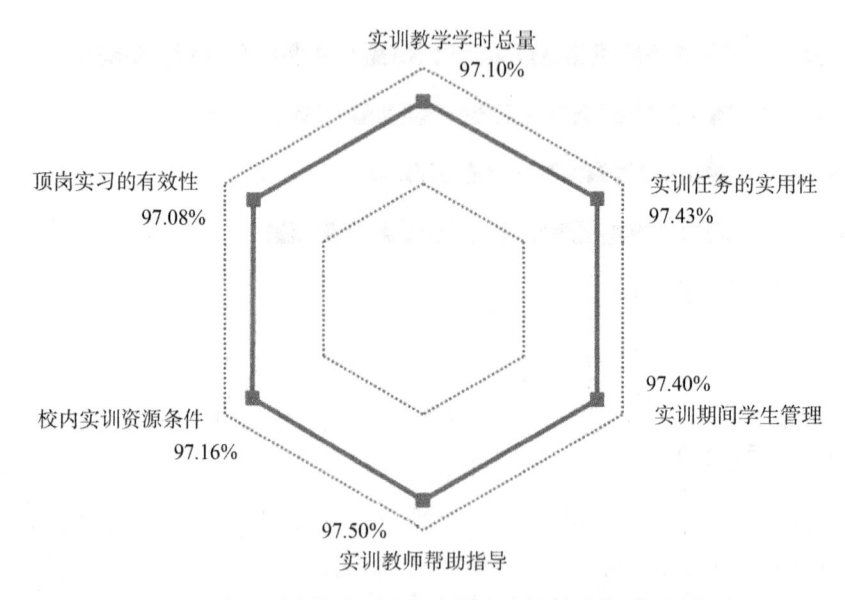

图 3-63 专业群在校生对实习实训各方面的满意度评价得分

专业群家长对学生实习实训各方面的满意度情况如图 3-64 所示,专业群学生的家长对学生实习实训各方面的满意度均超过 95%。其中,满意度得分最高

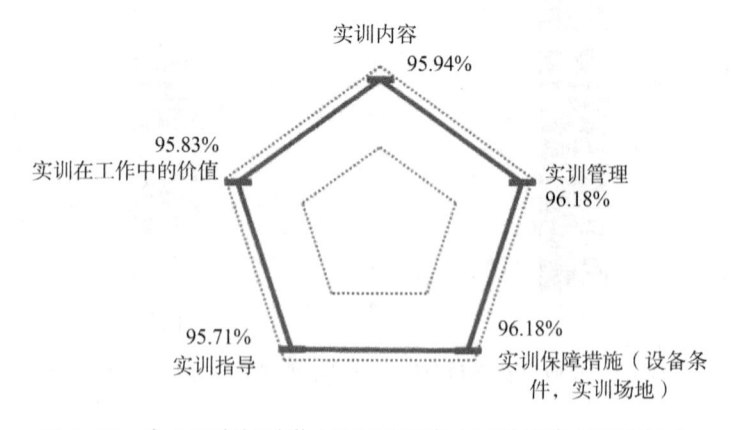

图 3-64 专业群家长对学生实习实训各方面的满意度评价得分

的是实训管理和实训保障措施(设备条件,实训场地),得分均为 96.18%,其次是实训内容,满意度得分为 95.94%。由此可见,专业群在学生实习实训的保障工作方面成效显著,家长、学生对实习实训各方面的满意度都很高,学生通过参加实习实训,培养了自身的实践能力和职业技能。

六、技术技能平台

2022 年 12 月中共中央办公厅、国务院办公厅印发的《关于深化现代职业教育体系建设改革的意见》提出:"打造行业产教融合共同体……支持龙头企业和高水平高等学校、职业学校牵头,组建学校、科研机构、上下游企业等共同参与的跨区域产教融合共同体,汇聚产教资源,制定教学评价标准,开发专业核心课程与实践能力项目,研制推广教学装备……建设技术创新中心,支撑高素质技术技能人才培养,服务行业企业技术改造、工艺改进、产品升级。"

专业群要在提高人才培养质量的基础上,积极融入区域性创新生态系统,将专业群打造成区域性技术技能积累的中心。校企共建基于专业群的技术技能平台,吸纳行业骨干企业和中小微企业参与,在服务企业技术进步和技术创新等方面有所作为,协助解决企业技术难题,助力企业提高生产效益,增强企业活力和竞争力,使校企双方在服务过程中都获得价值提升。

学校《中国特色高水平高职学校和专业群建设计划任务书》中对专业群技术技能平台方面提出 2023 年度具体建设任务:完善各平台文化建设和运行管理机制等内涵建设。联合技术技能创新平台企业申报省级以上科研项目 6 项,发明专利 1 项。专利转让数 2 个。入选全国技术技能平台优秀典型案例 1 个。打造国家级技术技能创新平台。形成工作室培养高端技能人才的典型经验。完成工作室文化建设与运行管理机制等内涵建设。形成工作室典型案例 1 套。举办未来汽车概念创意设计大赛,输出高质量创意 3 个。举办科技文化节 1 次。孵化创新项目 2 项。形成创新创业人才培养典型案例。获取省级以上创新创业大赛奖项 1 项。

为探究专业群在"技术技能平台"方面的建设成效,本报告对学校汽车检测与维修技术专业群在建设中的平台建设、平台服务建设以及满意度进行调研和深入分析。

(一)平台建设

在平台建设参与度方面,如图 3-65 所示,有 41.82% 的企业人员表示所在企业与专业群开展了技术技能合作,这表明专业群在技术技能平台建设方面采取了有效的行动,联合企业共同打造高水平技术技能服务平台,但还需要与企业进行更加紧密、更为有效的合作,提高企业参与技术技能平台打造的积极性,促进校企深度合作,实现共赢。

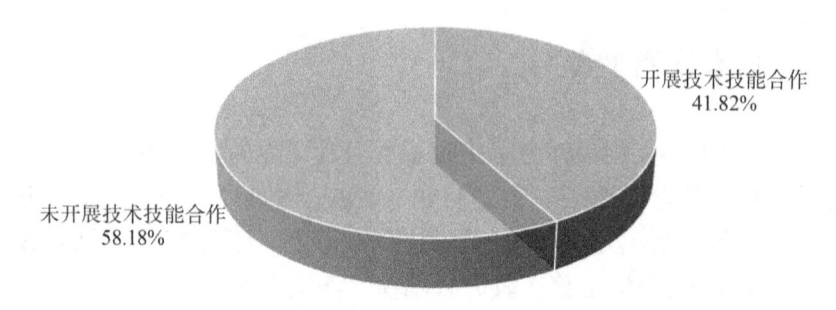

图 3-65　企业与专业群开展技术技能合作的比例

(二)平台服务

在技术技能平台服务方面,学校为行业企业提供的服务类型较为丰富,包括"服务企业的技术研发和产品升级"、"创新成果与核心技术的产业转化"、"与地方政府、产业园区、行业共建产教融合平台"、"校企共同研发、推广技术标准"和"承接企业真实生产项目"等。

如图 3-66 所示,专业群中 94.00% 的教师都参与过一项或多项服务活动。其中,教师参与比例最高的是服务企业的技术研发和产品升级(70.00%),其次是校企共同研发、推广技术标准(58.00%)和承接企业真实生产项目(50.00%)。

从企业维度来看,所有参与调研的企业人员表示所在企业都接受过专业群开展的一项或多项技术技能服务。其中,企业接受比例最高的是服务本单位的技术研发和产品升级(86.96%),其次是为本单位提供创新成果与核心技术的产业转化服务(52.17%)和与本单位共同研发、推广技术标准(47.83%)。

这表明专业群在技术研发服务、产品升级服务、技术标准推广和成果转化等方面与企业开展了良好的合作,教师和合作企业的参与程度较高。专业群在"打造高水平技术技能平台"方面取得了实实在在的成效。《河北科技工程职业技术大学高等职业教育质量年度报告 2021—2022 学年》显示,专业群遵循学校深化"一群一院"协同育人格局,产教资源深入融通,针对专业群的行业特色,精准契合区域产业、因地制宜选择合作形式,推进产学研用资源共享。专业群与长城汽车股份有限公司合作建设了特色项目"联合长城泰国工厂建立中泰汽车产业学院"。

但教师参与创新成果与核心技术的产业转化的比例可进一步提升,具有较大进步空间,专业群可根据中小微企业技术研发和产品升级的需求,突出重点,促进创新成果和核心技术产业化。

	服务企业的技术研发和产品升级	创新成果与核心技术的产业转化	与地方政府、产业园区、行业共建产教融合平台	校企共同研发、推广技术标准	承接企业真实生产项目	以上都没有
■ 教师	70.00%	38.00%	44.00%	58.00%	50.00%	6.00%
■ 企业	86.96%	52.17%	34.78%	47.83%	30.43%	0.00%

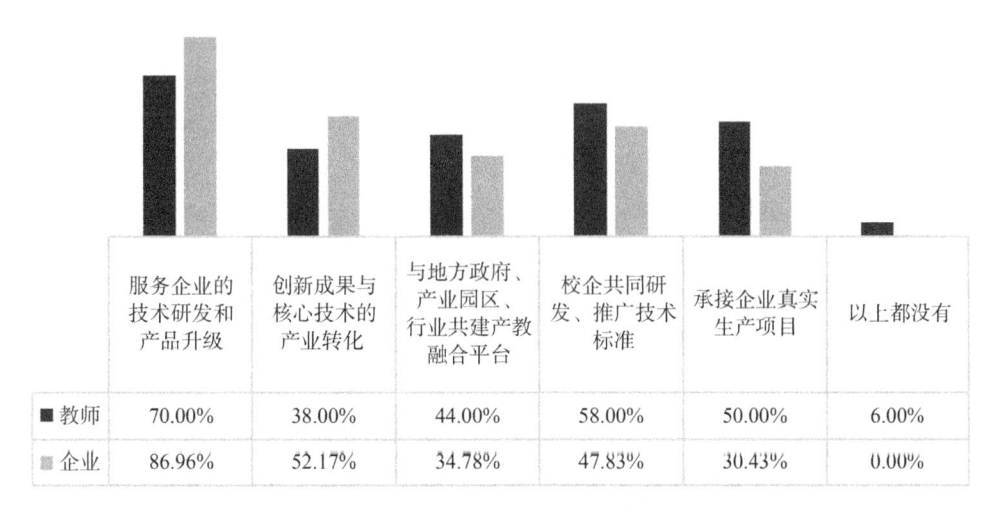

图 3-66　专业群教师参与各类技术技能服务活动的比例与合作企业接受各类服务的比例

(三) 满意度

在技术技能服务的满意度方面,如图 3-67 所示,教师对专业群开展的技术技能服务的满意度得分为 99.60%,接受调研的企业人员对专业群开展的技术技能服务满意度得分为 99.82%。

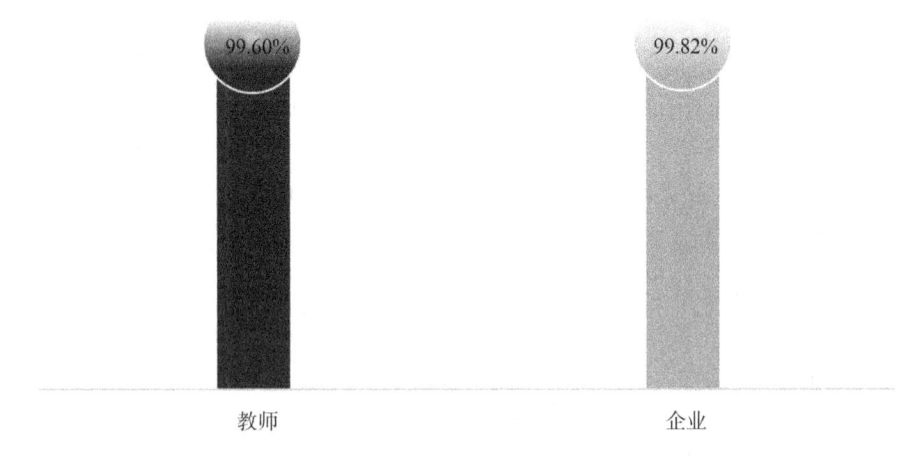

图 3-67　专业群教师和合作企业对技术技能服务的满意度评价得分

由此可见，专业群的技术技能平台建设成效相对较好，得到了教师和企业的一致好评。

七、社会服务

《关于深化现代职业教育体系建设改革的意见》指出：建设共性技术服务平台，打通科研开发、技术创新、成果转移链条，为园区企业提供技术咨询与服务，促进中小企业技术创新、产品升级。面向行业企业员工开展岗前培训、岗位培训和继续教育，为行业提供稳定的人力资源。建设技术创新中心，支撑高素质技术技能人才培养，服务行业企业技术改造、工艺改进、产品升级。

学校《中国特色高水平高职学校和专业群建设计划任务书》中对专业群社会服务方面提出2023年度具体建设任务：完善培训基地功能，拓展服务区域和人群，完成非学历培训45 000人天。完成"双师型"教师培训1 000人天。制定企业产品标准2套。完成军民两用技术成果转化2项。高新技术成果转化5项。完成技术服务到款额600万元，技术转移到款额30万元。纵向教科研经费到款额100万元。建成新能源与智能网联汽车云服务中心1个。实施美好生活教育，完成公益性讲座6期。

为探究专业群在"社会服务"方面的建设成效，本书对学校汽车检测与维修技术专业群的技术转化、职业培训服务以及满意度进行了调研和深入分析。

（一）技术转化

在成果转化服务方面，如图3-68所示，专业群有38.00%的教师表示参与过创新成果与核心技术的产业转化相关活动；从企业维度上来看，参与调研的企业中有52.17%的企业人员表示接受了专业群提供的创新成果与核心技术的产业转化服务。

由此可见，专业群在提升教师的社会服务能力方面取得了一定的成效，但就教师和企业参与创新成果与核心技术的产业转化的比例来看，这方面的工作有待进一步提升。专业群须进一步提高教师和企业参与创新成果与核心技术产业转化的能力与积极性，促进技术成果转化与推广，为区域汽车相关产业的发展提供内生动力。

（二）职业培训

在职业培训活动方面，学校开展了"面向农业农村的职业培训"、"面向急需紧缺

模块三　治理成效评价

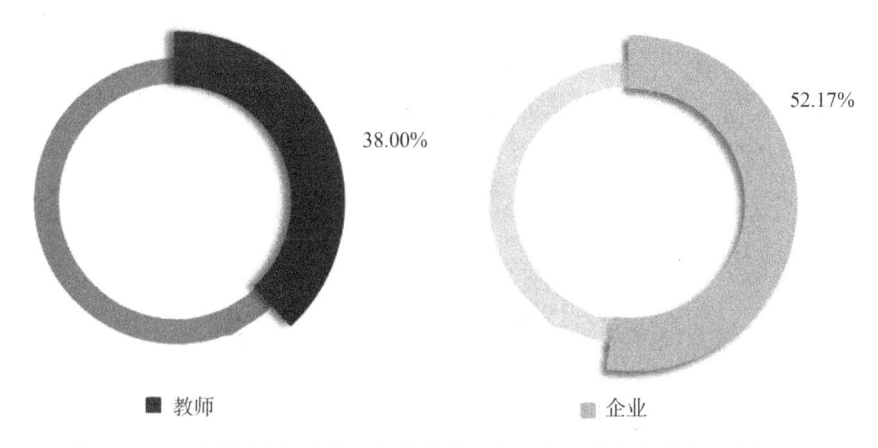

38.00%　　　　　52.17%

■ 教师　　　　　■ 企业

图 3-68　专业群教师、企业对创新成果与核心技术的产业转化的参与情况

领域人才培训"、"职工继续教育"和"社区教育和终身学习服务"等多项培训活动。

在这些活动的参与情况方面，如图 3-69 所示，专业群 90.00% 的教师均参与过一项或多项职业培训活动。其中，教师参与比例最高的是职工继续教育（80.00%），其次是面向急需紧缺领域人才培训（56.00%）。

由此可见，专业群在职业培训方面取得了一定的建设成效，专业群在服务发展方面，以国家政策为导向，广泛开展了多种形式的职业培训，为区域经济社会发展提供了强有力的人才支撑，为企业提供精准服务，构建了校企命运共同体。

培训类型	比例
面向农业农村的职业培训	20.00%
面向急需紧缺领域人才培训	56.00%
职工继续教育	80.00%
社区教育和终身学习服务	26.00%
以上都没参加	10.00%

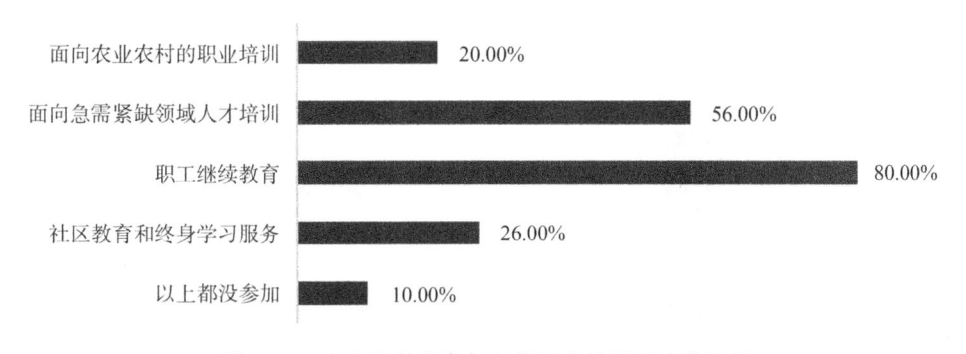

图 3-69　专业群教师参与各类职业培训活动的比例

（三）满意度

1. 技术成果转化满意度

在技术成果转化满意度方面，如图 3-70 所示，专业群的合作企业对专业群

117

的技术成果转化能力的满意度得分为98.14%。

可见,合作企业对专业群的技术成果转化服务能力认可度非常高,专业群在为企业提供技术技能服务、解决企业实际生产难题、实现科技成果转化、提升企业生产效率方面得到了企业一致高度的认可。

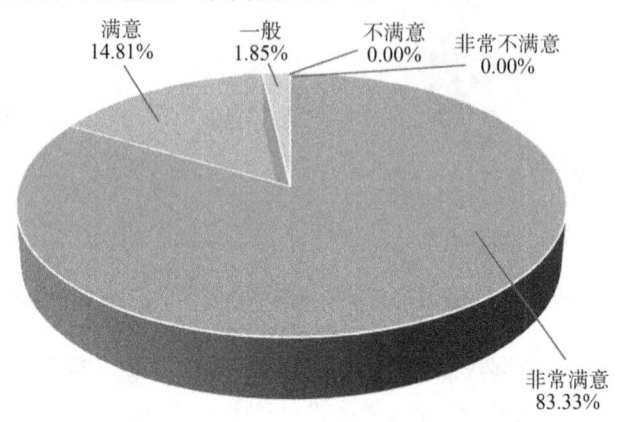

图3-70 专业群合作企业对技术成果转化的满意情况

2. 职业培训满意度

在职业培训满意度方面,专业群教师、合作企业对职业培训的满意度均非常高。如图3-71所示,专业群教师对职业培训的满意度得分为99.80%。参与调研的企业人员对专业群提供的职业培训的满意度得分为99.82%。

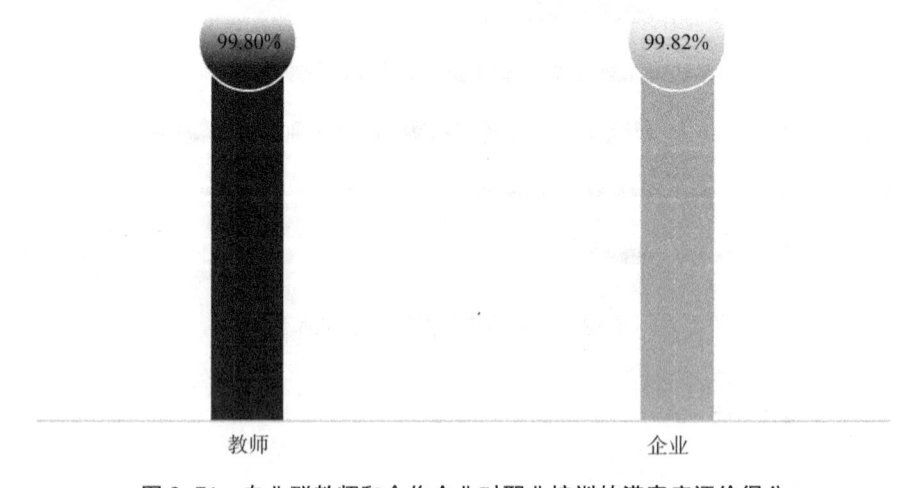

图3-71 专业群教师和合作企业对职业培训的满意度评价得分

由此可见,专业群在开展产业工人继续教育培训、技术服务与公益服务,主动服务区域经济、提升学校反哺社会的能力方面做出了切实的努力,并得到了教师、企业的一致认可。

八、国际交流与合作

《关于深化现代职业教育体系建设改革的意见》指出:立足区域优势、发展战略、支柱产业和人才需求,打造职业教育国际合作平台。教随产出、产教同行,建设一批高水平国际化的职业学校,推出一批具有国际影响力的专业标准、课程标准,开发一批教学资源、教学设备。打造职业教育国际品牌,推进专业化、模块化发展,健全标准规范、创新运维机制;推广"中文＋职业技能"项目,服务国际产能合作和中国企业走出去,培养国际化人才和中资企业急需的本土技术技能人才,提升中国职业教育的国际影响力。

中国高职教育要达到世界水平,高水平专业群就必须先成为国际品牌,成为国际事务的参与者、国际标准的建设者、国际资源的提供者和中国企业国际化的协同者。专业群可通过鼓励师生积极参与国际事务、开发国际共享的资源和国际通用的专业标准和课程体系等方式,掌握国际话语权,形成中国职业教育国际品牌。

学校《中国特色高水平高职学校和专业群建设计划任务书》中对专业群国际交流与合作方面提出2023年度具体建设任务:增强国际院校间师资交流,中德合作共建汽车专业标准和课程标准。调整优化管理构架和人才培养方案,中外合作办学学生规模达到80人。推进1年以上国际高校学生交流项目。形成国际化校企合作典型案例,向"一带一路"沿线国家推广,提高专业群的国际影响力。面向"一带一路"共建国家开展留学生培养项目。承办国际职业技能赛事。为汽车行业国际化人才培养提供可借鉴或可复制的解决方案。开展海外技术服务1项。

为探究专业群在"国际交流与合作"方面的建设成效,本书对学校汽车检测与维修技术专业群在建设中的国际化项目以及满意度进行调研和深入分析。

(一)国际化项目

学校开展了诸多国际化项目,包括"引进优质职业教育资源"、"参与制订职业教育国际标准"、"开发国际通用的专业标准和课程体系"、"参与'一带一路'建设和国际产能合作"、"援助发展中国家职业教育"、"承接'走出去'中资企业海外员工教育培训"和"建设'鲁班工坊'类国际办学实体"等。

在各类国际化项目的参与情况方面,如图3-72所示,专业群教师参与比例最高的项目是引进优质职业教育资源(56.00%),其次是参与制订职业教育国际标准(28.00%)和开发国际通用的专业标准和课程体系(24.00%)。

由此可见,专业群的国际化项目工作建设取得一定的成效,但是,教师参与各类国际化建设活动的比例有待进一步提升,尤其是在援助发展中国家职业教育、承接"走出去"中资企业海外员工教育培训、建设"鲁班工坊"类国际办学实体方面。在后续建设中,专业群须加强实施"引进来,走出去"战略,建立教师参与各类国际化建设项目的激励机制,鼓励教师将自身专业知识、课程教学与国际职教标准及行业规范对标;与企业合作开发具有中国特色、国际水平的专业教学标准,开发国际化专业课程,探索为"走出去"企业开展人员培训的新路径、新模式,全面提升专业群国际化层次与水平。

项目	比例
引进优质职业教育资源	56.00%
参与制订职业教育国际标准	28.00%
开发国际通用的专业标准和课程体系	24.00%
参与"一带一路"建设和国际产能合作	22.00%
援助发展中国家职业教育	18.00%
承接"走出去"中资企业海外员工教育培训	12.00%
建设"鲁班工坊"类国际办学实体	4.00%

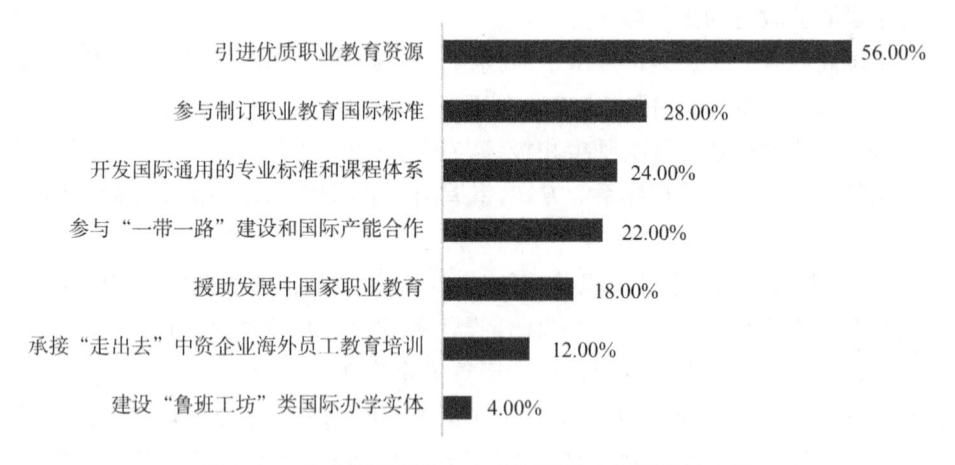

图3-72 专业群教师参与各类国际化建设项目的比例

(二)满意度

在国际化建设满意度方面,如图3-73所示,专业群教师对专业群国际化建设的满意度得分为99.59%,企业人员对与专业群开展的国际化合作的满意度得分为99.80%。可见,学校在提升国际化水平方面成效显著,教师和合作企业的满意度均很高。同时也说明,专业群与企业在共同引进优质课程资源、联合培养国际化人才、合作开发专业标准和课程标准等方面建立了良好的合作关系,这为进一步深化校企合作奠定了坚实的基础。

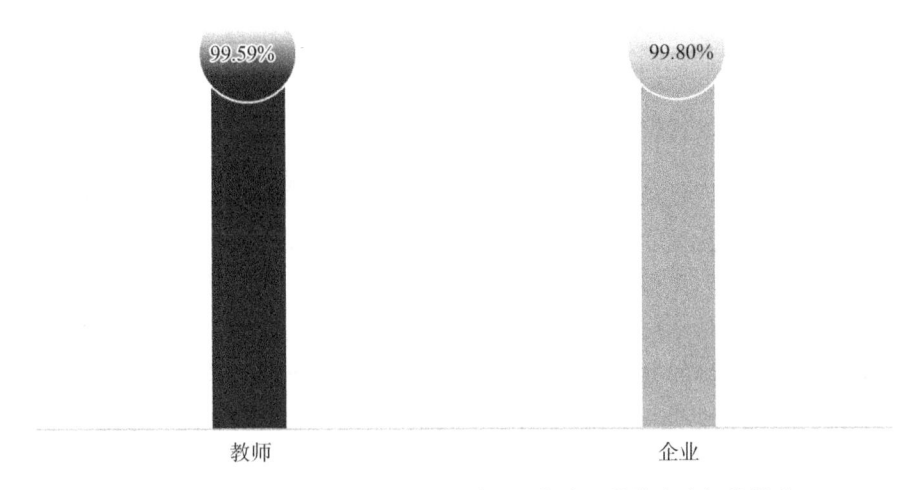

图 3-73 专业群教师、合作企业对国际化建设的满意度评价得分

九、可持续发展保障机制

2020年9月教育部等九部门发布的《职业教育提质培优行动计划（2020—2023年）》提出：完善以章程为核心的校内规则制度体系，健全职业学校内部治理结构，深入推进职业学校教学工作诊断与改进制度建设，切实发挥学校质量保证主体作用。

专业群建设不是一成不变的静态结果，而是伴随产业发展持续优化升级的动态过程，要健全对接产业、动态调整、自我完善的专业群建设发展机制。以教学诊断与改进为基本制度，以学习者的职业道德、技术技能水平和就业质量以及产教融合、校企合作水平为核心，内部质量保证与行业、企业等外部质量评价有机结合，实现评价主体多元化、评价内容动态化，持续推动高水平专业群高质量发展。

学校《中国特色高水平高职学校和专业群建设计划任务书》中对专业群可持续发展保障机制方面提出2023年度具体建设任务：专业群建设咨询指导小组对项目执行情况进行年度检查与绩效评价，提出建设性指导建议。形成比较完善的组织保障、制度保障、经费监管、绩效管理机制。形成比较完善的学校-专业群-课程三层级专业诊改机制。形成比较完善的学校引领督导、外部评价促进、内部自我完善的专业动态调整机制。形成比较完善的组织机构、制度机制、信息数据三位一体多方协同的机制体系。

为探究专业群在"可持续发展保障机制"方面的建设成效,本书对学校汽车检测与维修技术专业群在建设中的专业群治理效果进行调研和深入分析。

(一) 专业群治理效果

在专业群的治理效果方面,如图 3-74 所示,专业群的教职工对专业群治理效果的满意度得分为 100.00%。这表明专业群在加强内涵建设与管理,保障专业群可持续发展方面取得了显著的成效,获得了教职工的一致认可。专业群作为一种新型组织参与学校治理,不仅能够提升学校治理能力与治理水平现代化,同时能够增强专业群的办学积极性与能动性,推动专业群结合自身发展实际开展教育教学和绩效改革,这对专业群来说也是一种有效的质量保障机制。

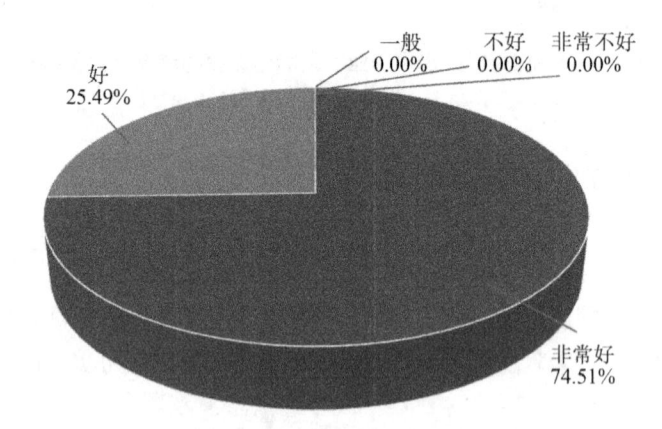

图 3-74 专业群教职工对专业群治理效果的评价情况

(二) 质量保障机制

学校专业群建立了专业群诊断和改进机制,完善政府、行业、企业等多方参与的质量评价体系,通过引进第三方机构开展评估,对专业群建设成效进行多角度评价,对人才培养质量进行持续有效跟踪,监控专业群各关键量化指标,找出存在的问题,并及时进行诊改。

专业群联合在校生、毕业生、教职工、行业企业/用人单位以及家长对专业群的九大建设任务进行建设成效评估。调研于 2023 年 11 月开展,此次建设成效评估针对不同群体设计了不同的调研问卷,如针对行业企业/用人单位开展了"用人单位满意度调查"和"校企合作内容及满意度调查",针对在校生开展了"课程教学满意度调查",针对毕业生开展了"毕业生跟踪调查",针对家长开展了"学校满意度调查"等。经检验,各问卷信度高于 0.9,且聚合效度和区分效度均达到标准,信度、效度均满足统计所需的代表性,详细请见"十一、技术报告"。

后续专业群将继续跟踪问卷调研的反馈情况,并根据利益相关方的反馈意见,对专业群的建设工作进行持续改进。这些质量保障机制作为专业群内部质量保障体系的重要组成部分,在保障专业群高质量可持续健康发展方面起着至关重要的作用。

十、治理总成效

(一) 总体结论

为全面评价河北科技工程职业技术大学汽车检测与维修技术专业群"双高计划"建设的实施情况,以及截止到2023年底的建设成效,本书以"职教20条""双高计划"申报及评价系列文件、职业教育改革发展各相关重要文件等为依据,对专业群的建设成效进行了系统调研、分析和数据解读,并对教职工、在校生、毕业生、行业企业、用人单位、家长在专业群"双高计划"建设各项任务中的满意度得分进行算术平均计算,结果如表3-1所示。

表3-1 各调研对象对"双高计划"专业群建设质量的总体满意度评价得分

调研维度	调研对象	总体满意度
汽车检测与维修技术专业群	在校生	97.90%
	毕业生	98.16%
	教职工	99.77%
	用人单位	99.44%
	家长	97.07%

专业群层面的社会认可度较高,在校生、毕业生、教职工、用人单位和学生家长等利益相关主体对"双高计划"建设满意度较高,得分均高于97%。

在校生总体满意度为97.90%。其中,在教学能力水平方面,88.65%的在校生认可专业群教师的专业技术水平,88.25%的在校生认可专业群教师的教学能力水平,在校生对课堂教学各方面满意度均超过97%。在教师教学创新团队方面,在校生对教职工师德师风各方面满意度均超过97%。

毕业生总体满意度为98.16%。其中,在人才培养模式创新方面,所有参与调研的毕业生对自身的就业胜任力有较高评价,认为其能在服从性和服务性方面、专业知识和技术技能方面、思想政治素养和价值观方面以及学习能力和一专多能方面胜任当前工作。98.40%的毕业生表示专业群在教学中"基本都会涉及"或"有少数课堂会涉及"专业领域或社会前沿动向。在教学能力水平方面，93.60%的毕业生认可专业群教师的专业技术水平，93.55%的毕业生认可专业群教师的教学能力水平。

教职工总体满意度为99.77%。其中，在课程教学资源建设方面，教师对学校课程与教学资源建设成效满意度为99.80%。在教师教学创新团队方面，所有参与调研的教职工均参与过师德师风活动，通过积极参与师德师风相关活动，其政治性、理想信念、学识业务、创新思维、关爱学生、人格魅力及感召力等方面提升度均超过99%；此外，专业群教师对教学技能提升、职业发展活动等的满意度均超过99%。在社会服务方面，专业群有90.00%的教师均参与过职业培训活动，且对专业群开展的职业培训满意度为99.80%。

用人单位总体满意度为99.44%。其中，所有参与调研的用人单位人员对专业群毕业生的就业胜任力有较高评价，认为其能在专业知识和技术技能，学习能力和一专多能，服从性和服务性，团队合作、职场应对和社会交往等某个或多个方面胜任当前工作，用人单位对我校在学校声誉、道德品质、所学专业、能力胜任、职业素养、学习能力和进取精神的人才供给方面满意度均超过99%。

家长总体满意度为97.07%。其中，家长对学生进入学校以来的学习成长满意度为97.02%，对学校的推荐度为94.27%，对学生所接受的高等职业教育满意度为97.11%。

（二）分项结论

1. 人才培养模式创新

在人才培养培训模式改革方面，专业群在构建新型人才培养目标方面取得了一定的成效，78.00%的教师参与了专业群的新型人才培养目标构建，74.41%的在校生对专业群的新型人才培养目标有所了解。同时，专业群在"双高计划"项目式教学的建设中也取得了不错的成绩，有72.00%的教师、48.82%的在校生、39.20%的毕业生参与过项目式教学。专业群课堂教学内容的先进性和前沿性较好，所有参与调研的教师、96.20%的在校生和98.40%的毕业生表示在教学中会涉及专业领域或社会前沿动向。在"1+X"证书方面，有80.00%的教师、38.58%的在校生、38.40%的毕业生参与了"1+X"证书培训、考证活动。

在就业质量方面，专业群2023届毕业生以省内生源、省内就业为主（占比为61.54%），参与调研的毕业生中留在本省就业的比例为66.15%，这表明专业群较好地服务了地方经济发展，同时也向全国其他区域输送了一定比例的技术技能人才。专业群毕业生当前从事的工作与所学专业的相关度较高，67.21%的毕业生、98.42%的企业人员表示专业群毕业生当前从事的工作与专业"完全对口"或"基本对口"。毕业生当前从事工作的岗位前沿性较好，75.38%的毕业生表示其当前的工作岗位属于前沿性岗位。

在能力达成及能力优势方面，就能力达成情况而言，专业群有98.40%的毕业生、84.89%的学生家长认为毕业生在校期间的认知能力、合作能力、创新能力和职业能力得到了提升。72.44%的学生家长表示对孩子在学校期间的情况"了如指掌"或"基本了解"。家长认为学生在校期间各项能力、素养、职业能力的提升度得分均超过91%。用人单位对各项核心能力的需求度评价得分和满足度评价得分均超过98%。就胜任力而言，专业群中所有参与调研的毕业生和所有企业人员均认为其能够在某些方面胜任当前工作，其中毕业生和企业均认为专业群毕业生在"专业知识和技术技能"方面(占比分别为55.38%、90.63%)、"学习能力和一专多能"方面(占比分别为53.85%、67.19%)、"服从性和服务性"方面(占比分别为60.00%、59.38%)胜任当前工作。就竞争力而言，56.14%的毕业生、92.19%的企业人员均表示专业群毕业生在工作上相较其他高职院校毕业生具有优势；此外，与本科院校毕业生相比，61.54%的毕业生表示其工作态度更踏实，52.31%的毕业生表示其动手能力更强，38.46%的毕业生表示其所学知识技能更贴近岗位需要以及其综合素质更高。

在就业满意度方面，专业群毕业生对当前工作各方面满意度得分均超过89%，其中，得分最高的方面是所在行业(96.77%)，其次是能力胜任(95.23%)和职业期待(94.00%)。企业对专业群毕业生的满意度非常高，各方面满意度得分均超过99%，其中，在学校声誉、所学专业、能力胜任、职业素养方面，满意度得分分别为99.84%、99.53%、99.53%、99.53%；同时，90.63%的企业人员明确表示未来会继续招聘专业群毕业生。就家长满意度而言，专业群学生家长对孩子进入学校以来的学习成长满意度得分为97.02%，学生家长对学校的推荐度为94.27%。在参与调研的家长中，有76.00%的家长表示孩子是家庭的第一代大学生。此外，对孩子接受的高等职业教育的满意度得分为97.11%。年收入为15万～30万元的家庭对高等教育的有效性评价得分最高，为99.33%。家长对学校环境设施及管理的满意度得分均超过93%。

2. 课程教学资源

在课程建设上，在课程开发双元制方面，专业群有82.00%的教师表示其参与的专业课程开发是与企业共同研制的；在课程开发前沿性方面，专业群82.00%的教师表示其参与开发的课程纳入了新技术、新工艺、新规范等产业先进元素，70.00%的教师表示其参与开发的课程是面向新兴产业、高端产业或产业高端技术的课程;在课程开发的国际先进性方面,专业群有24.00%的教师表示其参与开发的专业课程具有国际先进性;在课程规范性方面,专业群有64.00%的教师表示其参与的专业课程开发具有科学规范性的特点;在课程共享性方面,专业群有64.00%的教师表示其参与开发的课程是向社会、企业和其他院校开放的。

在资源库建设方面,有82.00%的教师表示参与过资源库建设活动,72.00%的教师表示参与过国家级教学资源库的建设。

专业群中几乎所有的教师对于专业群的课程建设表示"非常满意"或"满意",满意度得分为99.80%,表明专业群在课程建设方面成效较好,得到了专业群教师的广泛认可。

3. 教材与教法改革

在教材改革方面,专业群大部分教师对各类教材或资源库的建设均有参与,教师参与比例最高的是国家规划教材和国家级教学资源库,占比均为72.00%,其次是新型活页式教材(46.00%)。

在教法改革方面,专业群课堂教学中采用多种教学方法,其中专业群教师采用比例较高,且学生感知比例也较高的教学方法是线上/线下混合式教学法(教师、在校生、毕业生占比分别为90.00%、90.94%、97.60%)和案例式教学法(教师、在校生、毕业生占比分别为86.00%、63.39%、68.80%)。在课堂信息化教学要素上,教师、在校生和毕业生接触较多的为投影仪和PPT(分别为98.00%、92.78%、85.60%)与在线学习平台或APP(分别为80.00%、74.28%、79.20%)。所有教师参与或开展过教学创新活动,其中,90.00%的教师参与或开展过教学方法创新,82.00%的教师引入过新的教育教学理念。专业群建立了强化过程、增值与综合评价的"多元化"教学考评体系,专业群有94.00%的教师使用过"实践技能与理论知识考试结合"的考核评价方式,有78.00%的教师使用过"教师评价与学生自评、互评结合"的考核评价方式,有68.00%的教师使用过"终结性与过程性考试结合"的考核评价方式。

专业群师生对课堂教学各方面的满意度得分均超过96%,其中,教师对教学方法、教学团队和教材的满意度较高,满意度得分均为100.00%;在校生对教学团队(98.10%)的满意度最高;毕业生对前沿内容(98.40%)和教学安排(98.40%)的满意度最高。

4. 教师教学创新团队

在"师德师风"活动方面,专业群所有参与调研的教职工均表示对"师德师风"相关讲话、论述、政策、原理等学习活动有一定了解,教职工参与"师德师风"建设活动的频度较高,且所有被调研的教职工均参与过一项或多项"师德师风"建设活动,其中,教职工参与最多的是"学习贯彻重要讲话、政策文件以及党的教育方针等方面的活动"(98.04%)。专业群教职工在"师德师风"上提升较高的方面是"政治性强,家国情怀"、"理想远大,信念坚定"、"思维深刻,视野广阔"、"关爱学生,引路领航"以及"人格高尚,感召力强",提升度均为100.00%,其次是"学识扎实,业务精湛"和"勇于改革,踊跃创新",提升度均为99.80%。

在教师队伍建设方面,专业群的教师团队具有多种形态,以专业群内老师组成的课程团队(94.00%)为主;在校生接触最多的是专业群内老师(83.73%)。在教学能力水平方面,专业群有98.00%的教师、88.25%的在校生、93.55%的毕业生都认可专业群教师的教学能力水平;在教师专业技术水平方面,专业群98.00%的教师、88.65%的在校生、93.60%的毕业生都认可专业群教师的专业技术水平。

在教师个人发展上,在教学技能提升活动方面,专业群所有参与调研的教师均参与过一类或多类教学技能提升活动,其中,教师参与比例最高的是教学能力培训或研修(96.00%);在服务能力提升方面,专业群中94.00%的教师都参与过一项或多项相关活动,其中,教师参与比例最高的是"服务企业的技术研发和产品升级"方面的活动(70.00%);在职业发展活动方面,专业群中98.00%的教师都参与过一项或多项职业发展活动,其中教师参与比例最高的是企业兼职(68.00%);在教师参与培训机构举办的培训活动方面,专业群中所有参与调研的教师都参与过一项或多项教师培训机构举办的活动,其中教师参与比例最高的是校内教师发展中心举办的活动(94.00%);在教学能力提升方式方面,专业群中所有参与调研的教师都表示利用某种方式提升了自身的教学能力,其中,有94.00%的教师通过自己参加培训或自学提升个人教学能力或者和本专业/教研室的老师们共同研讨来提升个人教学能力;在职业评价活动方面,所有参与调研的教师都表示接受过一项或多项职业评价活动,其中比例最高的是培训学时达标评价活动(92.00%)。

在科研能力提升方面,所有参与调研的教职工都参与过科研活动,其中参与比例最高的是横向/纵向科研课题(98.04%)和内部学术研讨/学术交流(82.35%);78.43%的教师认为其科技研发/技术创新能力需要提升,66.67%的教师认为其研究论文/科研报告的撰写能力需要提升,62.75%的教师认为其科研成果反哺教学能力需要提升;74.51%的教师认为科研意识和意愿对其科研能力的提升影响较大,64.71%的教师认为学校对教师的科研管理和考核对其科研能力的提升影响较大,62.75%的教师认为科研能力的培训和指导对其科研能力的提升影响较大;82.35%的教师认为科研工作可以将产业新成果、新技术、新业态等引入教学内容,76.47%的教师认为科研工作可以让教学内容吸收、应用先进的教育理念和教育方法;专业群科研氛围整体较好,教师对教学科研氛围的评价得分为99.02%。

教职工对专业群"师德师风"建设相关活动满意很高,满意度得分为99.80%,同时,在校生和毕业生对专业群"师德师风"各方面的满意度得分均在97%以上,其中在校生、毕业生均对专业群教师的"思维深刻,视野广阔"(满意度得分分别为98.22%、98.64%)和"人格高尚,感召力强"(满意度得分分别为98.10%、98.64%)方面的评价较高。此外,在教师发展方面,专业群教师对各方面的满意度均超过99%。专业群教师对工作环境、资源支持、行政服务的满意度得分均超过99%。专业群家长对教职工的教学能力水平、教学态度、公正性、责任心、创新性的满意度得分均超过97%。

5. 实践教学基地

专业群中所有参与调研的教师都在专业群的实训基地中从事过实践教学工作,79.92%的在校生都在专业群的实训基地中接受过实习实训培训。在实训基地活动类型方面,有98.00%教师认为实训基地用于开展实训教学,68.00%的教师认为其用于开展社会培训、技术服务。专业群教师对实训基地建设的满意度得分为99.80%;参与调研的企业人员对实训基地建设的满意度得分为99.81%。在校生对实习实训各方面的满意度均超过97%,其中,满意度得分最高的是实训教师帮助指导,得分为97.50%。家长对学生实习实训各方面的满意度均超过95%,其中,满意度得分最高的是实训管理和实训保障措施(设备条件,实训场地),得分均为96.18%。

6. 技术技能平台

41.82%的企业人员表示与专业群开展了技术技能合作。专业群中94.00%的教师都参与过一项或多项这类活动,其中,教师参与比例最高的是服务企业的技术研发和产品升级(70.00%),其次是校企共同研发、推广技术标准(58.00%)和承接企业真实生产项目(50.00%);从企业维度来看,所有参与调研的企业人员表示所在企业都为专业群开展过一项或多项技术技能服务,其中,企业参与比例最高的是服务本单位的技术研发和产品升级(86.96%),其次是为本单位提供创新成果与核心技术的产业转化(52.17%)和与本单位共同研发、推广技术标准(47.83%)。教师和合作企业对专业群的技术技能平台服务满意度均很高,满意度得分分别为99.60%、99.82%。

7. 社会服务

在技术转化方面,专业群有38.00%的教师、52.17%的企业人员表示参与过创新成果与核心技术的产业转化。在职业培训方面,专业群中90.00%的教师均参与过一项或多项职业培训活动,其中,教师参与比例最高的是职工继续教育(80.00%),其次是面向急需紧缺领域人才培训(56.00%)。

在技术成果转化满意度方面,专业群的合作企业对专业群的技术成果转化能力的满意度得分为99.81%。在职业培训满意度方面,教师、合作企业对专业群职业培训的满意度均较高,满意度得分分别为99.80%、99.82%。

8. 国际交流与合作

在各类国际化项目的参与情况方面,专业群教师参与比例最高的项目是引进优质职业教育资源(56.00%),其次是参与制订职业教育国际标准(28.00%)和开发国际通用的专业标准和课程体系(24.00%)。专业群教师对专业群国际化建设的满意度得分为99.59%,企业人员对与专业群开展的国际化合作的满意度得分为99.80%。

9. 可持续发展保障机制

专业群在参与学校治理方面的成效很好,建立了政、行、企、校以及第三方机构等多方参与的群内专业内诊机制。

就专业群治理效果而言,专业群的教职工对专业群治理效果的满意度得分为100.00%。此外,专业群建立了诊断和改进机制,完善政府、行业、企业等多方参与的质量评价体系,通过引进第三方机构开展评估,对专业群建设成效进行多角度评价,对人才培养质量进行持续有效跟踪,监控专业群各关键量化指标,找出存在的问题,并及时进行诊改。专业群联合在校生、毕业生、教职工、行业企业/用人单位以及家长对专业群的九大建设任务进行建设成效评估。后续专业群将继续跟踪问卷调研的反馈情况,并根据利益相关方的反馈意见,对专业群的建设工作进行持续改进。

十一、技术报告

(一) 分析模型

1. "双高计划"建设政策框架

中国特色高水平高职学校和专业建设计划(即"双高计划")是指我国为建设

一批引领改革、支撑发展、中国特色、世界水平的高等职业学校和骨干专业（群）的重大决策建设工程,亦是推进中国教育现代化的重要决策,被称为"高职双一流计划"。"双高计划"旨在打造技术技能人才培养高地和技术技能创新服务平台;引领职业教育服务国家战略、融入区域发展、促进产业升级。

2019年1月24日,国务院印发《国家职业教育改革实施方案》,提出将启动实施中国特色高水平高等职业学校和专业建设计划,由教育部和财政部共同研究制定并联合实施,这标志着"双高计划"正式启动;同年4月1日,教育部、财政部发布《关于实施中国特色高水平高职学校和专业建设计划的意见》;同年4月4日,全国深化职业教育改革电视电话会议在北京召开,国务院总理李克强作出批示并指出:着力培育发展一批高水平职业院校和品牌专业;2019年12月10日,教育部、财政部发布《中国特色高水平高职学校和专业建设计划建设单位名单》,正式公布中国特色高水平高职学校和专业建设高校及建设专业名单。"双高计划"核心政策文件如表3-2所示。

表3-2 "双高计划"核心政策文件

职业教育改革	《国家职业教育改革实施方案》
	《关于推动现代职业教育高质量发展的意见》
	《本科层次职业教育专业设置管理办法(试行)》
	《职业教育专业目录(2021年)》
	《职业教育提质培优行动计划(2020—2023年)》
	《关于深化现代职业教育体系建设改革的意见》
	《中华人民共和国职业教育法》
	《关于进一步加强全国职业院校教师教学创新团队建设的通知》
	《"十四五"职业教育规划教材建设实施方案》
	《现代产业学院建设指南(试行)》
	《关于深化现代职业教育体系建设改革的意见》
	《关于实施新时代职业学校名师(名匠)名校长培养计划的通知》
	《加快推进现代职业教育体系建设改革重点任务的通知》
"双高计划"	《关于实施中国特色高水平高职学校和专业建设计划的意见》
	《中国特色高水平高职学校和专业建设计划绩效管理暂行办法》
	《中国特色高水平高职学校和专业建设计划建设单位名单》

2."双高计划"建设观察指标

如图3-75所示,本书以"双高计划"申报和建设的系列文件为依据,从专业群建设的九大任务方面,构建了"双高计划"建设观察指标,通过面向不同调研对象的调研问题对专业群"双高计划"建设成效进行系统的调研、分析和数据解读。在数据分析时,分别利用每项指标的满意度样本量数据,计算各个绩效指标的满意度,最终再按照平均权重综合测算各个调研对象对"双高计划"建设的满意度。

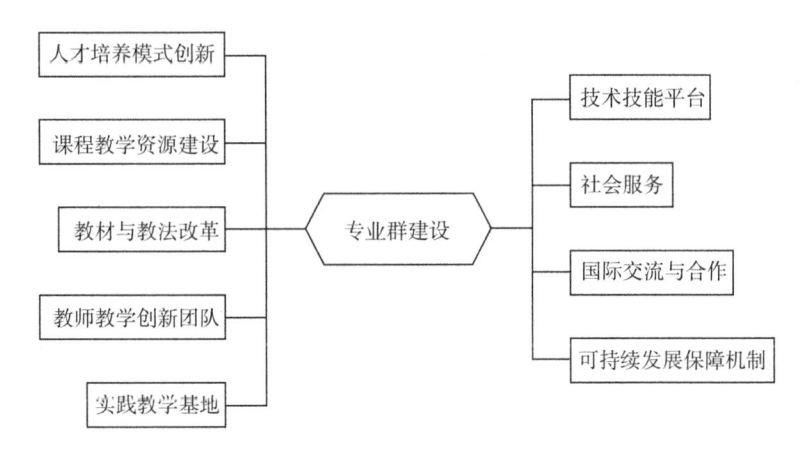

图 3-75　专业群"双高计划"建设观察指标

(二) 调研方法及样本情况

1. 调研方法

本次调研主要采用问卷调查法,通过科学合理、细化量化、可衡量可评价、体现项目核心成果的调研问卷设计,系统采集在校生、毕业生、教职工、合作企业以及家长等"双高计划"建设的利益相关者的意见,对各方意见做多元对比分析,以全面、立体地展示不同对象对于同一项目"建设成效"的评价结果。

具体而言,为科学合理、细化量化、全方位地调研学校在"双高计划"建设实施期内各项任务的建设成效,本书以"职教 20 条"和"双高计划"系列文件、2019 年以来国家职业教育改革发展的系列重要文件等为依据,对截止到 2023 年底河北科技工程职业技术大学汽车检测与维修技术专业群的"双高计划"建设成效进行系统调研、多元分析和数据解读,并以此合规性评价模型对专业群"双高计划"申报书中专业群的九大任务做出了来自利益相关方的"总结性评价"。

本次调研以"问卷星"企业版为电子问卷开发及回收平台,以微信为主要答题链接发放途径,由学校和专业群组织相关群体参与调研。调研时间为 2023 年 11 月 13 日至 2023 年 11 月 21 日。因本次调研目标以获取各调研对象对于"双高计划"建设的满意度为主,故暂不对满意度的影响因子进行分析。考虑到调研的可实施性和样本的典型性,本次调研对在校生、毕业生、教职工、用人单位和家长实施简单随机抽样调查。通过调研问卷中的各项问题来考察"双高计划"战略绩效指标。

2. 样本情况

本次调研遵循"双高计划"政策要求,符合利益相关者治理模式,面向不同调研对象精选与其身份最相符的问题来设计问卷、开展调研。调研对象为"双高计划"的核心服务对象,即在校生、毕业生、教职工、行业企业/用人单位和家长。他们的有效样本量如表3-3所示,从中可见有效样本量满足统计分析需要。

表3-3 各调研对象样本数量情况

调研对象	有效样本量(个)
在校生	762
毕业生	125
教职工	51
行业企业	103
其中:用人单位	64
家长	225

(三)信效度检验

信度和效度的概念来源于心理测试中关于测验的可靠性和有效性研究,当建构和评估测量时,通常使用信度和效度这两个技术性指标。因此我们采用问卷的信度和效度分析来评估其测量能力,进而实现对问卷设计质量的检验。信度与效度间的关系并非对称的,其中信度是效度的前提和基础,效度是信度的目的和归宿。

1. 信度分析

信度分析(Reliability Analysis)在于研究数据是否真实可靠,又称"可靠性分析"。信度是指采用同样的方法对同一对象重复测量时所得结果的一致性程度,是研究调研样本是否真实回答问题,测试受访者是否认真答题的方法,具体来说就是用问卷对调研对象进行重复测量时,所得结果的一致性程度。通常情况下,信度分析均只能针对量表题进行分析。

信度指标多以相关系数表示,大致可分为三类:稳定系数(跨时间的一致性)、等值系数(跨形式的一致性)和内在一致性系数(跨项目的一致性)。信度分析主要有四种测量方法:重测信度法、复本信度法、折半信度法、α信度系数法。本书使用目前最常用的α信度系数法进行信度检验,具体公式及原理如式3-1所示:

$$\alpha = \frac{k}{k-1}\left(1 - \frac{\sum s_i^2}{s_t^2}\right) \qquad (3-1)$$

式中:k为量表中题目的数量;s_i^2为目前观测样本的方差,即各被调查者对某一特定题目的评分的方差;s_t^2为总样本的方差,即各被调查者对某一问卷各题目的评分总分的方差。α信度系数评价的是量表中各题项得分间的一致性,属于内在一致性系数。这种方法适用于态度、意见式问卷(量表)的信度分析。若总量表的信度系数在0.9以上,说明量表的内在信度很高;0.7～0.9则认为内在信度较高或是可以接受;0.6～0.7则认为量表设计存在一定问题,量表的信度系数最好在0.7以上;在0.6以下则认为量表设计存在较大问题,应考虑重新设计。

本书利用α信度系数法,使用在线网页版SPSSAU软件,对各调研对象问卷中量表题的信度进行了验证,结果如表3-4所示。由表3-4可知,专业群在校生、毕业生、教职工、行业企业调研问卷中所有量表题的α信度系数均超过0.9,表明本次调研样本回答结果可靠。

表3-4 河北科技工程职业技术大学"双高计划"建设调研信度分析结果

调研主体	研究维度	对应题目	题目个数(个)	α信度系数
在校生	课堂教学满意度	在校生-10	8	0.993
	实习实训满意度	在校生-16	6	0.992
	双高建设满意度	在校生-18	4	0.991
	思政课程满意度	在校生-21	6	0.990
	课程思政满意度	在校生-22	6	0.992
	思政素质提升度	在校生-23	5	0.992
	师德师风满意度	在校生-25	7	0.995
毕业生	就业现状满意度	毕业生-19	8	0.986
	师德师风满意度	毕业生-26	7	0.990
	思政课程满意度	毕业生-27	6	0.987
	课程思政满意度	毕业生-28	6	0.987
	思政素质提升度	毕业生-29	5	0.984
	课堂教学满意度	毕业生-44	8	0.988

续表

调研主体	研究维度	对应题目	题目个数(个)	α信度系数
教职工	课堂教学满意度	教职工-11	8	0.979
	专业建设满意度	教职工-21	8	0.992
	思政课程满意度	教职工-23	6	0.973
	课程思政满意度	教职工-24	6	0.985
	思政素质提升度	教职工-25	5	0.985
	教师发展满意度	教职工-33	6	0.990
	师德师风提升度	教职工-43	7	0.986
	职能部门工作质量满意度	教职工-45	8	0.963
	新型组织治理效果满意度	教职工-46	10	0.978
	治理活动满意度	教职工-47	8	0.982
	支持条件满意度	教职工-48	3	0.947
行业企业	人才供给满意度	行业企业-24	7	0.996
	能力需求度	行业企业-26	7	0.996
	能力满足度	行业企业-27	7	0.991
	校企合作满意度	行业企业-36	9	0.997

2. 效度分析

效度分析(Validity Analysis)在于研究题项是否有效地表达了研究变量或者维度的概念信息，通俗地讲即研究题项设计是否合适，测试调查者是否科学设计问题，或者题项表示某个变量是否合适。正常情况下，效度分析仅仅针对量表数据，非量表题目，比如多选、单选(选择性别之类的题目)不能进行效度分析。

效度有多种类型，包括内容效度、聚合(收敛)效度、区分效度、结构效度等。

其中，内容效度通常用文字描述量表的有效性，比如具有参考文献来源，量表经过专家认可等。

结构效度用于测量因子(即分析维度)与测量项(量表题项)之间的对应关系是否符合预期，通常使用探索性因子分析(Exploratory Factor Analysis，EFA)或验证性因子分析(Confirmatory Factor Analysis，CFA)进行，二者的区别在于验证性因子分析用于验证对应关系，探索性因子分析用于探索因子与测量项(量表题项)之间的对应关系。如果是成熟的量表，可同时使用验证性因子分析和探索性因子分析对量表的效度进行验证。

聚合(收敛)效度用于验证本应该在同一因子下面的测量项是否在同一因子

下面,通常可使用验证性因子分析中的 AVE(Average Variance Extracted,平均方差萃取值)和 CR(Composite Reliability,组合信度)等指标进行验证。

区分效度用于验证本不应该在同一因子的测量项是否不在同一因子下面,通常可使用验证性因子分析中的 AVE 和相关分析结果对比进行验证。

本次调研的所有问卷题目源于"双高计划"相关核心政策,且经历了大量数据的检验,问卷较为成熟。因此,本报告使用验证性因子分析方法,利用在线网页版 SPSSAU 软件对本次在校生问卷、毕业生问卷、教职工问卷和行业企业问卷的量表题进行效度分析。其中,检验问卷效度的数据源于调研数据库中本问卷的随机样本,样本具有代表性,其样本量与学校的调研样本量可能不完全一致,但作为解释整个问卷设置的合理性和科学性的效度分析,此结果在统计意义上具有可信度。

(1) 在校生问卷效度分析

就学校"双高计划"在校生问卷而言,本次调研的"双高计划"在校生问卷的聚合(收敛)效度和区分效度均较好。

在校生问卷共涉及 10 个量表题,分别考察在校生的课堂教学满意度(8 个题项)、各类活动认可度(5 个题项)、"双高计划"建设满意度(4 个题项)、实习实训满意度(6 个题项)、思政课程满意度(6 个题项)、课程思政满意度(6 个题项)、思政素质提升度(5 个题项)、师德师风满意度(7 个题项)、课外学习活动满意度(5 个题项)和课程教学满意度(4 个题项),因此本次效度分析针对 10 个因子、56 个分析项,有效样本量为 5 038,超出分析项数量的 10 倍,样本量适中。

就聚合(收敛)效度而言,根据表 3-5 给出的效度分析因子载荷系数结果,各个测量项均呈现出 0.001 水平的显著性($p<0.001$),且各因子和题项之间的标准化载荷系数绝对值均大于 0.7,意味着因子与测量项之间有着良好的对应关系。同时,根据表 3-6 效度分析给出的模型各因子的 AVE 和 CR 值可以看出,问卷中 10 个因子对应的 AVE 值全部大于 0.5,且 CR 值全部高于 0.7,意味着本次分析数据具有良好的聚合(收敛)效度。

需要注意的是,本次检验中部分题目的测量项和潜变量之间的标准载荷系数高于 0.95,说明从统计意义上来说,本次调研中部分题项之间存在一定的共线性,但均通过效度检验。由于本次调研侧重于关注"双高计划"成效的完整性,故本次调研保留这些题项,后续研究中将持续进行问卷和分析模型的优化。毕业生问卷、教职工问卷和行业企业问卷的效度分析数据同理,后文不再赘述。

表 3-5　在校生问卷效度分析因子载荷系数表

因子 (潜变量)	测量项 (显变量)	非标准载荷系数	标准误	z(CR 值)	p	标准载荷系数
课堂教学满意度	教学方法	1.000	—	—	—	0.968
	教学团队	1.004	0.005	193.957	0.000	0.969
	教材	1.003	0.005	186.441	0.000	0.964
	在线教学/网络教学	1.017	0.005	187.610	0.000	0.965
	前沿内容	1.022	0.005	188.984	0.000	0.965
	课时数量	1.002	0.006	169.728	0.000	0.951
	教学安排	1.006	0.005	191.064	0.000	0.967
	课程设置	1.011	0.005	186.475	0.000	0.964
各类活动认可度	专业导论课程	1.000	—	—	—	0.972
	专业认识教学或实习	0.998	0.005	202.592	0.000	0.971
	职业规划课程或讲座	1.006	0.005	197.237	0.000	0.968
	优秀校友事迹宣传	1.004	0.006	179.920	0.000	0.956
	顶岗实习/企业实习	0.991	0.007	151.451	0.000	0.930
"双高计划"建设满意度	教师队伍建设	1.000	—	—	—	0.973
	课程建设	1.007	0.005	213.752	0.000	0.975
	实训基地建设	1.015	0.005	208.809	0.000	0.973
	职业证书	1.016	0.005	219.963	0.000	0.978
实习实训满意度	实训教学学时总量	1.000	—	—	—	0.973
	实训任务的实用性	1.013	0.005	220.666	0.000	0.978
	实训期间学生管理	1.009	0.005	219.251	0.000	0.977
	实训教师帮助指导	1.000	0.005	214.851	0.000	0.975
	校内实训资源条件	1.011	0.005	215.002	0.000	0.975
	顶岗实习的有效性	1.019	0.005	210.828	0.000	0.973
思政课程满意度	课时量充足	1.000	—	—	—	0.957
	理论性很强	1.009	0.006	177.236	0.000	0.969
	紧密联系现实	1.015	0.006	177.387	0.000	0.969
	课堂气氛活跃	1.036	0.006	169.188	0.000	0.962
思政课程满意度	内容让人感动	1.040	0.006	173.433	0.000	0.965
	教学形式多样	1.045	0.006	172.238	0.000	0.964

续表

因子 (潜变量)	测量项 (显变量)	非标准载 荷系数	标准误	z(CR值)	p	标准载 荷系数
课程思政 满意度	占用的时间恰当	1.000	—	—	—	0.968
	和专业有机结合	1.016	0.005	194.168	0.000	0.969
	教师熟练讲授	1.002	0.005	194.452	0.000	0.969
	课堂气氛活跃	1.021	0.005	193.923	0.000	0.969
	内容让人感动	1.025	0.005	195.602	0.000	0.970
	教学形式多样	1.017	0.005	196.385	0.000	0.970
思政素质 提升度	理想信念	1.000	—	—	—	0.975
	爱国情怀	0.989	0.005	213.251	0.000	0.972
	价值观	1.002	0.004	241.623	0.000	0.984
	道德品质	0.996	0.004	229.079	0.000	0.979
	职业素养	0.995	0.005	213.951	0.000	0.973
师德师风 满意度	政治性强,家国情怀	1.000	—	—	—	0.971
	理想远大,信念坚定	1.011	0.005	210.227	0.000	0.975
	学识扎实,业务精湛	1.005	0.005	209.491	0.000	0.975
	勇于改革,踊跃创新	1.020	0.005	207.936	0.000	0.974
	思维深刻,视野广阔	1.019	0.005	219.437	0.000	0.979
	关爱学生,引路领航	1.017	0.005	198.631	0.000	0.969
	人格高尚,感召力强	1.025	0.005	215.815	0.000	0.978
课外学习 活动 满意度	专业/学术类社团	1.000	—	—	—	0.971
	企业走访/观摩	1.018	0.005	199.558	0.000	0.970
	校外实习实践	1.017	0.005	212.065	0.000	0.976
	社会实践/志愿活动	1.005	0.005	205.725	0.000	0.973
	专业竞赛/创新创业 大赛等比赛	1.012	0.005	209.928	0.000	0.975
课程教学 满意度	公共基础课 (不含思政课)	1.000	—	—	—	0.979
	专业基础课	0.998	0.004	242.294	0.000	0.980
	专业核心课	1.009	0.004	260.219	0.000	0.985
	专业选修课	1.012	0.004	253.370	0.000	0.983

表 3-6　在校生问卷效度分析模型 AVE 和 CR 指标结果

因子	AVE 值	CR 值
课堂教学满意度	0.929	0.991
各类活动认可度	0.920	0.983
"双高计划"建设满意度	0.950	0.987
实习实训满意度	0.951	0.991
思政课程满意度	0.930	0.988
课程思政满意度	0.939	0.989
思政素质提升度	0.954	0.990
师德师风满意度	0.949	0.992
课外学习活动满意度	0.947	0.989
课程教学满意度	0.964	0.991

就区分效度而言,根据表 3-7 中 Pearson 相关性与 AVE 平方根值结果,针对课堂教学满意度,其 AVE 平方根值为 0.964,大于因子间相关系数绝对值的最大值 0.866,意味着其具有良好的区分效度。针对各类活动认可度,其 AVE 平方根值为 0.959,大于因子间相关系数绝对值的最大值 0.800,意味着其具有良好的区分效度。针对"双高计划"建设满意度,其 AVE 平方根值为 0.975,大于因子间相关系数绝对值的最大值 0.887,意味着其具有良好的区分效度。针对实习实训满意度,其 AVE 平方根值为 0.975,大于因子间相关系数绝对值的最大值 0.882,意味着其具有良好的区分效度。针对思政课程满意度,其 AVE 平方根值为 0.964,大于因子间相关系数绝对值的最大值 0.957,意味着其具有良好的区分效度。针对课程思政满意度,其 AVE 平方根值为 0.969,大于因子间相关系数绝对值的最大值 0.957,意味着其具有良好的区分效度。针对思政素质提升度,其 AVE 平方根值为 0.977,大于因子间相关系数绝对值的最大值 0.884,意味着其具有良好的区分效度。针对师德师风满意度,其 AVE 平方根值为 0.974,大于因子间相关系数绝对值的最大值 0.915,意味着其具有良好的区分效度。针对课外学习活动满意度,其 AVE 平方根值为 0.973,大于因子间相关系数绝对值的最大值 0.955,意味着其具有良好的区分效度。针对课程教学满意度,其 AVE 平方根值为 0.982,大于因子间相关系数绝对值的最大值 0.955,意味着其具有良好的区分效度。

需要注意的是,本次调研部分题目间的相关性较强或过弱,但均通过效度检验,为保证调研完整性,更好地支撑学校"双高计划"的建设成效,本次调研保留所有题目,后续研究中将持续优化问卷的设置和数据分析模型。毕业生问卷、教职工问卷和行业企业问卷的效度分析 Pearson 相关与 AVE 平方根值数据同理,后文不再赘述。

(2) 毕业生问卷效度分析

就学校"双高计划"毕业生问卷而言,本次调研的"双高计划"毕业生问卷的聚合(收敛)效度和区分效度均较好。

毕业生问卷共涉及 6 个量表题,分别考察毕业生的就业现状满意度(8 个题项)、师德师风满意度(7 个题项)、思政课程满意度(6 个题项)、课程思政满意度(6 个题项)、思政素质提升度(5 个题项)和课堂教学满意度(8 个题项),因此本次效度分析针对 6 个因子、40 个分析项,有效样本量为 675,超出分析项数量的 10 倍,样本量适中。

就聚合(收敛)效度而言,根据表 3-8 给出的效度分析因子载荷系数结果,各个测量项均呈现出 0.001 水平的显著性($p<0.001$),且各因子和题项之间的标准化载荷系数绝对值均大于 0.7,意味着因子与测量项之间有着良好的对应关系。同时,根据表 3-9 中模型 AVE 和 CR 指标结果,问卷中 6 个因子对应的 AVE 值全部大于 0.5,且 CR 值全部高于 0.7,意味着本次分析数据具有良好的聚合(收敛)效度。

就区分效度而言,根据表 3-10 中 Pearson 相关性与 AVE 平方根值结果,针对就业现状满意度,其 AVE 平方根值为 0.961,大于因子间相关系数绝对值的最大值 0.067,意味着其具有良好的区分效度。针对师德师风满意度,其 AVE 平方根值为 0.957,大于因子间相关系数绝对值的最大值 0.924,意味着其具有良好的区分效度。针对思政课程满意度,其 AVE 平方根值为 0.961,小于因子间相关系数绝对值的最大值 0.962,意味着其区分效度欠佳。针对课程思政满意度,其 AVE 平方根值为 0.964,大于因子间相关系数绝对值的最大值 0.962,意味着其具有良好的区分效度。针对思政素质提升度,其 AVE 平方根值为 0.969,大于因子间相关系数绝对值的最大值 0.901,意味着其具有良好的区分效度。针对课堂教学满意度,其 AVE 平方根值为 0.968,大于因子间相关系数绝对值的最大值 0.875,意味着其具有良好的区分效度。

表 3-7 在校生问卷效度分析 Pearson 相关性与 AVE 平方根值

因子	课堂教学满意度	各类活动认可度	"双高计划"建设满意度	实习实训满意度	思政课程满意度	课程思政满意度	思政素质提升度	师德师风满意度	课外学习活动满意度	课程教学满意度
课堂教学满意度	0.964									
各类活动认可度	0.799***	0.959								
"双高计划"建设满意度	0.854***	0.774***	0.975							
实习实训满意度	0.810***	0.748***	0.882***	0.975						
思政课程满意度	0.864***	0.763***	0.883***	0.830***	0.964					
课程思政满意度	0.866***	0.763***	0.887***	0.834***	0.957***	0.969				
思政素质提升度	0.827***	0.800***	0.841***	0.791***	0.875***	0.884***	0.977			
师德师风满意度	0.854***	0.747***	0.844***	0.792***	0.891***	0.897***	0.882***	0.974		
课外学习活动满意度	0.846***	0.773***	0.845***	0.804***	0.870***	0.881***	0.868***	0.900***	0.973	
课程教学满意度	0.856***	0.775***	0.853***	0.805***	0.878***	0.890***	0.882***	0.915***	0.955***	0.982

注：斜对角线数字为 AVE 平方根值；* $p<0.05$，** $p<0.01$，*** $p<0.001$。

表 3-8 毕业生问卷效度分析因子载荷系数表

因子 (潜变量)	测量项 (显变量)	非标准 载荷系数	标准误	z(CR 值)	p	标准载 荷系数
就业现状 满意度	社会地位	1.000	—	—		0.954
	收入水平	0.937	0.017	54.120	0.000	0.941
	专业相关	0.989	0.017	56.996	0.000	0.951
	能力胜任	1.044	0.017	61.111	0.000	0.963
	工作地点	1.016	0.017	58.791	0.000	0.956
	工作单位	1.039	0.015	68.451	0.000	0.979
	所在行业	1.025	0.015	66.571	0.000	0.976
	职业期待	1.022	0.017	61.757	0.000	0.964
师德师风 满意度	政治性强,家国情怀	1.000	—	—		0.959
	理想远大,信念坚定	1.033	0.017	61.613	0.000	0.959
	学识扎实,业务精湛	1.001	0.016	63.350	0.000	0.963
	勇于改革,踊跃创新	1.037	0.018	56.994	0.000	0.946
	思维深刻,视野广阔	1.029	0.016	62.515	0.000	0.961
	关爱学生,引路领航	1.030	0.017	59.802	0.000	0.954
	人格高尚,感召力强	1.031	0.017	60.009	0.000	0.955
思政课程 满意度	课时量很多	1.000	—	—		0.954
	理论性很强	1.021	0.018	58.206	0.000	0.955
	紧密联系现实	1.055	0.016	65.383	0.000	0.973
	课堂气氛活跃	1.057	0.018	59.903	0.000	0.960
	内容让人感动	1.072	0.018	60.530	0.000	0.961
	教学形式多样	1.072	0.017	61.569	0.000	0.964
课程思政 满意度	占用的时间恰当	1.000	—	—		0.959
	和专业有机结合	1.024	0.015	66.273	0.000	0.969
	教师熟练讲授	0.999	0.017	59.563	0.000	0.953
	课堂气氛活跃	1.019	0.016	65.530	0.000	0.967
	内容让人感动	1.029	0.017	62.071	0.000	0.959
	教学形式多样	1.019	0.015	69.396	0.000	0.975

续表

因子 (潜变量)	测量项 (显变量)	非标准 载荷系数	标准误	z(CR 值)	p	标准载 荷系数
思政素质 提升度	理想信念	1.000	—	—	—	0.962
	爱国情怀	0.980	0.015	65.886	0.000	0.965
	价值观	1.006	0.015	66.775	0.000	0.967
	道德品质	0.998	0.014	72.637	0.000	0.978
	职业素养	1.007	0.014	70.033	0.000	0.973
课堂教学 满意度	教学方法	1.000	—	—	—	0.978
	教学团队	0.975	0.012	79.633	0.000	0.972
	教材	1.011	0.013	78.968	0.000	0.971
	在线教学/网络教学	0.985	0.013	75.070	0.000	0.966
	前沿内容	1.013	0.014	70.579	0.000	0.959
	课时数量	0.975	0.014	67.980	0.000	0.954
	教学安排	0.988	0.013	75.663	0.000	0.967
	课程设置	0.976	0.012	83.857	0.000	0.977

表 3-9 毕业生问卷效度分析模型 AVE 和 CR 指标结果

因子	AVE 值	CR 值
就业现状满意度	0.923	0.990
师德师风满意度	0.915	0.987
思政课程满意度	0.924	0.986
课程思政满意度	0.929	0.987
思政素质提升度	0.939	0.987
课堂教学满意度	0.937	0.992

需要注意的是，就思政课程满意度而言，其 AVE 平方根值为 0.961，小于因子间相关系数绝对值的最大值 0.962，从统计意义上来看，思政课程满意度相关题项的区分效度欠佳，有一定优化空间。然而，由于思政课程与课程思政建设在实际意义中高度相关，且根据"双高计划"相关政策内容，思政课程和课程思政建设作为重要的建设任务，对于二者的分析均不可缺少，因此，为保证研究的全面性，本书不对选项和分析结果进行删减处理。

表 3-10　毕业生问卷效度分析 Pearson 相关性与 AVE 平方根值

因子	就业现状满意度	师德师风满意度	思政课程满意度	课程思政满意度	思政素质提升度	课堂教学满意度
就业现状满意度	0.961					
师德师风满意度	0.067***	0.957				
思政课程满意度	0.045***	0.924***	0.961			
课程思政满意度	0.058***	0.916***	0.962***	0.964		
思政素质提升度	0.036***	0.887***	0.901***	0.900***	0.969	
课堂教学满意度	0.018***	0.844***	0.847***	0.846***	0.875***	0.968

注：斜对角线数字为 AVE 平方根值；* $p<0.05$，** $p<0.01$，*** $p<0.001$。

(3) 教职工问卷效度分析

就学校"双高计划"教职工问卷而言，本次调研的"双高计划"教职工问卷的聚合(收敛)效度和区分效度均较好。

教职工问卷共涉及 11 个量表题，分别考察学校教职工的课堂教学满意度(8 个题项)、专业建设满意度(8 个题项)、思政课程满意度(6 个题项)、课程思政满意度(6 个题项)、思政素质提升度(5 个题项)、教师发展满意度(6 个题项)、师德师风满意度(7 个题项)、职能部门服务质量满意度(8 个题项)、新型组织治理效果满意度(10 个题项)、治理活动满意度(8 个题项)和支持条件满意度(3 个题项)，因此本次效度分析针对 11 个因子、75 个分析项，有效样本量为 861，超出分析项数量的 10 倍，样本量适中。

就聚合(收敛)效度而言，根据表 3-11 给出的效度分析因子载荷系数结果，各个测量项均呈现出 0.001 水平的显著性($p<0.001$)，且各因子和题项之间的标准化载荷系数绝对值均大于 0.6，意味着因子与测量项之间有着良好的对应关系。同时，根据表 3-12 中模型 AVE 和 CR 指标结果，问卷中 11 个因子对应的 AVE 值全部大于 0.5，且 CR 值全部高于 0.7，意味着本次分析数据具有良好的聚合(收敛)效度。

表 3-11 教职工问卷效度分析因子载荷系数表

因子（潜变量）	测量项（显变量）	非标准载荷系数	标准误	z（CR 值）	p	标准载荷系数
课堂教学满意度	教学方法	1.000	—	—	—	0.982
	教学团队	1.263	0.012	103.433	0.000	0.979
	教材	0.998	0.010	101.824	0.000	0.978
	在线教学/网络教学	1.255	0.013	97.661	0.000	0.974
	前沿内容	1.481	0.018	82.390	0.000	0.958
	课时数量	1.474	0.017	85.927	0.000	0.963
	教学安排	1.486	0.016	94.482	0.000	0.972
	课程设置	1.491	0.015	99.311	0.000	0.976
专业建设满意度	团队建设	1.000	—	—	—	0.987
	课程建设	0.831	0.008	109.431	0.000	0.978
	基地建设	0.987	0.009	106.854	0.000	0.976
	技能服务	1.000	0.008	128.316	0.000	0.987
	职业证书	0.990	0.008	122.821	0.000	0.985
	职业培训	0.998	0.008	124.122	0.000	0.986
	国际化	0.818	0.010	84.524	0.000	0.956
	校企合作	0.997	0.008	118.791	0.000	0.983
思政课程满意度	课时量很多	1.000	—	—	—	0.915
	理论性很强	1.086	0.024	45.933	0.000	0.912
	紧密联系现实	1.204	0.023	51.804	0.000	0.946
	课堂气氛活跃	1.191	0.024	50.500	0.000	0.939
	内容让人感动	1.205	0.025	48.810	0.000	0.929
	教学形式多样	1.162	0.023	50.131	0.000	0.937
课程思政满意度	占用的时间恰当	1.000	—	—	—	0.927
	和专业有机结合	0.914	0.019	49.240	0.000	0.920
	教师熟练讲授	1.005	0.018	54.355	0.000	0.946
	课堂气氛活跃	0.680	0.015	45.953	0.000	0.901
	内容让人感动	1.074	0.020	54.322	0.000	0.946
	教学形式多样	0.681	0.015	46.486	0.000	0.904

续表

因子 (潜变量)	测量项 (显变量)	非标准 载荷系数	标准误	z(CR值)	p	标准载 荷系数
思政素质 提升度	理想信念	1.000	—	—	—	0.942
	爱国情怀	0.709	0.011	65.569	0.000	0.967
	价值观	1.000	0.016	62.774	0.000	0.959
	道德品质	0.714	0.011	64.543	0.000	0.965
	职业素养	0.981	0.017	56.285	0.000	0.937
教师发展 满意度	教学技能提升	1.000	—	—	—	0.982
	职业发展活动	1.194	0.010	122.885	0.000	0.990
	教育教学信息化	1.197	0.010	121.500	0.000	0.989
	教师培训机构	1.203	0.009	128.337	0.000	0.992
	专业化提升	1.205	0.010	120.735	0.000	0.989
	职业评价活动	1.003	0.009	108.730	0.000	0.983
师德师风 满意度	政治性强,家国情怀	1.000	—	—	—	0.937
	理想远大,信念坚定	1.020	0.018	57.961	0.000	0.948
	学识扎实,业务精湛	1.059	0.018	59.275	0.000	0.953
	勇于改革,踊跃创新	1.065	0.019	57.453	0.000	0.946
	思维深刻,视野广阔	1.084	0.017	63.638	0.000	0.967
	关爱学生,引路领航	0.758	0.012	62.353	0.000	0.963
	人格高尚,感召力强	1.067	0.017	64.651	0.000	0.970
职能部门 服务质量 满意度	校、行、企、社共同参与的 校理事会或董事会	1.000	—	—	—	0.928
	基层党组织、 双带头人组织	1.001	0.019	53.845	0.000	0.941
	校级学术委员会	1.013	0.018	55.105	0.000	0.946
	校级专业建设委员会	1.018	0.017	58.259	0.000	0.959
	校级教材选用委员会	1.021	0.018	55.190	0.000	0.947
	教职工代表大会	1.010	0.019	53.367	0.000	0.938
	校院两级管理	0.778	0.014	57.395	0.000	0.956
	跨专业教学组织	0.766	0.015	51.988	0.000	0.932

续表

因子 (潜变量)	测量项 (显变量)	非标准 载荷系数	标准误	z(CR值)	p	标准载 荷系数
新型组织治理效果满意度	专业群	1.000	—	—	—	0.932
	国、境外办学机构	0.814	0.018	46.069	0.000	0.895
	教师教学创新团队	1.108	0.019	57.419	0.000	0.951
	跨专业课程团队	1.108	0.021	52.204	0.000	0.928
	跨课程教学团队	1.123	0.021	53.887	0.000	0.936
	产业学院	1.151	0.019	59.773	0.000	0.959
	技术创新平台	1.125	0.019	58.760	0.000	0.956
	大师工作室	1.139	0.020	56.632	0.000	0.948
	企业实训基地	1.082	0.020	54.727	0.000	0.940
	劳动教育基地	1.132	0.019	58.486	0.000	0.955
治理活动满意度	依法治校	1.000	—	—	—	0.911
	制度完善	1.301	0.031	41.916	0.000	0.885
	决策民主	2.025	0.041	49.121	0.000	0.934
	学术自由	2.041	0.038	53.635	0.000	0.958
	校院两级管理	2.054	0.039	52.899	0.000	0.954
	保障教师权益	2.057	0.043	47.650	0.000	0.925
	职能部门责任清晰	2.069	0.037	55.245	0.000	0.965
	管理者有服务精神	2.079	0.043	48.508	0.000	0.930
支持条件满意度	工作环境	1.000	—	—	—	0.935
	资源支持	1.068	0.019	55.511	0.000	0.947
	行政服务	1.092	0.020	55.496	0.000	0.947

表3-12 教职工问卷效度分析模型 AVE 和 CR 指标结果

因子	AVE值	CR值
课堂教学满意度	0.946	0.993
专业建设满意度	0.960	0.995
思政课程满意度	0.864	0.975
课程思政满意度	0.854	0.972
思政素质提升度	0.910	0.981

续表

因子	AVE 值	CR 值
教师发展满意度	0.975	0.996
师德师风满意度	0.912	0.986
职能部门工作质量满意度	0.890	0.985
新型组织治理效果满意度	0.884	0.987
治理活动满意度	0.871	0.982
支持条件满意度	0.889	0.960

就区分效度而言,根据表3-13中Pearson相关性与AVE平方根值结果,针对课堂教学满意度,其AVE平方根值为0.973,大于因子间相关系数绝对值的最大值0.966,意味着其具有良好的区分效度。针对专业建设满意度,其AVE平方根值为0.980,大于因子间相关系数绝对值的最大值0.966,意味着其具有良好的区分效度。针对思政课程满意度,其AVE平方根值为0.930,大于因子间相关系数绝对值的最大值0.917,意味着其具有良好的区分效度。针对课程思政满意度,其AVE平方根值为0.924,大于因子间相关系数绝对值的最大值0.917,意味着其具有良好的区分效度。针对思政素质提升度,其AVE平方根值为0.954,大于因子间相关系数绝对值的最大值0.831,意味着其具有良好的区分效度。针对教师发展满意度,其AVE平方根值为0.988,大于因子间相关系数绝对值的最大值0.955,意味着其具有良好的区分效度。针对师德师风满意度,其AVE平方根值为0.955,大于因子间相关系数绝对值的最大值0.785,意味着其具有良好的区分效度。针对职能部门服务质量满意度,其AVE平方根值为0.943,大于因子间相关系数绝对值的最大值0.912,意味着其具有良好的区分效度。针对新型组织治理效果满意度,其AVE平方根值为0.940,大于因子间相关系数绝对值的最大值0.912,意味着其具有良好的区分效度。针对治理活动满意度,其AVE平方根值为0.933,大于因子间相关系数绝对值的最大值0.885,意味着其具有良好的区分效度。针对支持条件满意度,其AVE平方根值为0.943,大于因子间相关系数绝对值的最大值0.885,意味着其具有良好的区分效度。

表 3-13 教职工问卷效度分析 Pearson 相关性与 AVE 平方根值

因子	课堂教学满意度	专业建设满意度	思政课程满意度	课程思政满意度	思政素质提升度	教师发展满意度	师德师风满意度	职能部门服务质量满意度	新型组织治理效果满意度	治理活动满意度	支持条件满意度
课堂教学满意度	0.973										
专业建设满意度	0.966***	0.980									
思政课程满意度	0.181***	0.232***	0.930								
课程思政满意度	0.175***	0.219***	0.917***	0.924							
思政素质提升度	0.148***	0.193***	0.827***	0.831***	0.954						
教师发展满意度	0.955***	0.954***	0.206***	0.215***	0.185***	0.988					
师德师风满意度	0.190***	0.238***	0.731***	0.722***	0.762***	0.250***	0.955				
职能部门服务质量满意度	0.168***	0.199***	0.735***	0.720***	0.769***	0.200***	0.785***	0.943			
新型组织治理效果满意度	0.195***	0.236***	0.792***	0.780***	0.781***	0.232***	0.779***	0.912***	0.940		
治理活动满意度	0.172***	0.213***	0.750***	0.751***	0.734***	0.212***	0.724***	0.799***	0.865***	0.933	
支持条件满意度	0.148***	0.195***	0.695***	0.697***	0.685***	0.175***	0.648***	0.780***	0.827***	0.885***	0.943

注：斜对角线数字为 AVE 平方根值；* $p<0.05$，** $p<0.01$，*** $p<0.001$。

(4) 行业企业问卷效度分析

就学校"双高计划"行业企业问卷而言,本次调研的"双高计划"行业企业问卷的聚合(收敛)效度和区分效度均较好。

行业企业问卷共涉及3个量表题,分别考察行业企业对学校人才供给的满意度(7个题项)、能力需求满意度(7个题项)和能力满足度(7个题项),因此本次效度分析针对3个因子、21个分析项,有效样本量为139,超出分析项数量的5倍,样本量适中。

就聚合(收敛)效度而言,根据表3-14给出的效度分析因子载荷系数结果,各个测量项均呈现出0.001水平的显著性($p<0.001$),且各因子和题项之间的标准化载荷系数绝对值均大于0.7,意味着因子与测量项之间有着良好的对应关系。同时,根据表3-15中模型AVE和CR指标结果,问卷中3个因子对应的AVE值全部大于0.5,且CR值全部高于0.7,意味着本次分析数据具有良好的聚合(收敛)效度。

表3-14 行业企业问卷效度分析因子载荷系数表

因子 (潜变量)	测量项 (显变量)	非标准 载荷系数	标准误	z(CR值)	p	标准载 荷系数
人才供给 满意度	学校声誉	1.000	—	—	—	0.985
	道德品质	0.987	0.020	50.013	0.000	0.988
	所学专业	0.987	0.020	48.485	0.000	0.986
	能力胜任	0.989	0.019	52.450	0.000	0.990
	职业素养	1.002	0.019	51.462	0.000	0.989
	学习能力	0.981	0.023	43.246	0.000	0.979
	进取精神	0.975	0.023	41.584	0.000	0.976
能力 需求度	能够运用专业知识严谨分析本领域的常见问题,得到有效结果	1.000	—	—	—	0.996
	能够设计与执行针对常见问题的解决方案,并能够体现创新意识	0.993	0.009	107.543	0.000	0.998
	能使用恰当的技术、资源、信息和工具	0.986	0.014	70.944	0.000	0.990
	了解本领域的活动对社会公众的影响	0.952	0.024	40.002	0.000	0.963
	了解本领域的活动对环境和生态的影响	0.965	0.022	44.690	0.000	0.970

续表

因子 (潜变量)	测量项 (显变量)	非标准 载荷系数	标准误	z(CR值)	p	标准载 荷系数
能力 需求度	理解并遵守职业道德和规范,履行责任	1.005	0.009	113.400	0.000	0.998
	能够与团队成员开展有效沟通与合作	1.004	0.010	102.797	0.000	0.997
能力 满足度	能够运用专业知识严谨分析本领域的常见问题,得到有效结果	1.000	—	—	—	0.989
	能够设计与执行针对常见问题的解决方案,并能够体现创新意识	1.026	0.019	53.234	0.000	0.987
	能使用恰当的技术、资源、信息和工具	0.981	0.027	36.946	0.000	0.963
	了解本领域的活动对社会公众的影响	0.702	0.017	40.287	0.000	0.970
	了解本领域的活动对环境和生态的影响	0.965	0.026	36.429	0.000	0.961
	理解并遵守职业道德和规范,履行责任	0.967	0.028	34.434	0.000	0.956
	能够与团队成员开展有效沟通与合作	0.992	0.019	50.870	0.000	0.985

表3-15 行业企业问卷效度分析模型AVE和CR指标结果

因子	AVE值	CR值
人才供给满意度	0.969	0.996
能力需求度	0.975	0.996
能力满足度	0.947	0.992

就区分效度而言,根据表3-16中Pearson相关性与AVE平方根值结果,针对人才供给满意度,其AVE平方根值为0.985,小于因子间相关系数绝对值的最大值0.990,意味着其区分效度欠佳。针对能力需求度,其AVE平方根值为0.988,小于因子间相关系数绝对值的最大值0.990,意味着其区分效度欠佳。针对能力满足度,其AVE平方根值为0.973,大于因子间相关系数绝对值的最大值0.939,意味着其具有良好的区分效度。

表 3-16　行业企业问卷效度分析 Pearson 相关性与 AVE 平方根值

因子	人才供给满意度	能力需求度	能力满足度
人才供给满意度	0.985		
能力需求度	0.990***	0.988	
能力满足度	0.939***	0.932***	0.973

注：斜对角线数字为AVE平方根值；* $p<0.05$，** $p<0.01$，*** $p<0.001$。

综上所述，本次调研中，在校生、毕业生、教职工、行业企业问卷效度分析部分虽尚未达到指标的最优值，但绝大部分通过效度检验，问卷的效度较好，具有统计意义上的合理性。为了"双高计划"成效分析的完整性，本次调研保留所有题目，本书将在后续研究过程中持续优化问卷的设计和数据分析。表3-17、表3-18所示为各项任务满意度细表。

表 3-17　专业群各项任务满意度数据

调研对象	指标	选项	满意度得分	总体满意度
在校生	课堂教学满意度	教学方法	97.70%	97.90%
		教材	97.87%	
		课程设置	97.62%	
	"双高计划"建设满意度	实训基地建设	97.15%	
	师德师风满意度	政治性强，家国情怀	97.96%	
		理想远大，信念坚定	98.01%	
		学识扎实，业务精湛	98.04%	
		勇于改革，踊跃创新	98.18%	
		思维深刻，视野广阔	98.22%	
		关爱学生，引路领航	98.09%	
		人格高尚，感召力强	98.10%	
毕业生	课堂教学满意度	教学方法	97.76%	98.16%
		教学团队	97.76%	
		教材	96.80%	
		在线教学/网络教学	97.74%	
		前沿内容	98.40%	
		课时数量	97.84%	
		教学安排	98.40%	
		课程设置	97.12%	

续表

调研对象	指标	选项	满意度得分	总体满意度
毕业生	师德师风满意度	政治性强,家国情怀	98.64%	98.16%
		理想远大,信念坚定	98.72%	
		学识扎实,业务精湛	98.72%	
		勇于改革,踊跃创新	98.56%	
		思维深刻,视野广阔	98.64%	
		关爱学生,引路领航	98.64%	
		人格高尚,感召力强	98.64%	
教职工	课堂教学满意度	教学方法	100.00%	99.77%
		教学团队	100.00%	
		教材	100.00%	
		在线教学/网络教学	99.60%	
		前沿内容	99.60%	
		课时数量	99.80%	
		教学安排	99.60%	
		课程设置	99.80%	
	师德师风满意度		99.80%	
	教师发展满意度	教学技能提升	99.80%	
		职业发展活动	99.80%	
		教育教学信息化	99.60%	
		教师培训机构	99.60%	
		专业化提升	99.60%	
		职业评价活动	99.80%	
	可持续发展保障机制满意度	专业群治理效果	100.00%	
	专业建设满意度	团队建设	99.80%	
		课程建设	99.80%	
		基地建设	99.80%	
		技能服务	99.60%	
		职业证书	99.80%	
		职业培训	99.80%	
		国际化	99.59%	
		校企合作	99.80%	

续表

调研对象	指标	选项	满意度得分	总体满意度
行业企业	人才供给满意度	学校声誉	99.84%	99.44%
		道德品质	99.38%	
		所学专业	99.53%	
		能力胜任	99.53%	
		职业素养	99.53%	
		学习能力	99.06%	
		进取精神	99.22%	
家长		学习成长满意度	97.02%	97.07%
		高等教育满意度	97.11%	

表 3-18 各类调研对象对专业群"双高计划"各项建设任务的满意度评价得分

建设任务	在校生满意度	毕业生满意度	教职工满意度	企业满意度	家长满意度
人才培养模式创新	—	—	—	99.49%	97.07%
课程教学资源建设	97.52%	—	99.80%	—	—
教材与教法改革	97.73%	97.73%	99.80%	—	—
教师教学创新团队	98.09%	98.65%	99.71%	—	—
实践教学基地	97.15%	—	99.80%	—	—
技术技能平台	—	—	99.60%	99.82%	—
社会服务	—	—	99.80%	99.82%	—
国际交流与合作	—	—	99.59%	99.80%	—
可持续发展保障机制	—	—	100.00%	—	—

模块四

建设成效

模块四 建设成效

一、项目绩效目标达成和建设任务完成情况概述

汽车专业群建设示范引领,人才培养质量高。专业群获评全国党建工作样板支部1个、首批国家级教师教学创新团队1个、"万人计划"教学名师1人、国家示范性职教集团1个、国家级汽车类生产性实训基地1个;获评国家在线精品课程3门、国家规划教材8部;教师获教学能力国赛一等奖2项;学生获"互联网+"国赛银奖1项、铜奖1项,全国职业院校技能大赛一等奖1项、二等奖4项;学生就业率99.67%,用人单位满意度99.44%。图4-1所示为师生团队建设显性成效。

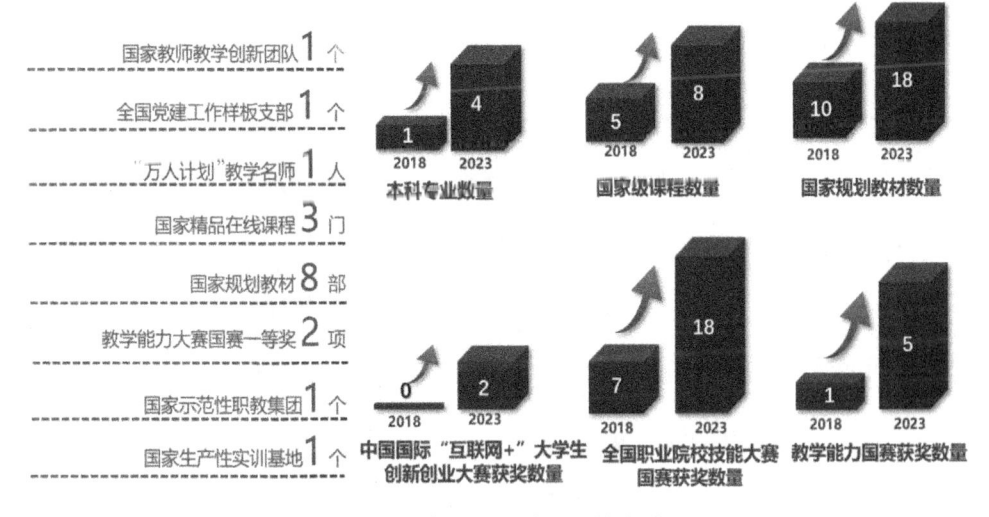

图 4-1 师生团队建设显性成效

技术技能平台全国领先,科研与服务成果丰。专业群建成省级外国院士工作站1个、省级重点实验室1个、省级技术中心2个、省级技能大师工作室1个;获省科技进步奖1项;发明专利25项、成果转化47项;获评国家"双师型"教师培训基地2个。图4-2所示为科研平台建设显性成效。

专业标准与方案接轨国际,辐射引领作用强。专业群牵头研制国家专业教学标准3个、实训条件标准1个;承办全国职业院校技能大赛1项;获国家教学成果二等奖2项,省教学成果特等奖1项;建成中德、中泰合作办学项目2个,输出教学标准12个,获评教育部中外语言交流合作中心教学资源建设项目。图4-3所示为标准建设与辐射显性成效。

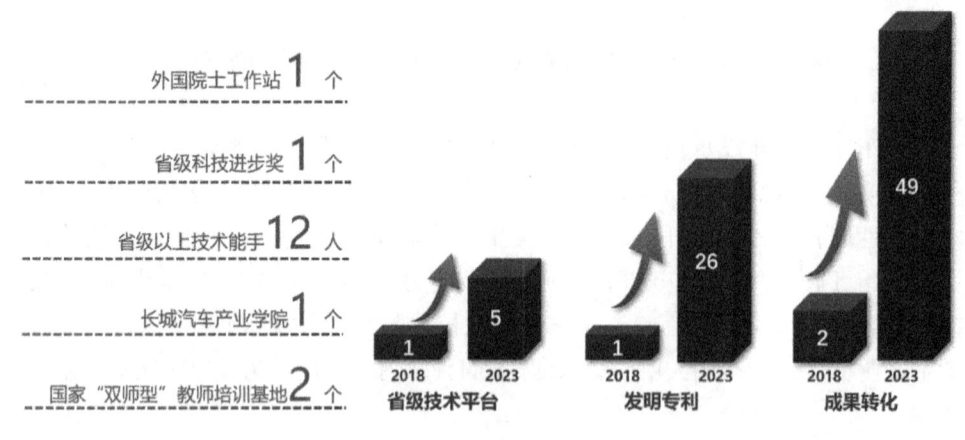

图 4-2 科研平台建设显性成效

- 外国院士工作站 1 个
- 省级科技进步奖 1 个
- 省级以上技术能手 12 人
- 长城汽车产业学院 1 个
- 国家"双师型"教师培训基地 2 个

省级技术平台：2018年 1，2023年 5
发明专利：2018年 1，2023年 26
成果转化：2018年 2，2023年 49

图 4-2　科研平台建设显性成效

- 国家级教学成果奖 2 项
- 承办全国职业院校技能大赛 1 项
- 中德和中泰合作办学项目 2 个
- 教育部中外语言交流合作中心教学资源建设项目 1 个
- 输出教学标准 12 项

省级以上教学成果奖：2018年 3，2023年 7
研制国家教学标准：2018年 2，2023年 8
研制职业技能等级标准：2018年 0，2023年 5

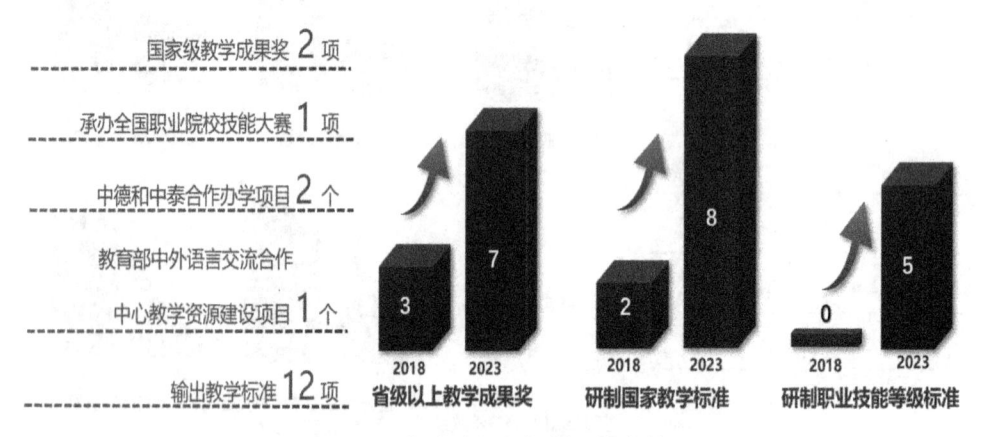

图 4-3　标准建设与辐射显性成效

二、绩效目标达成情况

1. 产出指标超额达成，成果产出多、水平高

汽车专业群建设期预设产出指标共 92 个，百分之百达成，超额完成指标 65 个。其中，省部级以上教学成果奖数、入选国家级规划教材数、入选国家级课程数、高新技术成果转化数、中外合作办学学生规模等 19 个指标在投入相当的前提下超高水平完成，平均超额完成度 190.81%，在全国同类专业群中处于领先地位。专业群产出指标达成情况如表 4-1 所示。

表 4-1　专业群层面产出指标达成一览表

专业群建设一级任务	产出数量指标(个)	产出质量指标(个)	终期达成度(%)
人才培养模式创新	7	6	127.34
课程教学资源建设	4	4	133.96
教材与教法改革	4	3	161.07
教师教学创新团队	7	7	151.93
实践教学基地	9	7	119.68
技术技能平台	5	5	217.35
社会服务	6	5	183.59
国际交流合作	5	3	216.85
合计	47	40	158.90

注:该表未含5个产出时效指标。

2. 社会效益指标高质量达成,三重贡献显著

建设期预设社会效益指标8个,均百分之百达成。

(1) 引领汽车职业教育高水平专业群建设与改革发展

一是构建"五融五进"高水平专业群建设路径,引领产教融合新范式,被140多所院校借鉴与应用。二是创新"三路径、四阶段"分流分类人才培养模式,引领人人成才育人新典范。该模式获河北省教学成果一等奖,并被《中国教育报》等媒体多次报道。三是探索现场工程师培养模式,引领高层次技术技能人才培养路径。申报教育部现场工程师培养项目1个、立项教育部供需对接就业育人项目1个。四是重塑"六维聚焦、四轮驱动"教学模式,引领职业教育课堂革命。教师获教学能力国赛一等奖2项,面向全国300多所院校开展教法改革培训11 000多人次。

(2) 助力域内整车及零部件重点产业集群高质量发展

一是需求导向、分层聚焦、组织保障,打通汽车领域产教融合堵点。牵头河北省职教集团和京津冀汽车职教联盟160家单位服务京津冀八大整车及零部件产业集群转型升级。二是院士领衔、平台支撑、校企联动,助力域内"两新一特"汽车产业技术升级。建成省级技术技能平台4个,成果转化47项,服务企业177家。三是现场支持、远程指导、云端授课,服务域内车企解难题。建成奔驰、捷豹路虎等十大合作品牌培训中心,面向1 400余名企业技师提供线上线下指导2 300余人次。

(3) 形成助推汽车职业教育高质量发展的资源与标准

一是作为职业教育汽车类专业的先行者,为国家标准体系建设贡献了科工大智慧。牵头研制了3个职业本科专业教学国家标准和1个实训标准。二是作为职业教育课程建设的主力军,为国家职业教育智慧服务夯基垒台。迭代升级国家级专业教学资源库、新建省级职业本科专业资源库,累计用户超29万人。三是作为汽车专业知识的传播者,为全国民众科普汽车提供新媒体传播范式和优质资源。打造1 100余条系列汽车产品与技术科普新媒体资源,累计播放超10亿人次。

3. 可持续影响指标优质达成,辐射影响深远

建设期预设可持续影响指标6个,均百分之百达成。

(1) 为学生成长为"匠心匠技"型行业主力筑牢根基

打造了"军风铸匠"党建品牌,建成了全国党建样板支部,培养学生雷厉风行的作风和吃苦耐劳的品质;学生职业技能等级证书获取率为97.66%,毕业生获企业认证率为92.8%,职业能力受到企业的高度认可,学校被长城汽车定为校园招聘首站,学生将成长为京津冀智能新能源汽车产业和特种车辆产业高端发展亟须的主力军。

(2) 为专业群驶入职业本科新航道筑牢压舱石

建成一支国家级教师教学创新团队,建成国家级生产性实训基地和国家级"双师型"教师培训基地,建成国家级、省级两个专业教学资源库,打造了一批国家级精品课程和国家规划教材,构建了专业动态调整机制,为专业群驶入高层次技术技能人才培养新航道夯实了基础。

(3) 为汽车领域职业本科人才培养体系建设蓄力领航

牵头制定了3个职业本科专业教学国家标准、1个实训教学标准和1套新能源汽车工程技术专业课程标准;形成了"五融五进"专业群建设范式,推广至90余所职业院校;率先开展了现场工程师培养计划,搭建长城质检、长征氢电重卡、昆易VCU测试等多种实践场景,探索了汽车领域高层次技术技能人才培养路径,持续引领全国汽车类职业本科专业群建设与发展。

(4) 为域内整车及零部件产业集群转型升级赋能提速

聚焦冀中南"两新一特"战略和市域"两汽一拖"振兴战略,建成院士领衔的省、市两级技术创新平台5个,建成域内职业院校首个新能源汽车三电测试实验室和车用先进复合材料实验室,校企协同技术攻关,发明专利与成果转化数连年递升,为域内特色整车及零部件产业集群持续迭代发展提供了技术增压泵。

4. 满意度指标超预期达成,相关方高度赞誉

专业群预设满意度指标5个,五大利益相关方满意度均超过目标值,办学内涵与特色获广泛认可。一是在校生满意度高,专业群招生分数连年提升,97.9%的在校生对专业群建设满意或非常满意,核心专业2023年录取分数线较2021年增长16%。二是毕业生满意度高,专业群就业态势稳定向上,毕业生获企业认证率达92.8%,参加订单班双选会的优质招聘企业数量逐年增加,2023年优质招聘企业数量较2019年增长16%。三是教职工满意度高,职业价值得到充分满足,99.77%的教职工对课程建设、教学技能提升、教育教学信息化、校企合作等表示满意或非常满意。四是用人单位满意度高,人才需求得到充分满足,毕业生质量高、声誉好,学校被长城汽车定为校园招聘首站,新增合作企业设备资源超2 000万元。五是家长满意度高,教育期待得到充分满足,专业群2023年治理成效评价报告数据显示家长满意度为97.07%。满意度指标达成如表4-2所示。

表4-2 专业群层面满意度指标达成一览表　　　　　　　　单位:%

满意度指标	实施期满目标值	终期实现值	终期达成度
在校生满意度	≥90	97.90	108.78
毕业生满意度	≥95	98.16	103.33
教职工满意度	≥95	99.77	105.02
用人单位满意度	≥95	99.44	104.67
家长满意度	≥95	97.07	102.18

三、建设任务完成情况

1. 实施现场工程师培养计划,领航高层次汽车人才培养

一是构建智能新能源汽车人才培养标准体系。牵头制定职业本科专业教学国家标准3个、汽车制造类专业实训条件建设标准1个、新能源汽车工程技术专业课程标准1套。二是多路径探索校企协同育人模式。搭建长城质检、长征氢电重卡、昆易VCU测试三种培养场景,率先探索汽车现场工程师培养模式,开展国家级课题研究4项。三是创新"三路径、四阶段"分流分类人才培养模式,学生获国家级奖项15项、省级23项,X证书(职业技能等级)获取率为97.66%,企业认证率为92.8%。获国家教学成果二等奖2项、省教学成果特等奖、一等奖各 1 项。

2. 创新优质资源开发范式，打造行业领先"金课"资源

一是创新"标准引领、要素打包、路径匹配"教学资源开发范式。迭代升级国家级专业资源库 1 个，首建全国职业本科专业资源库 1 个，校企合作开发素材资源 11 113 个、用户 231 543 人。二是引领专业群"金课"建设。"岗课赛证"创融合，建成数字化课程 40 门，获评国家在线精品课 3 门，惠及全国用户 30 万人。三是打造"以学习者为中心"的智慧课堂。推广线上线下混合式教学，MOOC 上线 51 期、SPOC 开课 1 801 次，建成"天猫养车"北方唯一院校"F6"云平台数据中心，明星讲师团云端开课 56 期。

3. 引领教材与教法改革，打造行业领先的专业群学习生态

一是产教融合引领优质教材建设。同步汽车"新四化"，校企共建新形态教材 43 部，入选国家规划教材 8 部，在全国同类专业群中领先。二是构建深度"3E"课堂。六维度聚焦学习成效，打造参与度高、效率高、效果好的"3E"课堂，立项省级以上教研课题 9 项，形成教法改革典型案例 9 个，教师获教学能力比赛国奖 4 项（一等奖 2 项），在全国同类专业群中领先。

4. 四维保障教师发展，打造职教一流教学团队

一是打造军风铸匠教师党建品牌。建成国家级样板党支部、省"双带头人"党支部书记工作室，培育省师德标兵、模范教师各 1 名。二是打造"金师"发展新引擎。落实"五阶段四维度"育训机制，教师参加各类培训 1 000 余人次、企业实践 18 000 余人天，培育"万人计划"教学名师 1 名、新时代国家级名师（名匠）1 名。三是建成首批国家级教师教学创新团队。引进外国院士 1 名、专业领军人才 1 名、全国技术能手 2 名，引培能工巧匠等各类专家 100 余名，获评省级以上技术能手 12 人，打造"钻石"结构校企混编教学创新团队。

5. 对接产业校企协同，建成国内一流实践中心

一是建成"高端定制"的学校实践中心。与奔驰等品牌车企共建 10 大实训基地，打造国内规模最大、功能最全的捷豹路虎培训中心和首个职业院校新能源汽车三电测试实验室，承办省级以上赛事 14 场，对外技能培训、考核 200 余场。二是共建"多元融合"的企业实践中心。联合省内链主企业建成长城蜂巢传动、长征氢电重卡企业实践中心 2 个，辐射新增校外实训基地 57 个，创设辅助研发、试制测试等现场工程师实践岗位 300 余个。

6. 院士领衔大师引领，打造一流技术技能平台

一是建成区域汽车产业技术服务高地。聚焦冀中南"两新一特"产业转型升

级,院士领衔,建成省级技术技能平台4个和国内职业院校首个车用先进复合材料实验室;立项省部级科研项目29项,授权发明专利25件,成果转化47项,孵化创新项目22项。二是建成大师赋能技艺传承主阵地。建成省级大师工作室,制定的汽车空调故障诊断规范化技术标准成为行业典范;培育国内首位600万粉丝汽车新媒体教师博主1名,科普汽车产品与技术,播放流量超10亿人次。

7. 构建"帮培研"服务体系,打造一流社会服务质效

一是打造华北区域汽车培训基地。新建华北区域唯一的通用五菱和天猫养车经销商培训中心,年均社会培训47 009人天;两度获评国家级"双师型"教师培训基地,培训教师7 321人天。二是服务区域汽车产业升级能力大幅提升。对接市域振兴"两汽一拖"战略,服务地方企业177家,技术服务到款2 571.91万元;与长征汽车联合攻关新能源商用车热管理关键技术成果获河北省科技进步奖。三是对口帮扶职业院校实现新突破。帮助阜平、威县等省内欠发达地区和新疆等地职业院校开展汽车专业群建设,实现铁门关职业技术学院国赛奖项零突破。

8. 协同出海提质增效,打造一流汽车职教国际品牌

一是输出标准传播中国经验。输出教学标准12个、双语教学资源200余个,被马来西亚等"一带一路"共建国家采用并得到德国职业院校认证,获评教育部中外语言交流合作中心教学资源建设项目。二是随企出海助力落地生根。与长城汽车(泰国)、素叻他尼技术学院共建中泰长城汽车产业学院,开设"泰国长城班",实现我省海外本土化汽车人才培养新突破。

9. 创新"党建+"引领机制,职业本科专业群国内领先

一是以高质量党建带动高质量专业建设。依托全国党建工作样板支部,完善项目建设三级管理责任制,全流程推进专业群高质量发展。二是以国家标准推动高质量专业发展。以国家标准牵头研制工作驱动制度文件体系化建设,推进专业群可持续发展。三是创新"三位一体"专业群动态调整机制。以"十四五"产业规划为统领,裁撤专科专业4个、增设本科专业3个,获批学位授予权专业3个,形成契合汽车产业"新四化"、本专协调发展的专业群体系。

四、项目建设采取的措施

(一)项目推进机制建设与运行

一是三级统筹有效调度。在"双高计划"建设领导小组统筹管理下,成立汽

车高水平专业群建设领导小组和9个项目实施专项组,形成了"方案制定、任务落地、过程督查、绩效考评"的工作链条。

二是压实责任动态改善。建立"事前、事中、事后"相结合的全过程管理制度,强化目标结果导向,实施节点反馈、动态改进与绩效管理,确保项目建设进度和质量。

三是多方参与长效发展。对标产业前沿,迭代建设标准,形成政行企校多方参与的专业群建设可持续发展机制,如图4-4所示。

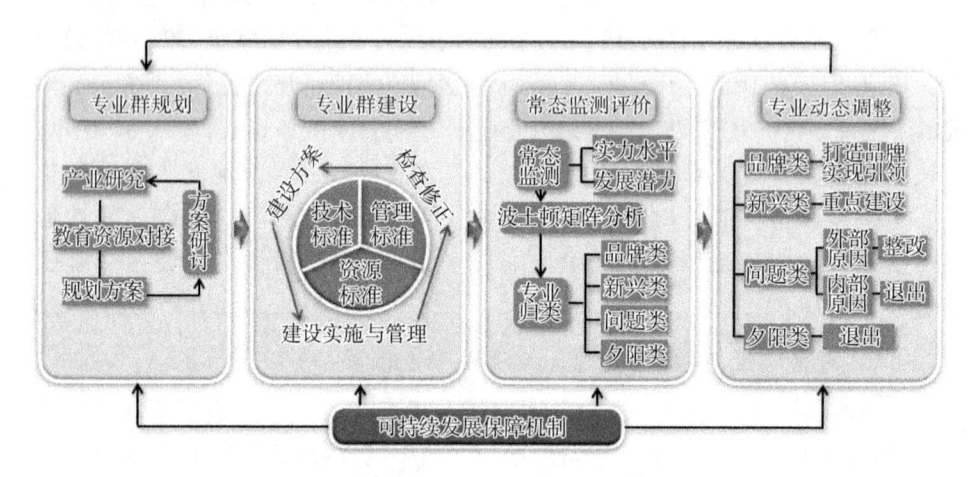

图4-4 汽车专业群建设运行长效机制

(二)项目资金管理与使用

1. 实施多元投入,确保资金充足

建立资源筹集与配置机制,统筹国家、地方专项资金和学校自筹资金,并获取行企多方资源,形成政行企校合作共建、多元投入格局,且各类资金足额到位。

2. 完善资金管理,加强过程管控

一是出台《"双高计划"建设项目专项资金管理办法》等配套管理制度,保障专项资金合理利用;二是常态化监测、评估建设进度、绩效目标完成度,专项资金安排有章可循、有据可查。

3. 加强预算审核,保证专款专用

项目建设单位依据任务书编制专项资金项目年度预算,学校领导小组审核确定额度,财务处建立经费指标核算簿,专项核算、专款专用。

4. 规范资金使用,强化绩效管理

一是专项资金严格执行项目预算及支出审批程序,会计核算、资金管理规范,杜绝截留、卡扣、占用等。二是专项资金管理以结果为导向,强调成本效益,全过程监督绩效管理与资金执行。

五、特色经验与做法

(一)创新五融五进路径,贡献高水平专业群建设范本

紧跟新能源与智能网联汽车产业发展趋势,携手产业链主企业,抓住专业群建设五个关键要件,创新"五融五进"路径,面向产业新质生产力场景培养高层次技术技能人才,着力提升专业群服务产业发展能力,提供中国特色高水平专业群建设实践范本,如图4-5所示。

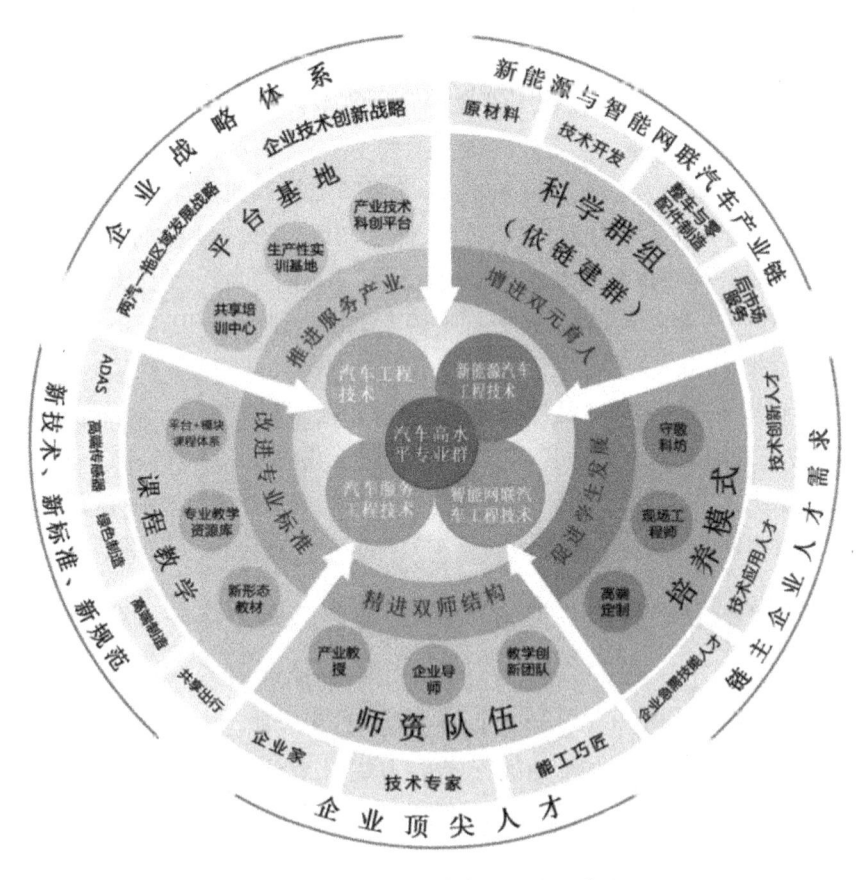

图4-5 "五融五进"专业群建设范式

一是组群逻辑融入产业新质场景，增进双元育人双链融合。适应汽车产业新质生产力场景对数智化、创新性、复合型人才需求，对接新能源汽车和智能网联汽车产业关键技术环节，组建本科引领的汽车专业群。校企共建长城汽车产业学院，紧密对接地方特色企业百余家，强化双元育人，服务汽车及其部件制造全产业链。"六协同"校企育人机制获省教学成果一等奖。

二是培养模式融入产业链主需求，促进学生发展人人出彩。携手行业头部企业共建职业教育本科专业，匹配产业链主企业人才需求，设计了高端定制、现场工程师、"守敬科坊"三条学生发展路径，与特斯拉等十大品牌车企开展高端定制班，培养高技能人才；开设卓越现场工程师实验班，储备高层次技术技能人才；创新"守敬科坊"培养模式，项目贯穿培养未来技术领导者。专业群"三路径、四阶段"分流分类人才培养模式获省教学成果一等奖。

三是课程教学融入产业先进技术，改进教学标准专业资源。联合中车行、长城汽车共同研制专业教学国家标准、行业企业标准、技能大赛等级标准，驱动新技术、新标准、新规范融入教学内容，共建共享优质教学资源。牵头研制职业本科专业教学国家标准3个；建成国家级专业资源库1个，获评国家在线精品课程3门、国家规划教材8部。

四是师资队伍融入企业顶尖人才，精进双师结构双向支撑。建立校企师资互通机制，柔性引进技术专家、技能大师、能工巧匠，培育名师名匠，构建大师名师领衔的钻石结构校企混编双师队伍；实行校企"双向导师"机制，校企技术专家联合教学、共同攻关技术难题，建成首批国家教师教学创新团队，获教学能力比赛国赛一等奖2项。

五是平台基地融入企业战略体系，推进专业服务产业发展。对接邢台市"两汽一拖"发展战略和龙头企业技术创新战略体系，共建高水平教科创平台。建成国家级汽车类生产性实训基地、区域新能源及智能网联汽车培训中心、首个车用先进复合材料重点实验室，服务域内整车及零部件产业链迈入尖端。

（二）产教互融科教互通，打造职业本科关键办学能力提升样板

服务教育强国战略和技能型社会建设，贯彻职业教育高质量发展理念，深化产教融合、科教融汇，坚持面向实践强化学生能力培养，打造金师、金课、金教材，形成了职业本科关键办学能力提升范式，获评国家级教学团队3个、在线精品课程8门、规划教材27部、教学能力国赛一等奖3项，提供了可持续的示范。

一是"五阶段四维度"体系创新职业本科"双师型"金师发展路径。如图

4-6 所示,以提升教师教育教学、企业复杂问题解决能力为重点构建教师发展体系,基于各阶段教师发展定位,开发以方法为核心的校本培训项目,提升教育教学能力,围绕课程体系开发、课程整体设计、课堂教学实施关键环节,贯通性设置 7 个培训项目,成果固化为国培项目,并在全国高校教师网络培训中心举办线上工作坊。构建以技术为核心的递升型任务,提升工程实践能力,对接技术专家职业成长历程,设置由技能训练到技术研发的 5 个发展性任务,共建教师企业实践基地,创新"一企一师不断线""一课一兼职"机制,打造高水平双师型队伍。

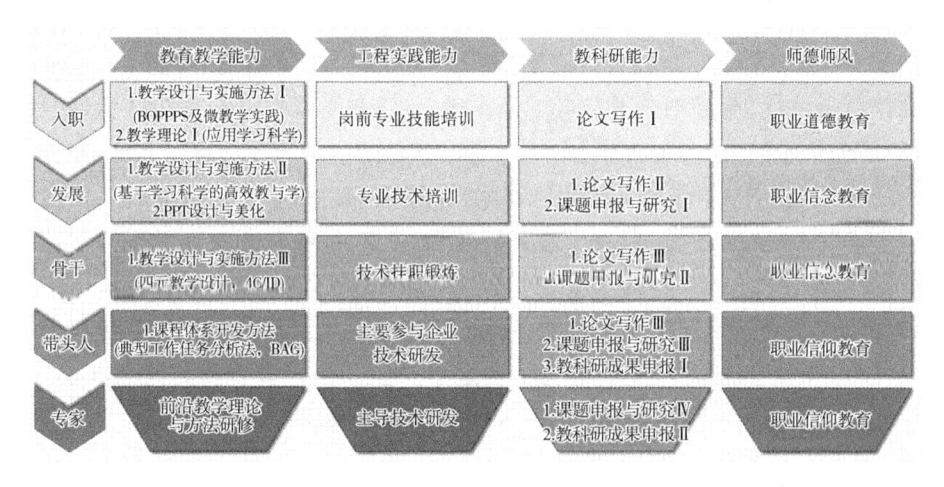

图 4-6 "五阶段四维度"系统化设计教师发展体系图

二是"四新引领"打造职业本科产教融合型金课金教材建设样板。建立"一书一课"一体化建设机制,校企双元开发课程教材内容,对接区域重点产业发展需求,组建职教专家指导下的产教融合型混编团队,确立"五融合"理念,对接"四新","两分析一转化"做实岗位职业能力分析,采集蕴含复杂问题解决方法的企业典型案例,开发以技术知识为核心的课程内容。采用数字技术赋能课程教材资源打造,夯实学校数字化基座,创新"标准引领、要素打包、路径匹配"资源开发范式,打造"三级三类"教学训评资源包,建设沉浸式、智慧化实训体系,推动教育教学变革,提升学生数字化工程实践能力。如"汽车转向、行驶与制动系统检修"课程对接行业标准,采集奔驰等品牌车型维修典型案例,开发"八要素学习包",该课程位居智慧职教全国最热慕课 TOP10 榜首,项目相关建设成果获评国家精品在线开放课、国家规划教材。

三是"科教融汇"提质升级职业本科项目化教学模式。契合本科人才定位,提升项目挑战度、真实度,选取行业头部企业真实工作任务,构建科研项目库,动态更新并及时转化为教学项目,助力科研,反哺教学。提升学生自主完成度,以学生为主体,以科研平台为依托,以项目为载体,以启发深度思考问题为引领,课内课外相结合,线上线下相结合,小组合作探究达成项目化教学目标,培养学生高阶思维和解决复杂问题的能力。如"PLC应用技术"课程引入行业最新伺服控制器,节选团队完成的真实企业项目,经教学化处理形成7个课程项目,学生在教师指导下真题仿做,该课程获评国家在线精品课程。

(三)深化国际化开放办学,赋能职教出海行稳致远

服务国家"一带一路"倡议,构建"中文＋职业技能"国际化办学格局,推动海外办学提质发展,打造对外开放办学新高地,入选教育部"中国-东盟特色高职合作院校"。

一是拓展"中文＋职业技能"培养路径,建成东南亚本土化技能人才培育基地。创新"强中文拓技能融文化"教育教学模式,培养来自泰国等国家的留学生126名;开展"中文＋新能源汽车技术"等专业特色教学,积极输出中国技能标准;开展"中文＋冶金""中文＋钢铁"项目,培训德龙集团等"走出去"企业本土员工20 000余人天,推动职业教育与企业发展共生共荣。联合河北建工集团,共建国家级教育援助项目——老挝乌多姆赛职业技能发展中心,输出河北职教方案。

二是推动优质职业教育资源"走出去",服务海外办学提质发展。创办第一家海外"守敬工坊——中泰语言与技术中心",与敏布理技术学院等共建中泰汽车产业学院等海外办学项目4个。推进课程资源、国际师资培训与"走出去"项目深度融合,开发建筑、汽车等双语教学资源300余个;省内最早面向柬埔寨、老挝等"一带一路"共建国家培训职教师资3 500余人天。连续五年获评世界职教大会国际交流优秀案例。

三是借鉴国外先进办学经验,打造中外合作办学品牌。联合德方大学举办机制专业等办学项目4个,形成应用型人才培养标准4个,共建全省高职首家大学生海外实习基地,探索中德本科-硕士联合培养路径。联合德国优质企业开展"中德汽车职业教育合作项目(SGAVE)""戴姆勒铸星教育项目",获评教育部中德职业教育汽车机电合作项目示范学校。

模块五

典型案例

一、树标准、强应用、增效益
铺展汽车类职业本科教育发展新画卷

——汽车类职业本科人才培养模式创新案例

职业教育国家专业教学标准的修(制)订工作是职业教育大有可为、大有作为的实际行动和理论先导,是落实全国职业教育大会精神,推动现代职业教育高质量发展的现实需求,也是全面落实《教育部关于印发〈职业教育专业目录(2021)〉的通知》(教职成〔2021〕2号)和《关于启动〈职业教育专业简介〉和〈职业教育专业教学标准〉修(制)订工作的通知》(教职成〔2021〕34号)工作安排的具体要求,以此为契机,专业群牵头3个(共4个)汽车类职业教育本科专业教学标准的研制工作,在第十八届全国汽车职业教育年会暨汽车行业职业教育教学指导委员会成立大会上高端发声,针对牵头研制的3个汽车类职业本科专业教学标准,进行专业内涵深度解读,分享专业教学标准的修(制)订工作思路,为规范引领职业院校全面修(制)订专业人才培养方案提供现实的指导。

(一)当好研制排头兵,四项标准齐并进

教育部职成司委托行业职业教育教学指导委员会工作办公室和职业技术教育中心研究所组织开展《职业教育专业简介》(以下简称《简介》)和《职业教育专业教学标准》(以下简称《标准》)修(制)订工作,经授权,中国汽车工程学会组织统筹汽车类专业的《简介》和《标准》修(制)订工作。接到学会任务后,学校第一时间响应,高度重视,积极申报,最终承担4个汽车专业职业本科教学国家标准的制订工作,成为3个职业本科专业的组长单位或副组长单位,如表5-1所示。

表5-1 承担汽车类职业本科专业教学国家标准修(制)订工作人员安排

序号	专业名称	专业代码	层次	姓名	职务	职称	备注
1	汽车工程技术	260701	本科	李贤彬	副校长	教授	组长
	汽车工程技术	260701	本科	马金刚	系总支书记	教授	执笔人/发布人
2	智能网联汽车工程技术	260703	本科	于万海	系主任	教授	组长/发布人
	智能网联汽车工程技术	260703	本科	马建伟	专业主任	副教授	执笔人
3	新能源汽车工程技术	260702	本科	盛鹏程	系副主任	副教授	副组长/发布人
4	汽车服务工程技术	300203	本科	鲁民巧	专业带头人	教授	成员

（二）搭建完备新体系，标准研制保质量

依托长城汽车产业学院，邀请河北省教育厅、中国汽车工程学会、本专科院校教育专家和来自长城、比亚迪等知名车企的专家，共同组建一个多层次、高水平、广覆盖的研制指导机构——职业本科国家教学标准研制工作指导委员会（下设秘书处，组织体系如图5-1所示），对研制流程、调研大纲等重大事项进行咨询、指导与评议，负责专业简介与专业标准的最终审核。在中国汽车工程学会指导下，校企共同牵头，成立由河北科工大教学副校长任组长，汽车工程系主任、教务处处长任副组长，下设3个专业研制组，每个专业研制组包括专业调研组、专业简介组、专业标准组的组织架构，分工明确，体系完备。

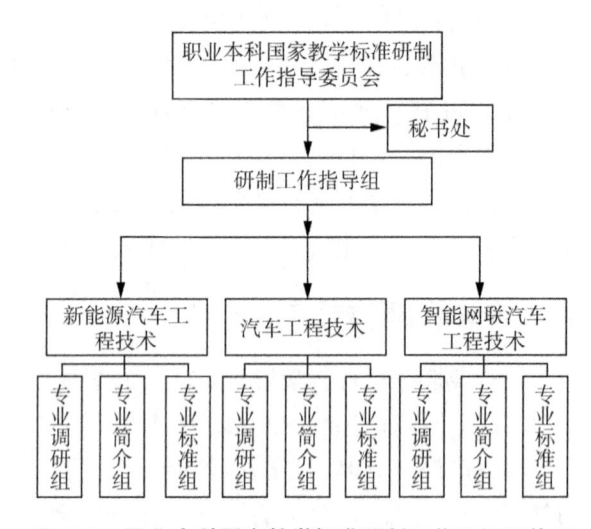

图5-1 职业本科国家教学标准研制工作组组织体系

（三）调研认证与诊改，协同推进显成效

1. 五维度调研，提供数据支撑

调研组根据各类群体的特点，采用文献查阅、线上访谈、线下访谈、问卷调研（如图5-2）等多种调研形式，对行业、企业、院校、学生展开五维度调研。针对行业、企业，从两个方面开展调研，人力部门主要调研企业岗位、人才需求、人才培养等情况，技术部门主要调研技术岗位职责、工作内容、发展方向等情况；针对本专科院校，调研内容包括专业招生、专业建设、专业就业等情况；针对研究机构，调研内容包括专业的职业面向、培养目标及规格、课程体系等情况。2021年

8月到10月,历经两轮调研,调研组共调研企业40多家,本科及高职院校15所,行业协会和研究机构10多家,最终各个专业形成调研报告1份、专业典型工作任务分析表1份、专业能力体系与课程体系对应表1份,为专业教学标准的研制提供了可靠的数据支撑。

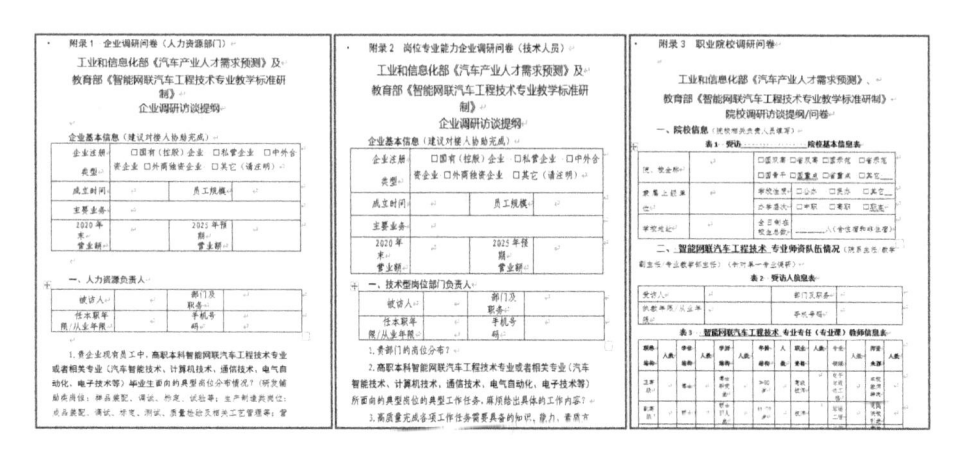

图5-2 调研访谈提纲/问卷

2. 三层级认证,层层严密把关

整个研制工作采用组长负责制。组长负责各专业简介和教学标准研制工作的安排协调、进度把控、质量把关、对外联系,组建由行业领军人物、头部院校专家等组成的专家组,制定调研提纲。研制工作程序是:(1)研制组首先根据专家组的调研提纲形成调研问卷,对行业、企业、院校、学生展开调研,形成调研报告,提交专家组进行论证,形成专业调研报告,上报汽车行指委;(2)根据专业调研报告研制专业简介,提交专家组进行论证,形成专业简介,上报汽车行指委;(3)经汽车行指委认可之后,根据专业简介细化专业标准,再次提交专家组进行论证,形成专业标准,上报汽车行指委。每份结论性报告都须经研制组—专家组—行指委三层级论证,如图5-3所示。

3. 全闭环诊改,夯实工作质量

形成的调研报告、专业简介、专业标准等阶段性的成果在最终提交给汽车行指委之前,通过组内论证→诊改→专家组论证→诊改→汽车行指委论证→诊改等全轮闭环诊改(如图5-4,图5-5所示),广泛听取各类专家的意见,确保研制出高质量的专业标准和专业简介。

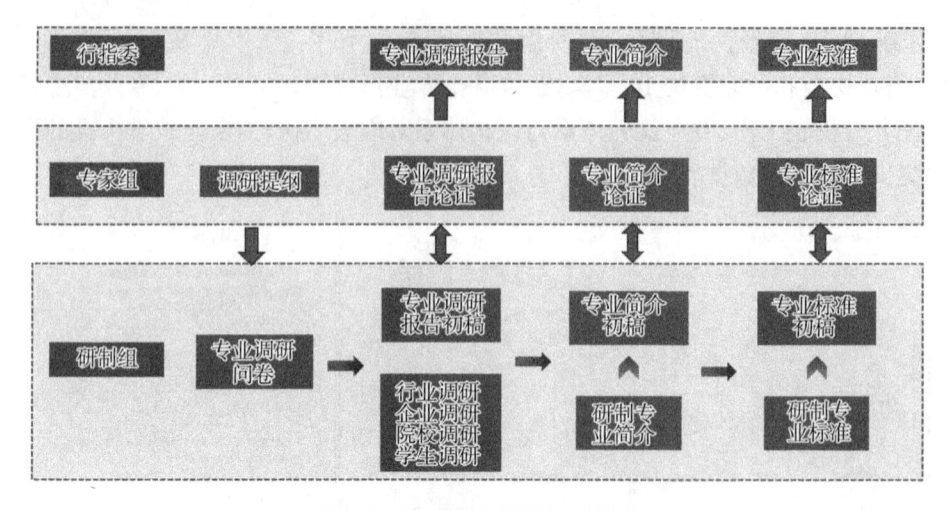

图 5-3 三层级论证的工作机制

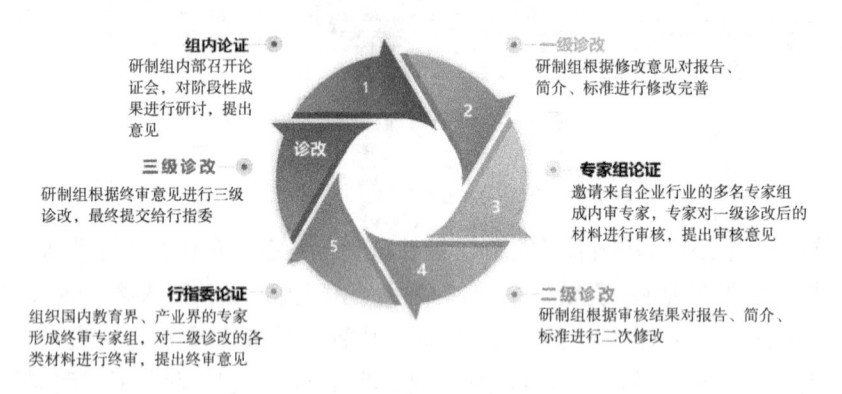

图 5-4 全轮闭环诊改的研制流程

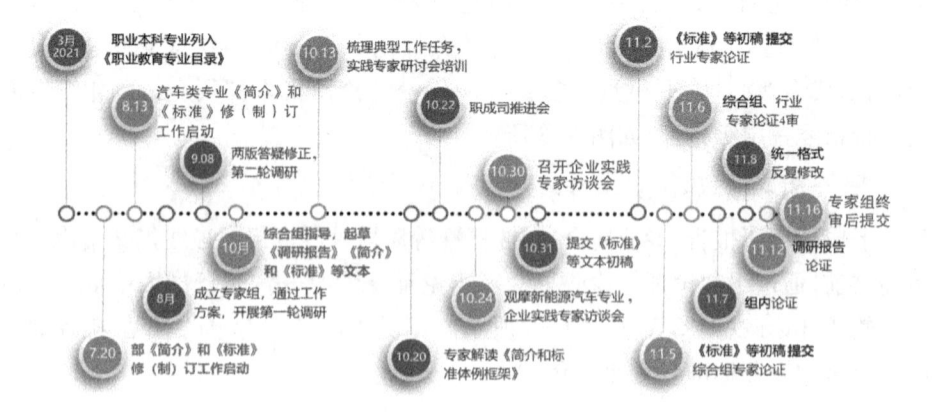

图 5-5 专业标准的完整研制过程

4. 创新研制方法，实现精准定位

职业本科专业作为新生事物，缺乏可供借鉴和参照的先例，为了能够研制出高质量的专业教学标准，在专业标准的起草过程中，进行了广泛的调研，然而调查问卷中信息量巨大、信息繁杂凌乱，针对该问题，综合采用关键词筛选法、合并同类项法、样板法、知识架构法等多种手段，经过多角度的筛选梳理，精准定位汽车类职业本科专业的职业面向、专业定位、能力目标、典型工作任务等专业教学标准中的核心内容（如图 5-6～图 5-8 所示），确保研制的专业教学标准发挥其对全国汽车类职业本科专业教学的现实指导作用。

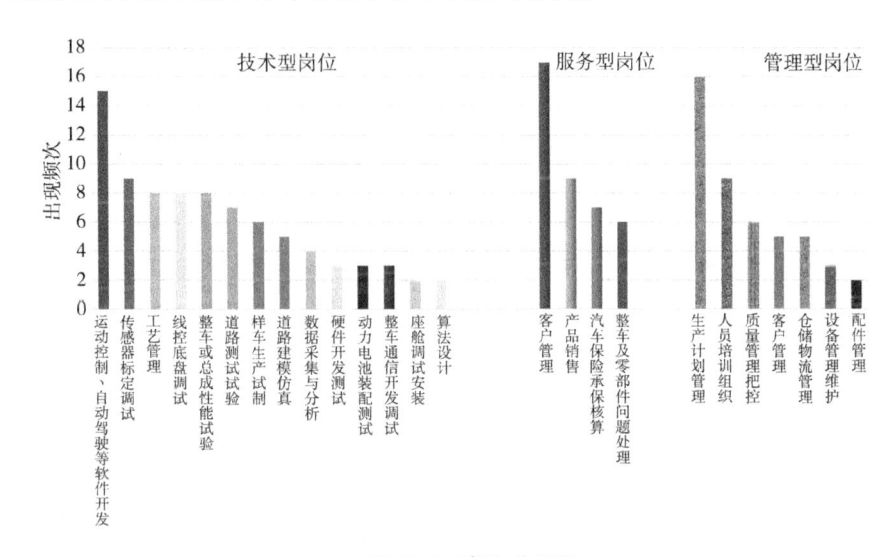

图 5-6 岗位分析图

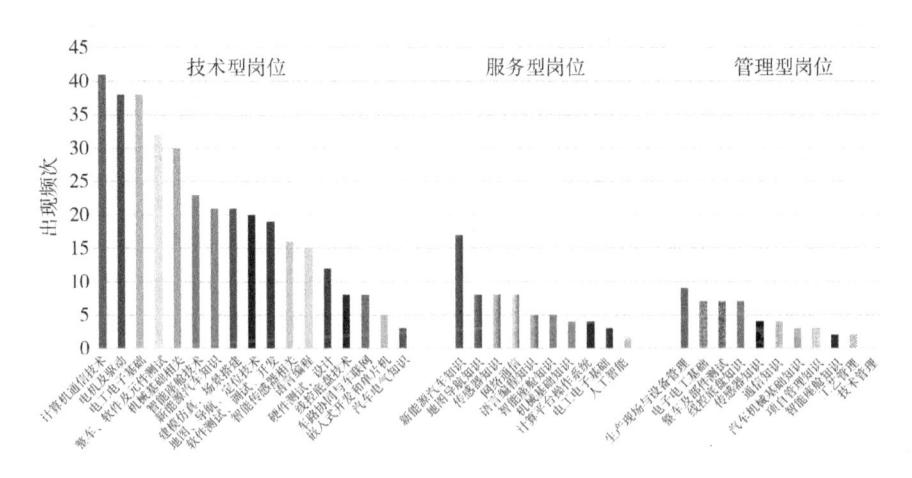

图 5-7 岗位知识要求统计图

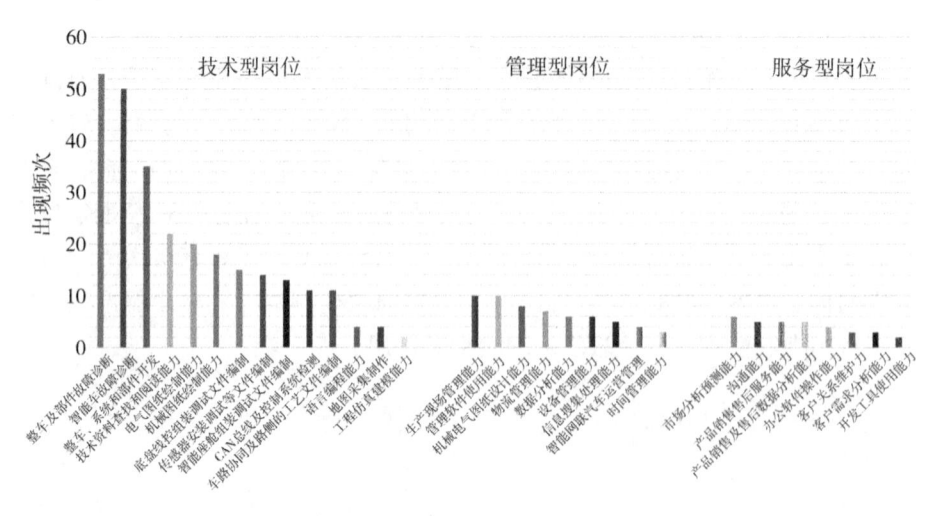

图 5-8　岗位能力要求统计图

（四）研制成果获认可，教学标准得推广

在汽车产业向"全面电动化、智能化"转型的重要时期，2023 年 3 月 28 日—30 日，第十八届全国汽车职业教育年会暨全国汽车职业教育教学指导委员会成立大会成功召开，大会以"新时代、新汽车、新标准、新机遇"为主题，旨在共同为汽车职业教育的改革与发展寻求解决方案和路径。凭借专业教学标准研制工作所做出的成绩，河北科技工程职业技术大学在大会上被授予全国汽车职业教育教学指导委员会委员单位、教师发展专门委员会常务副主任委员单位。在专业委员会首届年会论坛上，汽车工程系于万海、马金刚、盛鹏程 3 位教师针对汽车职教的汽车工程技术、智能网联汽车工程技术、新能源汽车工程技术 3 个本科专业，分别进行了专业内涵的解读以及专业教学标准的修（制）订工作思路分享，获得与会相关领导、专家、企业院校的一致好评和高度认可，使得所研制的汽车类职业本科教学标准在全国范围得到广泛推广，为国内职业院校汽车类职业本科专业的建设提供了指导思想和建设思路。会议现场如图 5-9 所示。

模块五　典型案例

图 5-9　我校教师在汽车行业职业教育教学指导委员会大会上分享经验

二、"德技识"三位一体、"建用改"循环提升："一课一书"共创精品

——课程教学资源建设、教材与教法改革案例

职业教育国家在线精品课程建设是全面贯彻落实《关于推动现代职业教育高质量发展的意见》《职业教育提质培优行动计划（2020—2023年）》等文件精神的具体举措。在总结国家精品课程、国家精品资源共享课建设经验的基础上，针对"重资源轻路径、重创评疏改进、重建设轻应用"等问题，坚持立德树人、德技并修，适应"互联网＋职业教育"新要求，坚持优质数字资源与新形态教材同步开发，创新"双环学习路径"，构建国家高水平专业群线上线下混合式金课群。

（一）思政导航、标准引领、路径匹配，创新课程资源开发新范式

1. 搭建"思政-知识-技能"树，创建四修思政模型，达成课程综合育人

以"同心共筑汽车强国梦"为理想主线，融入爱国情怀、职业道德、工匠精神、劳动意识等思政元素，创建出"修心、修德、修志、修身"的"四修"思政模型，如图5-10所示。通过实施实训基地学生自主运维等多种渠道，挖掘思政点，结合知识点、技能点，搭建出"思政-知识-技能"树，实现品德塑行、知识传授、能力培养一体化，充分挖掘校企合作中的"契合点"。通过真实场景运维、真实文化氛围

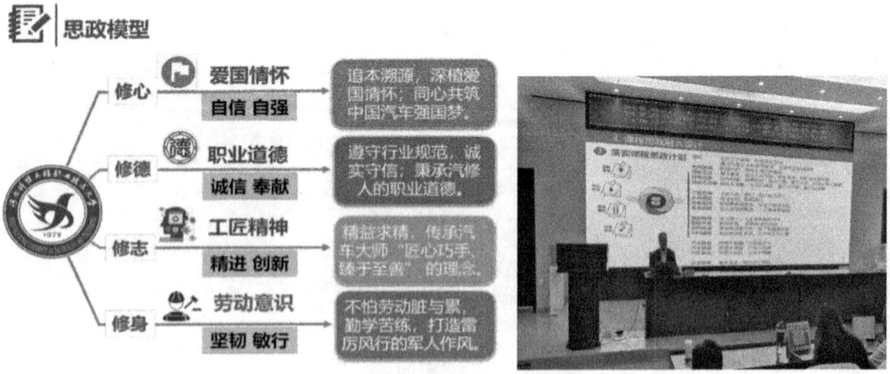

图5-10 专业教学资源库"四修"思政模型推广

熏陶、真实工作任务驱动,实现自管自治的职业化行动潜移默化地成为学生的职业素养,使得职业态度内化于心、企业习惯外化于行。力争将每一名学生都培养成为"心中有国家、眼中有社会、手中有技能"的新时代好公民。课程思政新模式先后在河北交通职业技术学院、陕西铁路工程职业技术学院等省内外20多所院校推广。

2. 开发"三种互动、四级考核、五类资源"教-学-训-评资源包,规范课程建设标准

以学生学习为第一视角探索资源开发思路,对接国家专业教学标准、企业行业标准、技能大赛等级标准,导入新技术、新工艺、新方法,依托校企共建实训基地,参考企业工作流程,创建"讨论、问卷调查、答疑"三种互动,提供"小组PK、测验、作业、考试"四级考核,制作"视频、课件、案例、动画、仿真"五类资源,统一课程资源建设的规范标准。资源包框架如图5-11所示。

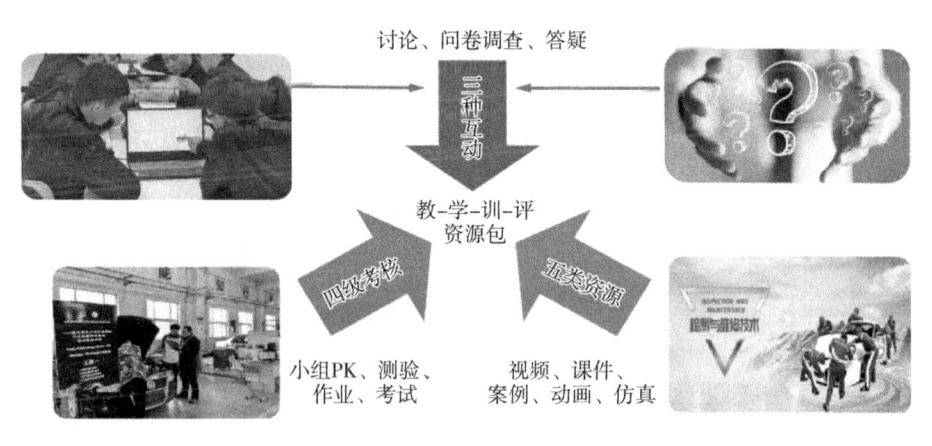

图5-11 教-学-训-评资源包

3. 构建"双环递进学习路径",助力学生成长

创设"学业目标—知识技能点学习—企业案例—作业测评"项目大循环、"微课—测试—讨论"知识点小循环"双环递进学习路径"(如图5-12所示),层层递进,螺旋提升,让学生更加轻松地掌握所需技能。真实的企业要求和工作流程、实车实景的学习体验,有效地激发了学生的学习兴趣,并实现了从课程到岗位的无缝对接。

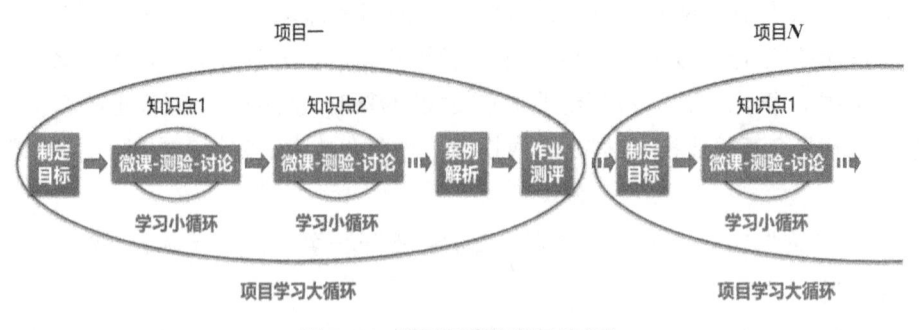

图 5-12 "双环递进学习路径"

（二）"建设—应用—改进"螺旋提升，多举措打造优质立体金课群

1. "一课一书"同步更新，形成线上线下立体式教学资源

依托校企合作项目及精品课程建设项目开展教材改革，对接专业教学标准、行业标准、技能大赛等级标准，以企业真实典型维修案例为主线，将企业技术手册、内训素材和考核标准教学化提炼后融入教材，打造任务驱动、理实一体化式教材，真正做到校企共建，产教融合。截至目前，获评"十三五"规划教材 2 部、"十四五"规划教材 6 部。"书课同建"成果如图 5-13、图 5-14 所示。

图 5-13 国家精品在线课"汽车电路与电气系统故障诊断与修复""书课同建"成果

模块五　典型案例

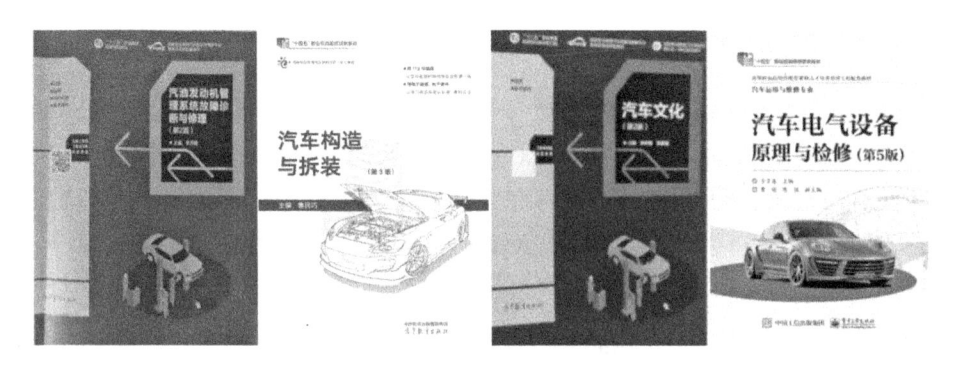

图 5-14　专业群"十四五"规划教材

2. "岗课赛证"融通优化课程资源，保持动态更新

建立"建设—应用—评价反馈—更新"常态化螺旋更新机制，及时将企业实际工作案例、巴哈大赛中相关模块转化为教学项目，以课促赛，以赛促教，发挥大赛对学生职业能力培养的引领作用。图 5-15 所示为专业群技能大赛国赛获奖部分成果。

图 5-15　专业群技能大赛国赛获奖成果

(三) 打造校企双元、师生协同的课程团队,做好课堂内外服务

建立由"企业专家、专职教师、教务管理及学生助理"组成的校企双元、师生协同的课程团队(如图 5-16 所示),以保障课程的正常运维。企业专家提供实际工作案例与指导实践教学;专职教师完成模块教学及资源更新;教务管理负责学生选课、督导、学分认定等工作;学生助理协助教师完成平台维护、讨论答疑等工作。通过分工合作,共同做好课堂内外服务。

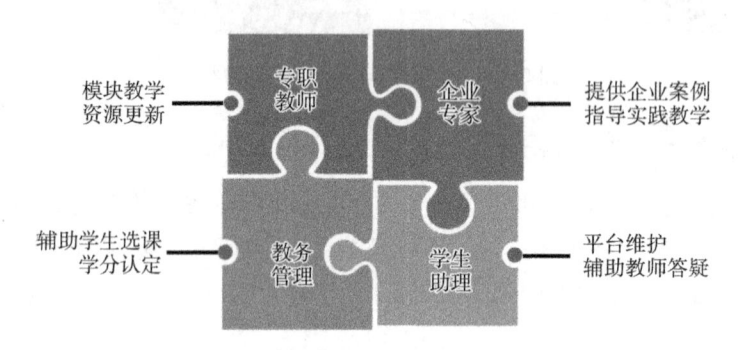

图 5-16 校企双元、师生协同课程团队及分工

(四) 硕果累累,课程资源及建设经验惠及全国

1. 形成"国家级—省级—校级"塔形金课体系,资源库课程被 3 000 余个院校选用

经过五年建设,"汽车转向、行驶与制动系统故障诊断与修理""汽车电路与电气系统故障诊断与修复""汽油发动机管理系统故障诊断与修理"3 门课程获评国家精品在线课程,"汽车 CAD 技术"等 10 门课程获评省级精品在线课程,"新能源汽车驱动电机及控制技术"等 17 门课程获评校级精品在线课程,打造了国家、省、校三级金课梯队。资源库素材达 8 601 个,用户 231 543 人,惠及全国 3 000 多个院校,推进了信息技术与教育教学深度融合。表 5-2 所示为国家、省级精品在线课及运行数据;图 5-17 为专业教学资源库用户数据。

表 5-2 国家、省级精品在线课及运行数据

课程名称	级别	开课期数	累计选课人次	学员所属单位个数(个)	累计互动次数	累计日志总数
汽车转向、行驶与制动系统故障诊断与修理	国家级	14	90 367	4 063	4 142 635	16 824 292

续表

课程名称	级别	开课期数	累计选课人次	学员所属单位个数(个)	累计互动次数	累计日志总数
汽车电路与电气系统故障诊断与修复	国家级	8	30 072	1 308	791 631	4 750 236
汽油发动机管理系统故障诊断与修理	国家级	8	22 351	726	592 393	2 879 440
汽车保险与理赔	省级	6	26 176	517	602 908	1 272 568
汽车安全与舒适系统检测与修复	省级	6	18 960	485	408 119	1 537 436
汽车底盘构造与拆装	省级	6	12 935	309	202 857	54 812
汽车评估技术	省级	4	9 027	128	282 158	533 183
发动机构造与拆装	省级	4	6 800	200	125 125	42 994
汽车CAD技术	省级	3	4 432	90	20 955	111 060
汽车营销策划	省级	3	8 378	166	36 375	30 921

图 5-17 专业教学资源库用户数据

2. 分享课程建设经验，帮扶兄弟院校

面向省内外 300 多所院校 10 000 多人，汽车专业群教师利用线上和线下形式开展了课程建设及教学技能提升培训（如图 5-18 所示），在全国高职教育战线起到示范引领作用，成为"邢台样本""河北经验"。

图 5-18 专业群教师为省内外院校分享经验

三、双擎四驱创新机制,五阶四维夯实能力
——构建汽车专业群一流教师教学创新团队案例

教师队伍是发展职业教育的第一资源,是支撑新时代国家职业教育改革的关键力量。我校汽车制造与试验技术教师教学创新团队作为首批立项建设的国家级创新团队,锚定一流教学团队建设目标,针对团队建设过程中存在的团队结构不合理、教师综合能力发展不均衡、团队协同效应不强的现实问题,聚焦团队品质建设,规划"五阶段四维度"教师能力提升体系,创新"双核双擎四驱"团队建设运行机制,拓展了教师个人与团队共同成长的螺旋进阶路径,取得显著的建设成效,有力支撑了专业群的高质量发展。

(一)"双核双擎四驱",创新教学团队建设模式

1. 项目驱动,双擎引领,构建模块化团队结构

在团队已有的以企业技术专家和学校教学专家组成的"双核"钻石结构基础上,依据团队教师专长,针对专业基础、专业核心、专业拓展、综合实践等课程模块,从团队成员中选取具备相应能力专长的教师,对接专业群模块化课程体系,组建5个模块化课程实施教学团队,如图5-19所示。为服务专业群发展,聚焦双高专业各项建设任务,基于模块化课程实施团队,灵活抽调整合为教研团队、科研团队、项目化团队等。在教师能力提升和专业改革创新双擎引领下,团队成员不仅能不断深入自己的专长领域,同时也能通过彼此的分工协作共促专业建设发展,实现个人与团队协同共进。

2. 四驱循环,螺旋进阶,创新一体化运行机制

对接专业建设项目载体引培专业带头人、校企专家、领军人物等,打造团队知识匹配结构场;组织工作会议、专题讲座等搭建团队知识分享对话场;通过项目会议、学术研讨进行反思复盘,拓展团队知识整合创新场;分工协作进行课程建设、校企合作等,构建团队知识输出演练场。按照"结构—对话—创新—演练"全要素一体化建设师资团队,形成团队运行四驱平台,如图5-20所示。在专业建设各项目引领下,将团队核心成员的隐性知识,通过社会化—外在化—组合化—内在化循环,固化为全体成员的隐性知识,四驱平台形成知识螺旋,不断提升团队成员能力和团队整体水平。

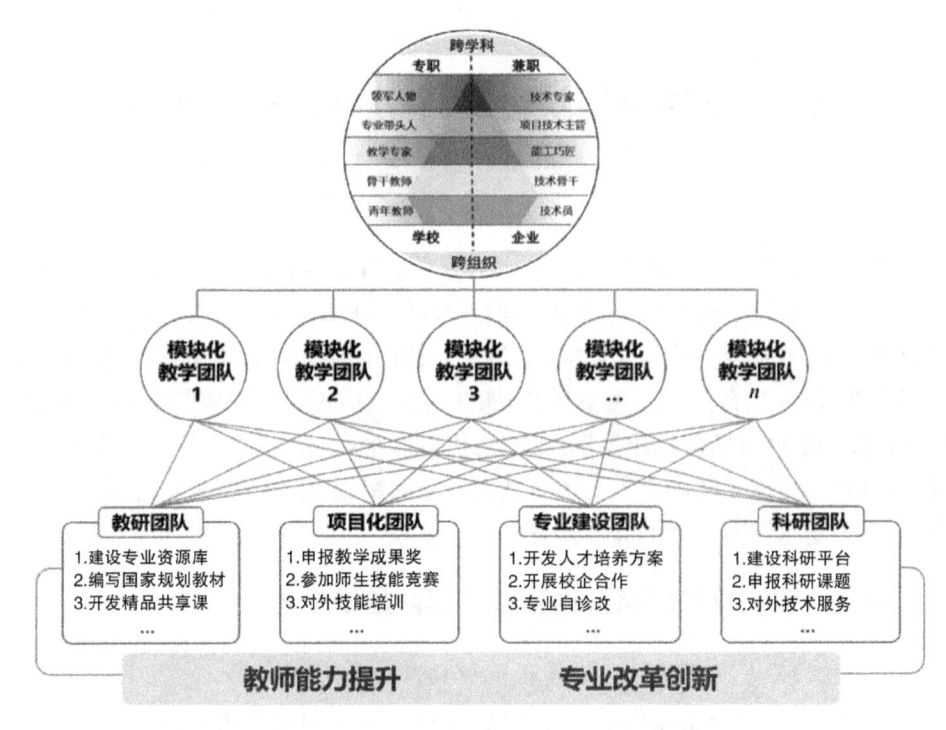

图 5-19 "钻石型"模块化校企混编团队结构

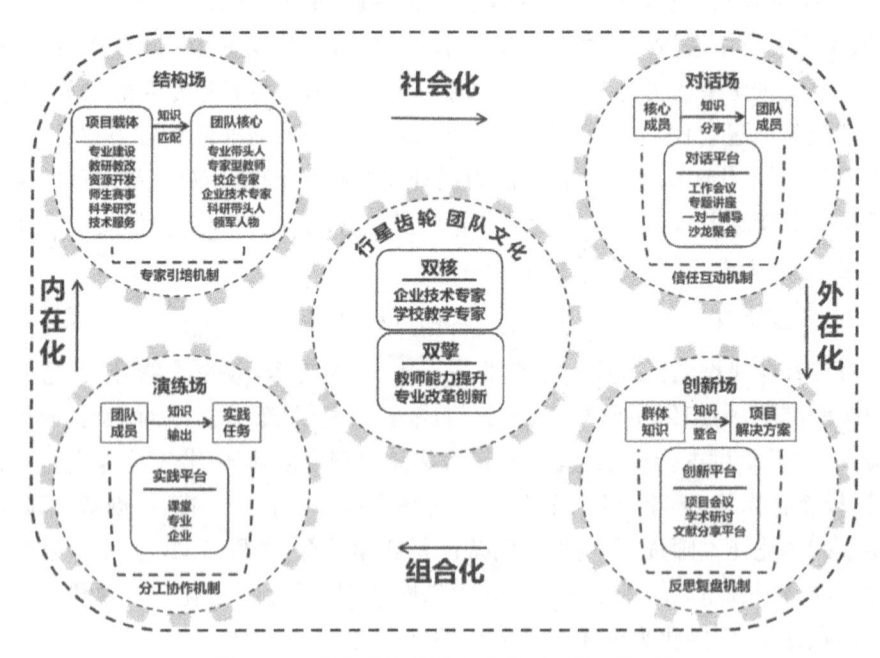

图 5-20 教师创新团队运行"四驱循环"机制

（二）"五阶段四维度"，构建教师能力提升体系

1. 制定标准，明确教师发展五阶段

按照"从新手到专家"的职业发展规律，将教师职业发展阶段划分为入职期、发展期、骨干期、带头人期、专家期五个阶段，确定各阶段的达标标准。帮助团队教师准确定位自身发展现状、合理确定发展目标。

2. 对标"四有"，确定能力提升四维度

为满足职业教育"四有"好老师的要求，基于教师职业发展阶段，针对教学能力、专业实践能力、教科研能力、师德师风四个方面，提供有针对性的培训，助力处于不同发展阶段老师们的能力提升。

3. 校企协同，搭建教师能力提升通道

校企深度协同，共研教师能力提升路径，通过专题研修提升团队教师的教学教改能力、社会服务能力、组织领导能力、专业发展与科研能力。通过参与企业实践以及企业等级认证方式，夯实双师能力，提升教师技术服务能力。"五阶段四维度"能力提升体系如表5-3所示。

表5-3 "五阶段四维度"能力提升体系

发展阶段	培训课程与培训项目			
	师德师风	教学能力	专业实践能力	教科研能力
入职期	师德师风Ⅰ	1. 教学设计与实施Ⅰ（BOPPPS及微教学实践） 2. 教学理论Ⅰ（应用学习科学）	专业实践Ⅰ	论文写作Ⅰ
发展期	师德师风Ⅱ	1. 教学设计与实施Ⅱ（高效教与学） 2. 教学理论Ⅱ（掌握教学设计） 3. 信息化教学	专业实践Ⅱ	1. 课题申报与研究Ⅰ 2. 论文写作Ⅱ
骨干期	师德师风Ⅲ	1. 教学设计与实施Ⅲ（四元教学设计，4C/ID）	专业实践Ⅲ	课题申报与研究Ⅱ
教学方向带头人期	师德师风Ⅳ	课程体系开发（典型工作任务分析法，BAG）	专业实践Ⅳ	教研成果申报
科研方向带头人期	师德师风Ⅳ		社会服务	1. 论文写作Ⅲ 2. 课题申报与研究Ⅲ 3. 科研成果申报

续表

发展阶段	培训课程与培训项目			
	师德师风	教学能力	专业实践能力	教科研能力
专家期	师德师风Ⅴ	前沿教学理论与方法研修	前沿专业理论与方法研修	

(三) 螺旋进阶,团队建设成果丰硕

1. 师德师风建设凝心聚力,团队取得多项荣誉

师德师风培养提升了团队教师素养,增强了团队的凝聚力。团队入选国家级名师1人、河北省模范教师1人、河北省师德标兵1人;2019年团队被评为全国党建工作样板支部;2023年4月,团队顺利通过首批国家级教师教学创新团队验收。教师团队荣誉(部分)如图5-21所示。

图 5-21　教师团队荣誉(部分)

2. 四驱循环机制激发潜能,教法改革推陈出新

高效的团队运行机制有效激发了团队教师教学教改的内驱力。在持续的教改实践中,创新形成"查—定—理—核"闭环控制、"P-PADS-E"协同探索等混合教学模式,建立五维评价体系,开发全过程即时评价平台。基于创新的教学模式和评价改革,团队获教师教学能力大赛国家级一等奖2项、二等奖1项、三等

奖1项。先后斩获国家级教学成果二等奖2项,省级教学成果特等奖1项,一等奖1项。部分获奖如图5-22、图5-23所示。

图5-22 教师教学能力大赛获奖

图5-23 国家级、省级教学成果奖

3. 实践能力强化促进发展,双师素养显著提升

团队成员双师比例达91.3%,所有成员均通过企业等级认证,涌现出河北省技术能手13人,获得国家级职业院校技能大赛教师赛三等奖1项;带领学生获国家级职业院校技能大赛一等奖1项、二等奖4项、三等奖2项。建成国家级职业教育"双师型"教师培训基地、国家级高水平产教融合汽车类生产性实训基地。图5-24所示为学生技能大赛部分获奖成果。

图5-24 学生技能大赛获奖成果

4. 科研能力培养赋能增效，科创服务硕果累累

完成专项科学技术研究项目17项；发表高水平论文5篇；出版专著2部；取得发明专利15项、实用新型专利79项、成果转化33项。建成省级技术创新（工程技术研究）中心2个、外国院士工作站1个，获省级科学技术进步三等奖1项。如图5-25所示。

图 5-25 教师团队科研创新成果

以国家级创新团队建设为契机，系统构建的"双核双擎四驱"的团队建设运行机制，及"五阶段四维度"教师能力提升体系，实现了团队结构的充分优化、教师能力的均衡发展，创新了教师个人与团队协同发展的新路径，为高职院校教师教学团队建设提供了实践样本。团队建设范式先后被武汉城市职业学院、湖北工业职业技术学院、河北机电职业技术学院、石家庄职业技术学院等国内17个专业大类34所高职院校借鉴。

四、"台""站""员"共下一盘棋,锻造科技创新硬核实力
——打造一流科学技术技能平台典型案例

汽车检测与维修技术(汽车制造与试验技术)高水平专业群针对职业院校在科研技术服务方面存在高端人才缺乏、科研与技术体系架构不健全、项目研究与区域经济发展相脱节等问题,将科研技术服务与河北省支持市县科技创新专项行动相结合,搭建高端平台,健全科研技术服务体系,服务区域经济发展,为职业院校服务当地产业提供了"台""站""员"层层支撑的新模式,如图5-26所示。该模式推广实践成果受到河北新闻广播电视台、河北日报、邢台电视台等各级媒体多次报道,经验得到推广。

图 5-26 "台""站""员"层层支撑的科研服务架构

(一)搭"高台"聚智汇力,创团队奋楫笃行

1. 引进高端人才,成立外籍院士工作站

引进创新方法领域院士檀润华教授,成立"河北省外国院士工作站",签订聘任协议,确定任务指标,在科技项目攻关、科技成果转移转化、创新人才培养等方面对学校进行指导,有效推动专业群高水平人才与科技创新力量提升。部分兼职教授聘任协议及外国院士工作站揭牌仪式如图5-27、图5-28所示。

图 5-27　兼职教授聘任协议

图 5-28　外国院士工作站揭牌仪式

其间，檀润华院士围绕科研人员如何突破技术壁垒和瓶颈，面向全校开展"产品第一性原理——C-TRIZ/TRIZ 应用"主题报告，提升全校师生的综合创新能力；院士创新团队为科研骨干教师举办为期一个月的创新方法培训，推进 TRIZ（发明家式的解决任务理论）创新方法在科研和技术服务中的应用；组织汽车系教师集中研讨，挖掘并提炼"汽车失效预测"作为汽车服务工程技术专业的重点科研方向，如图 5-29、图 5-30 所示。专业群充分发挥院士工作站的作用，形成"院士领衔、团队汇集、重点打造、共融创新"的高端人才合作方式。

图 5-29　檀润华院士工作站开站活动

图 5-30　外国院士工作站被媒体报道

2. 搭平台建团队，有支撑能落地

在院士工作站的引领下，汽车专业群积极申报并获批了河北省特种车辆改装技术创新中心、河北省高校汽车工程应用技术研发中心等一系列科研技术平台，以科研技术平台为依托组建了汽车控制器测试、汽车及新能源汽车电气及控制技术等九个科研创新团队，通过认定答辩、中期汇报、年底考核等举措推进团队工作的开展，将院士工作站的科研与技术服务工作落到实处。相关平台架构、认定及活动情况如图 5-31～图 5-33 所示。

（二）"站"到政企中，高黏性服务企业

基于邢台打造新能源汽车产业基地的产业定位，专业群结合自身汽车专业优势，在威县的华威汽车内饰有限公司和隆尧县科技局，建立两个科技服务站（如图 5-34、图 5-35 所示），以服务站为窗口，定期走访企业，获取企业需求，保障技术服务工作有序开展。

依托科技服务站开展教师技术服务进企业、学生毕业设计上岗位，与企业技

术人员共同开展技术革新、产品研发。同时,将企业引入学校,进一步加强校企互融,实现零距离参与企业的研发。如图 5-36 所示。

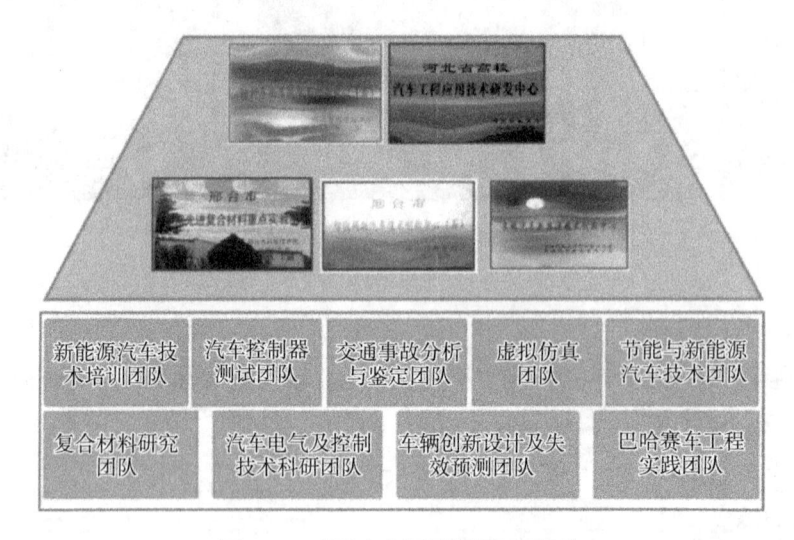

图 5-31 "平台+团队"的体系架构

图 5-32 认定科研创新团队文件

图 5-33 团队开展科研活动

图 5-34 威县科技服务站　　图 5-35 隆尧县科技服务站

图 5-36 "校企深度互融"的技术服务模式

五年来，依托科技服务站，先后有5名教师和20余名学生进驻企业开展技术服务和毕业设计；广通、永频电子、和信、科政、金后盾五家公司的技术人员先后入驻学校，20余名师生参与到企业的研发工作。

(三)"员"助企业零距离，健全机制有保障

1. 特派员数量上规模，服务企业显成效

近五年，专业群根据教师的专长，积极开展科技特派员的申报工作，累计10人成为省、市级科技特派员，精准对接受援企业，解决了企业迫切需要解决的技术难题，受到企业好评，特派员事迹也因此被各级媒体报道，如图5-37所示。

2. 管理方式规范化，考核机制标准化

针对科技特派员数量的增加，制订科技特派员管理办法、考核标准，以标准化促进规范化。实施"精准选派＋积分制＋企业评价"管理模式，如图5-38所示。选派上实行企业与学校双向选择；考核上实行积分制考核，出台打分细则，推动科技特派员工作的高质量开展。

图5-37 科技特派员事迹被媒体报道

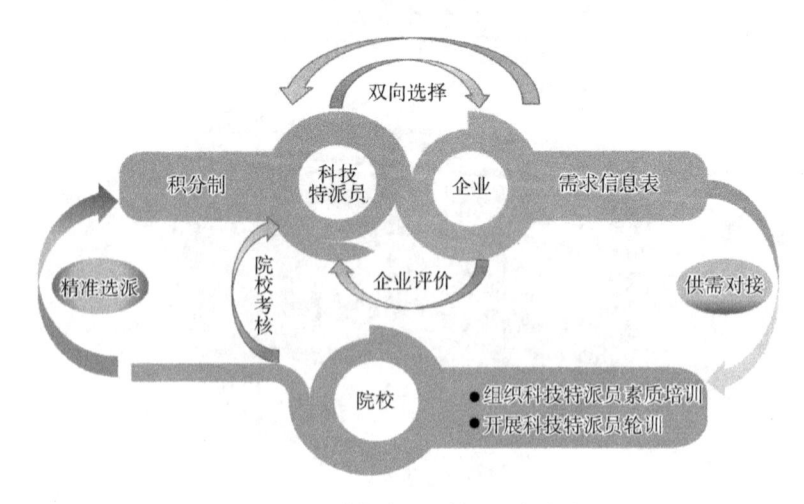

图5-38 科技特派员管理运行机制

（四）"台""站""员"齐助力，科研服务见成效

"台""站""员"有机结合，充分发挥各自的作用，实现"1＋1＋1＞3"，在科研项目、高水平论文、发明专利和成果转化等方面成效显著。近五年来，专业群获省级科技进步奖 1 项，立项省部级以上科研项目 24 项，发表 SCI、EI 收录的高水平论文 24 篇，授权发明专利 35 件，成果转化 52 项；孵化创新项目 22 项，获得"互联网＋"大学生创新创业国赛银奖、铜奖各 1 项，TRIZ 杯中国大学生创新方法大赛国赛一等奖 1 项；培养河北省"三三三"人才 2 名、"邢台市最美科技工作者"1 名、本科毕业论文评审专家 6 名。实现学校科研助力企业研发生产，企业研发助推学校科研、教学。部分成果如图 5-39～图 5-42 所示。

图 5-39　河北省科技进步奖三等奖证书

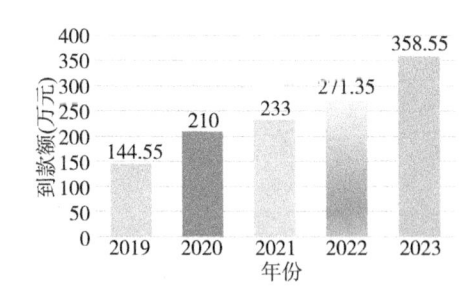

图 5-40　近五年横向科研到款分布

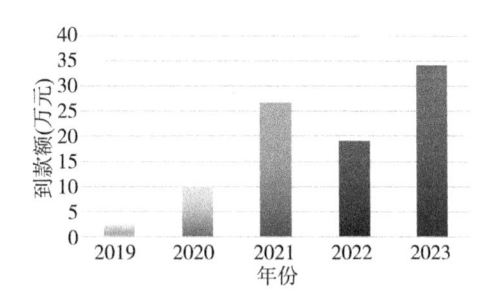

图 5-41　近五年成果转化分布

图 5-42 专业群研发的新产品

五、根基夯得稳、服务跟得上 多元化社会服务干出新气象

——汽车专业群社会服务典型案例

职业院校如何增强社会服务能力已成为当前职业教育领域关注的热点问题。社会服务是职业院校重要的社会功能,是高等职业院校内涵建设的要求。为有效解决目前高职院校在社会服务方面普遍存在的社会服务体系不健全、服务能力欠缺、特色不鲜明、服务形式单一等问题,汽车检测与维修技术(汽车制造与试验技术)高水平专业群依托自身在汽车领域的深厚积淀,面向市场需求搭建了社会服务平台,打造全方位的汽车服务体系,提高了学校的社会美誉度,实现了校企双赢。

(一)精心完善顶层设计,明确社会服务方向

专业群依托河北省高校汽车工程应用研发中心,成立专门规划和管理社会服务的机构——咨询服务部,通过广泛的社会调研,组建了资源开发项目组、技术咨询项目组、汽车新媒体项目组、事故司法鉴定项目组、技术支援项目组、销售质量评价项目组等六大项目组,全面、精准对接经济社会发展需要,形成技术支援、技术支持、汽车知识传播等六大服务板块,改变了职业院校服务模式单一、较少直接参与社会服务的局面,全力打造全方位的服务体系。服务架构与体系如图5-43、图5-44所示。

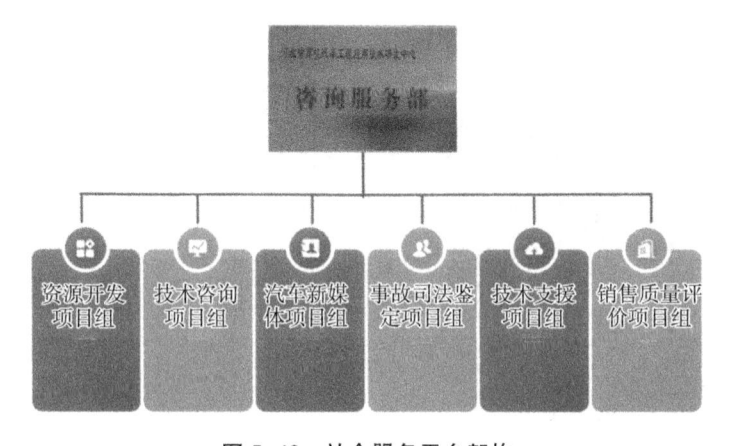

图 5-43 社会服务平台架构

图 5-44　全方位汽车社会服务体系

(二) 构建健全的组织架构,提升团队的服务能力

为了增强成员的社会服务意识,提升服务质量,咨询服务部加强各项目组的管理,建立由服务部部长、项目组组长、团队负责人、团队成员构成的四级组织架构(如图 5-45 所示),制定岗位职责,明确责任分工。同时建立完善的管理机制,

图 5-45　制度约束下的组织架构

包括经费管理办法、绩效考核办法、人员管理办法等一系列管理制度。在规章制度的约束下,所有人员职责明确、各司其职,推动社会服务工作的良性运行。在咨询服务部部长统一领导下,给予各项目组较高的自由度,同时又对各个项目组设定考核目标加以约束,使得各项目组可以根据自己社会服务工作的特点,最大限度地开展服务工作。

为提升团队的服务能力,专业群协调全校各专业的优势资源,根据需求组建多学科交叉服务团队,联合开展技术服务。同时在政策上支持团队成员将自身的专长、专业能力发展、社会需求三者紧密结合,形成"三合一"的服务能力提升模式(如图 5-46 所示),根据自身专长进入对应的企业开展跟岗研修、下场锻炼等活动。五年来,20 余名教师分别进入河北健坤汽车零部件制造有限公司、河北长征汽车制造有限公司、众悦达汽车销售服务有限公司司法鉴定所等机构,经过 1~2 年的企业实践,自身能力得到大幅提升,同时有针对性地开展社会服务,培养了吉庆山、王超、陶炳全等多名技术服务专家。

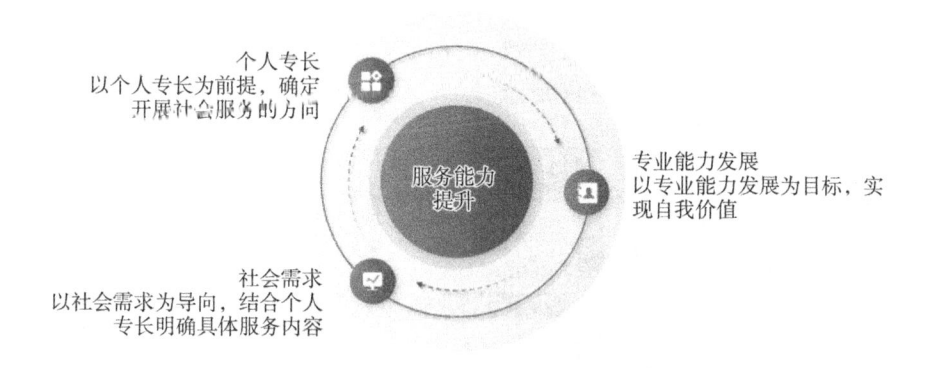

图 5-46 "三合一"的服务能力提升模式

(三) 聚焦应用性特色,服务社会多元化

专业群深度挖掘自身技能资源与社会需求的"耦合点",借助专业建设和应用型人才培养的成果,结合六大服务板块的各自特点,开展"线上+线下""校内+校外""现场+远程"等形式多样的社会服务,打造服务品牌,提升社会知名度,如图 5-47 所示。

1. 打造区域培训基地,惠及社会面广泛

新建华北区域唯一的通用五菱和天猫养车经销商培训中心,面向社会开展职业技能培训、企业岗位培训累计 52 900 人天;两度获评国家级"双师型"教师

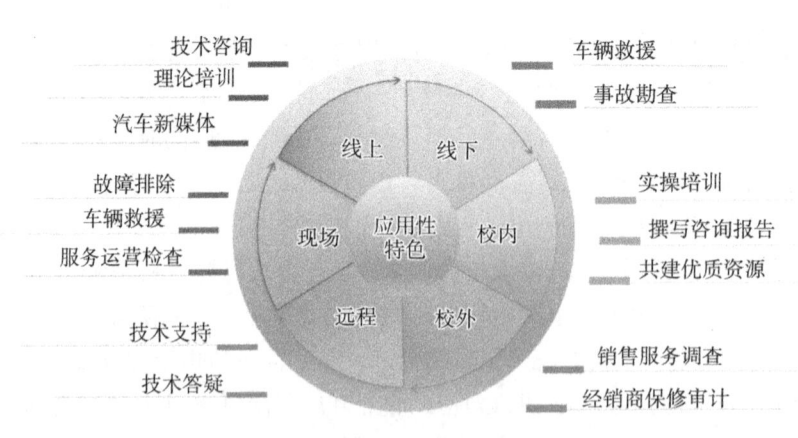

图 5-47　以"应用性"为特色的多元化服务形式

培训基地,累计培训"双师型"教师 5 395 人天。

2. 线上培训答疑,技术支持获美誉

几年来技术咨询项目组罗新闻、陶炳全等教师为来自全国 1 100 余名天猫养车门店技师提供疑难杂症线上技术咨询和维修资料查询服务,累计服务 2 800 人次。如图 5-48、图 5-49 所示。

图 5-48　为天猫养车门店技师提供在线技术支持

通过天猫车站员工培训钉钉群和 F6 技师平台,先后组织开展了 16 次公益技术培训,受益学员达 1 800 人次。

图 5-49　我校教师应邀开展比亚迪新能源技术培训

3. 搭建平台学习，共建共享优质资源

资源开发项目组曹景升老师牵头将学校汽车专业群已有精品课程资源共享于天猫车站云课堂，同时与企业合作开发课程，满足校企学员在线学习和技术等级认证需求。资源开发项目组在天猫车站云课堂共享的优质课程资源，累计在线学习达到 10 435 人次。如图 5-50 所示。

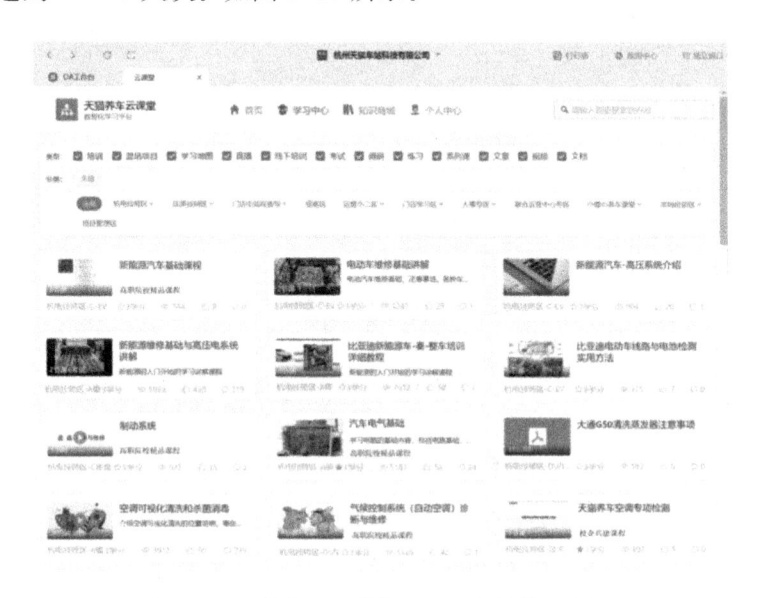

图 5-50　共享于天猫车站云课堂的学习资源

资源开发项目组牵头成立F6智数工作室,进行汽车维修智慧数据开发,共建优质的智数生态,为行业企业服务。已累计开发数据资源十万余条,吸收会员120万人,日查询量54万次,最高日创收4万元,月均创收100万元以上。如图5-51所示。

图5-51　F6智数工作室成员在我校汽车实训中心开发资源

4. 依托网络平台,传播汽车知识

汽车新媒体项目组王超老师依托自身专业优势,在网络上传播汽车知识,其所做节目——底盘报告,系统介绍了各车型底盘设计特点与性能特征,网络浏览量突破1亿。在网络上推广汽车知识,提升了大众对汽车知识的认知。如图5-52所示。

图5-52　我校教师在网络上传播汽车知识

同时,项目组为百余家汽车品牌的营销活动提供技术服务,为其策划互联网营销中的KOL(Key Opinion Leader,关键意见领袖)选择,以及协助制定活动主题等。在长久的实践锻炼当中,有效支持了各大车企的营销活动,积累了良好的

5. 开展司法鉴定,积极回馈社会

交通事故司法鉴定项目组教师结合自身专长考取交通事故司法鉴定资格证书,以此为基础组建了由吉庆山老师牵头、4名教师组成的司法鉴定团队,帮助邢台众悦达汽车销售服务有限公司司法鉴定所开展现场勘查、报告撰写等交通事故司法鉴定工作。目前累计完成600余项交通事故的司法鉴定工作;同时帮助鉴定所完成国家司法鉴定科学研究院鉴定能力认证,获得3项合格、1项满意的好成绩。如图5-53～图5-55所示。

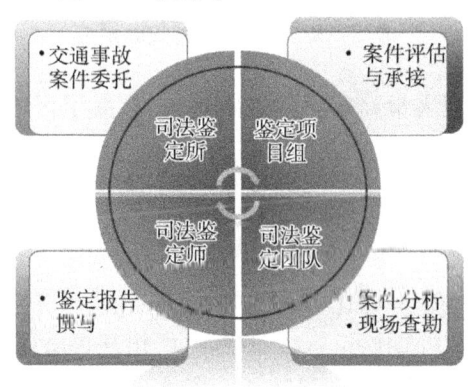

图 5-53 司法鉴定项目组工作流程

图 5-54 项目组四位老师取得的司法鉴定职业资格证书

图 5-55 交通事故现场鉴定

鉴定团队通过撰写大量高质量的鉴定报告,提高了区域内交通事故司法鉴定行业的整体水平,同时在维护司法公正、化解社会矛盾、解决社会纷争、促进社会和谐稳定中起到了重要作用。

6. 开展销售质量评价,提升销售服务水平

汽车销售质量评价项目组在冯子亮老师的带领下帮助邢台市和信企业管理咨询服务有限公司开展经销商销售运营检查、经销商售后服务运营检查、经销商保修审计、检查结果审核等工作,帮助经销商及时发现问题并改进,提高经销商的预约服务水平,最终提升客户满意度,实现销售业绩的提升。如图 5-56、图 5-57 所示。

图 5-56 销售质量评价现场照片

图 5-57 专业教师所做评价报告

后 记

"察势者智,驭势者赢",在全面建设社会主义现代化国家新征程中,职业教育前途广阔、大有可为。在此背景下,《职业院校高水平专业群建设的研究与实践》专著凝聚了河北科技工程职业技术大学改革创新的经验和职教人不懈探索的智慧,是"双高计划"建设院校积极落实现代职业教育体系建设改革任务的具体体现。学校"双高计划"的高质量完成以及本专著的成功付梓,离不开河北省教育厅、财政厅等主管部门的鼎力支持,也得益于董刚、崔岩、邓泽民、高鸿、潘海生、李志宏等职教领域权威专家的精心指导,他们为学校高质量发展的建设方案与实践成果提出了宝贵的建议。

在"双高计划"高水平专业群项目启动初期,马东霄、李贤彬、刘卫红等亲自带队研究,刘彩琴、张双会等进行了细致的审议;在高水平专业群设计过程中,李贤彬、马金刚、于万海、盛鹏程、王文龙、贾军涛、张华、王学东、路建彩、鲍东杰、李潘坡、马晓琨、石爱民、周福芹等细心钻研、潜心论证;鲍东杰、马英华等进行了细致的数据对标分析,提供了高质量的决策支撑;前后历经一年时间,项目团队高质量完成了"双高计划"建设方案、任务书等的编制。

在"双高计划"高水平专业群项目建设与自评验收中,李贤彬、于万海、盛鹏程、贾军涛、胡慧敏、李美丽、王文龙、冯子亮、王利伟、马金刚、刘学明、张静峰、刘姗姗、王大鹏、马建伟、李敏、邵凯凯、游恒浩、古风艺、温习、杨星焕、刘昊、罗新闻、王超、郭鹤飞、张华、李景蒲、曹景升、鲁民巧、张丹颖、霍志毅、张金璞、刘力萌、卢立新、郭进国、霍志毅、赵飞、李晓伟、曾宪均、陶炳全、张俊甲、郝玉婷、王子明、冯丙寅、王学东、鲍东杰、来臣军、路建彩、王傲冰、刘庆华、李潘坡、周福芹、马晓琨、张鹏飞、石爱民、马英华、燕艳、张萌等同志分别作了重要的项目组织、任务推进和措施实施等工作;鲍东杰、马英华、张萌、燕艳、郑煜煊等为高水平专业群项目建设实施了技术技能人才社会需求分析,推进了高水平专业群的治理成效评价。上述人员不同程度地参与了高水平专业群建设的中期自评、终期验收以及案例编写、数据采集、佐证梳理等工作,诠释了"德能并蓄、敏行担当"的校训精神,付出了辛勤的劳动。

"为者常成,行者常至。"在专著成书过程中,编者参阅了不少文献,部分没有一一开列,在此一并表示衷心的谢忱!最后,谨向为本专著编撰与出版做出贡献,以及关心河北科技工程职业技术大学事业发展的各界人士致以诚挚的谢意!

著 者

2024 年 5 月